TRANSFORMADOS
A SU IMAGEN

Tu santificación a través
de tus circunstancias

TRANSFORMADOS A SU IMAGEN

MIGUEL NÚÑEZ
Y LUIS MÉNDEZ

B&H
ESPAÑOL
BRENTWOOD, TN

B&H Publishing Group
Brentwood, TN 37027

Diseño de portada e ilustración: B&H Español

Director editorial: Giancarlo Montemayor
Editor de proyectos: Joel Rosario
Coordinadora de proyectos: Cristina O'Shee

Clasificación Decimal Dewey: 253.5
Clasifíquese: CONSEJERÍA / CONSEJERIA A PERSONAS / TEOLOGÍA
PASTORAL

ISBN: 978-1-0877-5143-6

Impreso en EE. UU.
1 2 3 4 5 * 26 25 24 23

Índice

PRIMERA PARTE:
LA RESTAURACIÓN
DE LA IMAGEN DE DIOS

SEGUNDA PARTE:
LA CONSEJERÍA BÍBLICA EN LA PRÁCTICA

PRIMERA PARTE

La restauración

de la imagen de Dios

1

Una definición de consejería bíblica

... Si ustedes permanecen en mi palabra,
verdaderamente son Mis discípulos;
y conocerán la verdad, y la verdad los hará libres.
(Juan 8:32)

Más allá del campo de conocimiento del que estaremos hablando, siempre es importante definir el tema que vamos a considerar o estudiar. De lo contrario, no podríamos explicar a qué nos estamos refiriendo y ni siquiera estar de acuerdo o aun en desacuerdo con otra persona, porque no sabemos si nos estamos refiriendo a la misma idea o no al hablar del tema. Por eso trataremos de clarificar bien el tema de la consejería bíblica que desarrollaremos en este libro.

Muchos entienden la consejería bíblica como el consejo dado por un cristiano que hace uso de la Biblia. Otros entienden que la consejería bíblica puede llevarse a cabo combinando elementos de verdades bíblicas y principios de la psicología secular. Hay incluso un grupo que piensa que la consejería bíblica se puede aplicar a aconsejados cristianos y no cristianos. Podríamos continuar ilustrando las diversas formas en que muchos expertos entienden este tema. Las definiciones de consejería bíblica abundan y podríamos estar de acuerdo con muchas de ellas, pero no con otras, por más de una razón. Para los fines de este libro, definiremos la consejería bíblica como:

El proceso a través del cual un creyente maduro contribuye
al crecimiento emocional y espiritual de un hijo de Dios por

medio del poder del Espíritu Santo, bajo la autoridad de la Palabra y en el contexto de una comunidad cristiana; para que, a través de las circunstancias de la vida permitidas por Dios, esa persona pueda glorificar al Señor y crecer a la imagen de Cristo.

La persona que imparte este tipo de consejera necesita, ante todo, haber nacido de nuevo y, además, haber madurado en la fe cristiana. Como sabemos, un ciego no puede guiar a otro ciego (Luc. 6:39). Cristo acusó a los fariseos de intentar hacer justamente esto y de pretender sanar la condición espiritual de otra persona cuando ellos mismos aún estaban enfermos. Estas fueron Sus palabras:

Les dijo también una parábola: «¿Acaso puede un ciego guiar a otro ciego? ¿No caerán ambos en un hoyo? Un discípulo no está por encima de su maestro; pero todo discípulo, después de que se ha preparado bien, será como su maestro. ¿Y por qué miras la mota que está en el ojo de tu hermano, y no te das cuenta de la viga que está en tu propio ojo? ¿O cómo puedes decir a tu hermano: "Hermano, déjame sacarte la mota que está en tu ojo", cuando tú mismo no ves la viga que está en tu ojo? ¡Hipócrita! Saca primero la viga de tu ojo y entonces verás con claridad para sacar la mota que está en el ojo de tu hermano...». (Luc. 6:39-42)

En otras palabras, ninguna persona, en especial un consejero, debe intentar sanar al otro de su condición cuando él mismo aún está luchando con pecados o disfunciones iguales o similares. Por eso hablamos de la necesidad de que la persona involucrada en la consejería de otros sea un creyente maduro. Esas son las personas ideales para enseñar y contribuir con el desarrollo de aquel que necesita crecer. Este proceso se da con la ayuda imprescindible del Espíritu Santo, quien ilumina la mente para entender y aplicar la Palabra de Dios. De igual manera, la persona que recibe la consejería bíblica debe ser un hijo de Dios, ya que los principios bajo los cuales opera este tipo de consejería suelen tener su efecto en aquellos en quienes mora el Espíritu, como veremos más adelante. De hecho, el Espíritu de Dios es quien pone en nosotros tanto el querer como el hacer (Fil. 2:13).

Cuando un consejero bíblico se sienta a conversar con un incrédulo, en algún momento se hará inevitable el uso de conceptos que la otra persona no entenderá (1 Cor. 2:14) o será incapaz de obedecer (Rom. 8:7). En esos casos, es preferible que el consejero bíblico vea su función en términos evangelísticos y no como una consejería bíblica propiamente dicha. Podríamos llamar «consejería evangelística» a este proceso con una persona incrédula. La idea sería presentar la verdad bíblica, que tiene poder en sí misma, confiar en el Espíritu Santo que fue enviado para convencer «al mundo de pecado, de justicia y de juicio» (Juan 16:8); presentar el plan de redención (salvación) como el camino para ser librado de las consecuencias del pecado, y dejar los resultados a Dios. Asimismo, debemos tener en cuenta que, con un no creyente, no podríamos tener las mismas expectativas que con una persona nacida de nuevo.

En el caso de cristianos bajo consejería, el creyente aconsejado necesita pertenecer a una comunidad cristiana que haga las siguientes provisiones para su vida:

1. Enseñanza para crecer en el conocimiento de la verdad.
2. Oportunidades para adorar de manera corporativa.
3. Ocasión para orar con y por el hermano.
4. Compartir la Cena del Señor.
5. Disfrutar de la interacción con otros creyentes.

Los otros hermanos de la iglesia podrán servir como instrumento de apoyo, estímulo, rendición de cuentas, consolación y aun de confrontación cuando sea necesario. La consejería bíblica tampoco es psicología, terapia o un curso que se toma y luego se aplica. Más bien, se trata de teología bíblica aplicada al aconsejado para que su vida le dé la gloria a Dios y se conforme a la imagen de Cristo. Cuando esto se logra, nuestros problemas comienzan a tomar su curso de solución. Como podemos notar, la meta primaria de la consejería bíblica no es meramente la felicidad del aconsejado, tal como la entendemos generalmente.

Algunos preguntan: ¿qué hacía la Iglesia antes de que iniciara el movimiento de consejería bíblica en 1970 con Jay Adams? Al inicio, Adams llamó a esta consejería «neutética», pero el mismo Adams admitió que prefería el término de consejería bíblica en 1976. La palabra «neutética» proviene del griego y significa 'confrontar' o 'amonestar'. Quizás sería simplista decir que la consejería neutética busca entender, explicar y aconsejar en relación con todos los problemas del comportamiento humano exclusivamente a través de la Biblia, independiente de cualquier otro aporte fuera de la Biblia, ya sea psicológico, psiquiátrico o sociológico.[1] Por un lado, si el objetivo de este abordaje es evitar la secularización de la consejería bíblica, creemos que esa batalla es digna de ser «peleada». Por otro lado, si la idea es pensar que ninguna otra rama del saber tiene algo que aportar a la comprensión del comportamiento humano, entonces creemos que esa conclusión no sería coherente con la cosmovisión bíblica, ni con el entendimiento de la naturaleza de la verdad, como veremos más adelante.

Con relación a la pregunta que muchos se hacen y que planteamos al inicio del párrafo anterior, la realidad es que los pastores siempre han aconsejado haciendo uso de la Palabra de Dios; pero esta intervención era vista más como parte del proceso de santificación de la persona. En gran manera, ese es el propósito. Nuestras dificultades emocionales e inmadureces espirituales solo desaparecerán con nuestra santificación.

En nuestra experiencia, la consejería bíblica es una especie de discipulado personalizado que contribuye a formar la imagen de Cristo en el aconsejado. Esto es cierto si entendemos el discipulado como *toda intervención por parte de un cristiano maduro que de manera **intencional** se propone ayudar a otra persona para*

---

[1] Para mayor información sobre este tema, ver: Heath Lambert, *Two Sides of the Counseling Coin* (The Gospel Coalition: https://www.thegospelcoalition.org/article/two-sides-of-the-counseling-coin/, 8 de octubre de 2012).

formar la imagen de Cristo en ella. Nota el énfasis en la palabra «intencional».

PILARES DE LA CONSEJERÍA BÍBLICA

Una definición no será suficiente para entender lo que es la consejería bíblica. Por esa razón, creemos necesario definir algunos aspectos especiales de este tipo de consejería.

El Espíritu Santo como el mejor consejero. En el aposento alto, horas antes de Su crucifixión, el Señor Jesús dejó a Sus discípulos algunas de las enseñanzas más significativas de todo su entrenamiento. Con relación al Espíritu, Jesús les compartió grandes verdades para la vida cristiana que encuentran importantes aplicaciones en el proceso de consejería. Veamos algunas de estas enseñanzas en el Evangelio de Juan:

Pero el *Consolador* [παράκλητος, paraklétos], el Espíritu Santo, a quien el Padre enviará en Mi nombre, Él les enseñará todas las cosas, y les recordará todo lo que les he dicho. (Juan 14:26, énfasis añadido)

La palabra «consolador» también puede ser traducida como «ayudador», que en el original significa: «el que defiende la causa de otro ante un juez, un abogado, un abogado defensor, un asistente legal; un abogado».[2] Es evidente la razón por la que decimos que el Espíritu de Dios es el mejor consejero; nadie como Él para fortalecer, ayudar, consolar, enseñar y recordarnos lo aprendido. Su ayuda es vital en el proceso de consejería bíblica y no simplemente deseable. Más adelante, el Maestro agregó: «Pero cuando Él, el Espíritu de verdad venga, los guiará a toda la verdad» (Juan 16:13a). Esta función es vital en el proceso de consejería, tanto para el consejero como para el aconsejado. Tenemos que tocar la puerta de Dios, buscando la asistencia del Espíritu Santo. Hoy en día estamos

---

[2] *Thayer's Greek Lexicon, Strong's Concordance* #3875.

poco habituados a depender del Espíritu Santo, ya que es más fácil llamar a un amigo, un consejero o al pastor para conversar sobre nuestros problemas.

La Palabra como marco de referencia e instrumento de santificación. Es bastante evidente que no vemos las cosas como son, sino como nosotros somos. Por eso, cada evento de la vida tiene dos lecturas: una terrenal (como nosotros lo vemos) y una celestial (como Dios lo ve). ¡Claro! Dios ve toda la vida como Dios, y nosotros como humanos que somos. Cuando una mujer, por ejemplo, abre su ropero y dice no tener nada que ponerse, usualmente está expresando que no tiene «nada nuevo» que ponerse. Cuando un hombre hace y dice lo mismo, usualmente se refiere a no tener «nada planchado» para ponerse.

Imaginemos ahora la diversidad de opiniones o consejos existentes a la hora de evaluar un problema o solucionar un conflicto. Por eso necesitamos un marco de referencia objetivo para evaluar las diferentes circunstancias de la vida. El apóstol Pablo nos advierte: «Porque no nos atrevemos a contarnos ni a compararnos con algunos que se alaban a sí mismos. Pero ellos, midiéndose a sí mismos y comparándose consigo mismos, carecen de entendimiento» (2 Cor. 10:12). En consejería bíblica, siempre hay una pregunta crucial que hacer antes de evaluar y dar un consejo: ¿cuál es el veredicto de la Palabra de Dios sobre el tema en consideración? Luego, es la función del consejero encontrar la aplicación de dicha sabiduría.

Por otra parte, la Palabra de Dios es un elemento indispensable a la hora de aconsejar a un creyente. Ya dijimos que la consejería bíblica, en gran manera, no es más que ayudar a otra persona en su proceso de santificación. Creemos que es así y por eso es imposible hacer consejería despegados de la revelación de Dios. Cristo enseñó esta verdad mientras oraba al Padre en el aposento alto en Su última noche con los discípulos: «Santifícalos en la verdad; Tu palabra es verdad» (Juan 17:17). La Palabra se representa como el martillo que despedaza la roca, es decir, que elimina de nosotros aquellas cosas que no lucen como Cristo. También se representa como el fuego que consume las impurezas... las impurezas de nuestros pensamientos, emociones y motivaciones (Jer. 23:29). Entendemos que estas palabras fueron pronunciadas o inspiradas por Dios en otro contexto, pero encuentran una excelente aplicación en la idea que estamos desarrollando con respecto a la consejería bíblica.

La oración como el instrumento que nos permite acceder al trono de la gracia. No oramos antes de iniciar una consejería bíblica para cumplir con los requisitos tradicionales, sino más bien para buscar la sabiduría de Dios, tal como nos enseña Santiago: «Y si a alguno de ustedes le falta sabiduría, que se la pida a Dios, quien da a todos abundantemente y sin reproche, y le será dada» (Sant. 1:5). Sin embargo, la oración es uno de los medios de gracia más subutilizados. No «usamos» la oración como si fuéramos utilitaristas, sino que hacemos uso de ella porque no somos suficientes. La noche antes de elegir a Sus discípulos, Jesús oró durante toda la noche (Luc. 6:12-13). Si Cristo, la segunda persona de la Trinidad, oró toda una noche antes de tomar esta decisión, es lógico pensar que los consejeros debemos orar antes de aconsejar a alguien. Lo mismo debería hacer el aconsejado a la hora de entender y aplicar lo aconsejado. La oración nos coloca en una posición de dependencia y sumisión a nuestro Dios.

Una vez más, Santiago es de gran ayuda a la hora de entender la oración y su aplicación en el proceso de consejería. Tenemos que enseñar al aconsejado a orar por cada uno de los aspectos con los que estamos lidiando. Hay cosas que no hemos recibido simplemente porque no hemos hablado con Dios sobre esa dificultad o deficiencia: «No tienen, porque no piden» (Sant. 4:2b). Jesús también nos anima a orar en todo tiempo: «Pidan, y se les dará; busquen, y hallarán; llamen, y se les abrirá» (Mat. 7:7). Cristo no pronunció estas palabras en el contexto de la consejería, pero no hay duda de que Sus enseñanzas encuentran aplicación en la consejería bíblica.

La suficiencia de las Escrituras correctamente entendida. Debido a que este concepto está en el centro del debate sobre lo que es y no es una consejería bíblica, creemos necesario enfatizar la definición de la suficiencia de las Escrituras. La idea de la suficiencia de las Escrituras se enfatizó en la época de la Reforma, cuando la iglesia de Roma insistía en que las tradiciones tenían el mismo peso que la revelación de Dios a la hora de regular la iglesia y la vida de los creyentes. Lutero y el resto de los reformadores respondieron diciendo: «¡No, la Palabra es suficiente! Suficiente para la fe y la vida de la piedad». Desde entonces, diversos autores y teólogos han provisto diferentes definiciones sobre el significado de la suficiencia de las Escrituras. Veamos a continuación algunas de ellas:

Matthew Barret dice que, «todas las cosas necesarias para la salvación y para vivir la vida cristiana en obediencia a Dios y para Su gloria están dadas en las Escrituras».[3]

John Piper señala que «las Escrituras son suficientes en el sentido de que son las únicas ("una vez y para siempre") inspiradas y (por lo tanto) infalibles palabras de Dios que necesitamos para conocer el camino de la salvación ("hacerte sabio para la salvación") y el camino de la obediencia ("equipado para toda buena obra")».[4]

La Confesión de Fe de Westminster (1.6) tiene quizás la definición más completa para la suficiencia de las Escrituras: «El consejo completo de Dios con relación a todas las cosas necesarias para Su propia gloria y para la salvación, la fe y la vida del hombre, están claramente dichas en las Escrituras, o se pueden deducir de ellas... y, nada ha de añadirse a esta revelación de Su voluntad, ni por nuevas revelaciones del Espíritu, ni por las tradiciones de los hombres...».

Cuando hablamos de la suficiencia de las Escrituras nos referimos, entonces, a las verdades que el ser humano necesita conocer...

---

[3] Matthew Barret, *God's Word Alone* (Grand Rapids, MI: Zondervan Academic, 2016), 334.

[4] John Piper, *Thoughts on the Sufficiency of Scripture. What It Does and Doesn't Mean* (Minneapolis, MN: Desiring God, https://www.desiringgod.org/articles/thoughts-on-the -sufficiency-of-scripture, 9 de febrero de 2005).

✓ para su salvación,
✓ para su santificación,
✓ para la gloria de Dios.

John MacArthur afirma que la Biblia es la autoridad máxima en todos los asuntos espirituales,[5] pero también nos recuerda que «el mayor defensor de Sola Escritura tiene que admitir que la Biblia no dice nada acerca de las estructuras del ADN, de la microbiología, de la gramática del idioma chino o de la ciencia espacial».[6] En otras palabras, las Escrituras no hablan sobre todo lo que queremos saber, pero sí de todo lo que necesitamos saber para nuestra vida de piedad.

En resumen, las Escrituras son suficientes para conocer todo lo que necesitamos conocer sobre Dios, el hombre y cómo ese hombre debe relacionarse con Dios en su diario vivir de una manera que glorifique Su nombre. La suficiencia de las Escrituras no elimina la necesidad de maestros de la Palabra, de consejeros bíblicos, de otras autoridades, ni tampoco vuelve innecesario el uso de la ciencia y de la razón. Lo que sí podemos decir es que en todas las áreas donde la Biblia habla, la revelación de Dios está por encima...

✓ de todo maestro,
✓ de toda otra autoridad,
✓ de toda ciencia y
✓ de la razón humana.

Quizás el mejor pasaje bíblico para hablar de la suficiencia de las Escrituras dice: «Toda Escritura es inspirada por Dios y útil para enseñar, para reprender, para corregir, para instruir en justicia, a fin

---

[5] John MacArthur, *The Sufficiency of the Written Word* en *Sola Scriptura, The Protestant Position on the Bible* (Orlando, FL: Reformation Trust, 2009), 79.
[6] *Ibid.*

de que el hombre de Dios sea perfecto, equipado para toda buena obra» (2 Tim. 3:16-17). Pablo menciona cuatro áreas donde considera que las Escrituras son útiles y luego define para qué son útiles: «a fin de que el hombre de Dios sea perfecto, equipado para toda buena obra» (2 Tim. 3:17).

Por su parte, **Keith Mathison** explica la suficiencia de las Escrituras de la siguiente manera: «La doctrina de la Sola Escritura, en pocas palabras, afirma que la Escritura es nuestra única fuente de revelación apostólica normativa e infalible y que todas las cosas necesarias **para la salvación y concernientes a la fe y la vida** se enseñan en la Biblia con la suficiente claridad que el creyente común puede encontrarlas allí y comprenderlas».[7]

La consejería bíblica está centrada en Cristo como la persona que vino lleno de gracia y de verdad para formarnos a Su imagen. No hay duda de que Cristo vino a salvarnos de la condenación del pecado por medio de Su muerte. Todo el Nuevo Testamento es claro en torno a esta verdad. Pero a la vez, Dios reveló el propósito de nuestra salvación: «Porque a los que de antemano conoció, también los predestinó a ser hechos conforme a la imagen de Su Hijo, para que Él sea el primogénito entre muchos hermanos» (Rom. 8:29). Para tales fines, Cristo vino, «lleno de gracia y de verdad» (Juan 1:14). Por consiguiente, a la hora de impartir el consejo de Dios, el consejero necesita compartir «la verdad en amor» (Ef. 4:15).

La consejería bíblica no puede ser legalista (llena de reglas imposibles de cumplir); pero tampoco puede ser permisiva (llena de un supuesto amor que todo lo pasa por alto). Nuestra meta primaria no es hacer sentir mejor al aconsejado, sino llevarlo, por medio de la verdad bíblica bañada de gracia, a ser una persona más santificada en relación con la imagen de Cristo. Por lo tanto, la consejería de la que trata este libro no busca remover las consecuencias y el dolor cuando se ha transgredido la ley de Dios, sino conducir al aconsejado

---

[7] Keith Mathison, *All Truth is God's Truth—A Reformed Approach to Science and Scripture* (Sanford, FL: Ligonier Ministries, https://www.ligonier.org/learn/articles/all -truth-gods-truth-reformed-approach-science-and-scripture, último acceso: 8 de agosto de 2022, énfasis añadido).

a Cristo a través del arrepentimiento cuando este sea necesario, y llevarlo a experimentar la gracia suficiente y el poder transformador de Dios.

La consejería bíblica no es enemiga de la ciencia ni de ninguna verdad aportada por cualquier campo del saber, porque «toda verdad es verdad de Dios». La verdad expresada en esta última frase ha sido sostenida por cientos de años. Agustín de Hipona (354–430), el gran teólogo de la iglesia, lo expresó de esta manera: «No, pero que todo cristiano bueno y verdadero comprenda que dondequiera que se encuentre la verdad, pertenece a su Maestro».[8] Más de mil años después, Juan Calvino afirmó lo mismo con estas palabras: «Toda la verdad es de Dios; y por lo tanto, **si los impíos han dicho algo verdadero y justo, no debemos rechazarlo**, porque viene de Dios».[9] Otros teólogos de tradición reformada han reforzado esta idea. Es importante aclararlo porque con frecuencia hemos oído a pastores, teólogos y autores cristianos rechazar alguna verdad porque ha sido aportada por el campo de la educación secular, la psicología, la psiquiatría o aun de la neurología, lo cual entendemos que es un grave error.

Es seguro que pudieron notar cómo Calvino enfatiza que la veracidad de cualquier proposición no radica en el interlocutor, sino en el principio de la verdad misma contenida en la afirmación o negación, aun si fuera sostenida por un impío. Afirmamos categóricamente que nosotros callamos donde la Biblia habla, porque ella es la máxima autoridad en las áreas donde Dios ha hablado. Pero la Biblia no dice nada sobre la esquizofrenia, los trastornos bipolares, la personalidad límite o la plasticidad del cerebro. Tampoco habla sobre las epilepsias del lóbulo temporal que pueden desencadenar trastornos

---

[8] Agustín de Hipona, *No Help is to Be Despised, Even Though It Come from a Profane* en *On Christian Doctrine*, libro 2, capítulo 18 (Grand Rapids, MI: Christian Classics Ethereal Library, https://www.ccel.org/ccel/augustine/doctrine.toc.html, último acceso: 8 de agosto de 2022).

[9] Juan Calvino, *Commentary on Timothy, Titus, and Philemon* (Grand Rapids, MI: Christian Classics Ethereal Library, https://ccel.org/ccel/calvin/calcom43/calcom43.v.iii.iv.html, último acceso: 8 de agosto de 2022, énfasis añadido). Ver comentario sobre Tito 1:12.

de conductas. Por lo tanto, no seamos sabios ante nuestros propios ojos (Prov. 3:7).

Ilustraremos lo que acabamos de decir con el siguiente ejemplo. La psicología ha hecho observaciones sobre el comportamiento de los diferentes temperamentos: colérico, sanguíneo, melancólico y flemático. El consejero bíblico sabio toma esas observaciones, las considera a través del lente bíblico y descubre cómo el pecado se manifiesta en cada uno de estos temperamentos. El **colérico** peca de egoísta al reaccionar airadamente contra alguien sin importar cómo lo hiere. El **sanguíneo** comete el mismo pecado al enfocarse en sus sentimientos y actuar conforme a ellos sin importar si su acción atenta contra el carácter de Dios o la imagen de Dios en el ser humano. El **melancólico** es egoísta cada vez que da rienda suelta a su crítica, que es su inclinación natural. El **flemático** es egoísta porque vive atrapado en su propio mundo por sus temores e inseguridades. Esto no nos convierte en integracionistas (por ejemplo, aquellos que aconsejan integrando la Biblia y la psicología). Como Pablo, decimos: *¡De ningún modo!* Al final, todos necesitan la verdad de Dios, el arrepentimiento del pecador y el perdón de la cruz.

La consejería bíblica nos lleva a reflexionar a través de la Biblia, por lo que pasamos toda experiencia y conocimiento por el lente bíblico. Pensamos con la razón, aconsejamos con la Biblia y confiamos en el poder del Espíritu Santo. Recuerda: toda verdad es verdad de Dios. El teólogo reformado Henry Bavinck lo dijo de esta manera:

> Él [Dios] es la verdad en su plenitud absoluta. Él, por lo tanto, es la verdad primaria, original, la fuente de toda verdad, la verdad en toda verdad. Él es el fundamento de la verdad [...]. Dios es la fuente y el origen del conocimiento de la verdad en todos los ámbitos de la vida...[10]

Una última ilustración para que quede más claro. Cuando un pajarillo cae al suelo, sabemos que cayó porque Dios lo permitió. Pero

---

[10] Henry Bavinck, *Reformed Dogmatics* (ADA, MI: Baker Academic, 2008), 2:209–10.

la soberanía de Dios no nos lleva a negar la fuerza de la gravedad. En cuanto a la verdad, lo que es cierto en el campo de la física debe ser cierto en todos los campos del saber porque, como enfatizamos más arriba, toda verdad es verdad de Dios. El pastor John Piper lo explica así:

> La suficiencia de las Escrituras no significa que las Escrituras sean todo lo que necesitamos para vivir en obediencia. Para ser obedientes en las ciencias, necesitamos leer ciencia y estudiar la naturaleza. Para ser obedientes en economía, necesitamos leer economía y observar el mundo de los negocios. Para ser obedientes en los deportes, necesitamos conocer las reglas del juego. Para ser obedientes en el matrimonio, necesitamos conocer la personalidad de nuestro cónyuge. Para ser obedientes como piloto, necesitamos saber pilotar un avión. En otras palabras, la Biblia no nos dice todo lo que necesitamos saber para ser mayordomos obedientes de este mundo.[11]

La consejería bíblica requiere de una cosmovisión bíblica. Una cosmovisión bíblica es esencial para ayudar al aconsejado a ver el mundo, la vida y las circunstancias por las que atraviesa toda persona por encima del sol tal como Dios las ve. A lo largo de los años, hemos podido observar que muchos tienen expectativas poco realistas de la vida y de los demás individuos. Es importante saber o recordar que vivimos en un planeta caído donde todo es disfuncional, desde las condiciones climáticas hasta las relaciones interpersonales. Las expectativas irreales suelen llevar a la ira, la frustración, la tristeza y hasta la depresión. También pueden llevarnos a la desconfianza, al cinismo e incluso al aislamiento. Sin embargo, cuando entendemos la depravación del ser humano, nos sentimos mucho menos decepcionados por las personas y podemos tener mayor gracia al lidiar con los demás. De hecho, podemos incluso lidiar bíblicamente ante el trono de Dios con nuestro propio pecado porque reconocemos que somos

---

[11] John Piper, *Thoughts on the Sufficiency of Scripture. What It Does and Doesn't Mean.*

capaces de hacer lo que hemos hecho y aun de cosas peores. Además, entender correctamente esta verdad bíblica nos permite reconocer que Dios no nos trata como merecemos, sino conforme a Su misericordia (Sal. 103:10-11). Por el contrario, la ausencia de una cosmovisión bíblica nos impide ver el mundo que nos rodea como realmente es y por esta razón es que terminamos quejándonos con tanta frecuencia, siempre esperando un mejor trato de la vida y de los demás. La cosmovisión bíblica entiende la historia de una forma simple: Creación – Caída – Redención – Glorificación. Debemos aclarar que *simple* no implica *simplista*, ya que esas cuatro palabras no tienen nada de superficial y no son reduccionistas. Es una forma sencilla que nos ayuda a entender y explicar una historia de alta complejidad teológica. Sin una cosmovisión bíblica, terminamos sacando conclusiones recurrentes de forma errada y arrastramos grandes consecuencias. Mencionamos la necesidad de esta cosmovisión como parte de la definición de consejería bíblica porque entendemos que ninguna otra consejería tiene una cosmovisión similar. Desarrollaremos esta idea con más detalles en otro capítulo.

OTROS CONCEPTOS FUNDACIONALES EN LA CONSEJERÍA BÍBLICA

El concepto de Dios Padre. Solemos encontrarnos con personas nacidas de nuevo que conciben a Dios más como un juez que como un Padre amoroso. Estas personas suelen mantenerse lejos de Dios cuando tropiezan por temor a las consecuencias que Dios (el Juez) pudiera imponerles, en vez de verlo como el Padre amoroso que está por nosotros (Rom. 8:31). Otros han tenido un mal modelo de figura paterna, al tener un padre que, por ejemplo, siempre se mantuvo lejos emocionalmente. Por lo tanto, tienen grandes dificultades para intimar con Dios. Por eso el apóstol Pablo nos recuerda que si Dios nos dio a Su Hijo cuando éramos Sus enemigos, cómo no ha de darnos junto con Él todas las cosas (Rom. 5:10; 8:32). El rey David pecó gravemente contra Dios, pero una vez que vio su pecado, apeló al carácter misericordioso de nuestro Dios, porque conocía íntimamente a su Dios:

Ten piedad de mí, oh Dios, **conforme a Tu misericordia**; **conforme a lo inmenso de Tu compasión**, borra mis transgresiones. Lávame por completo de mi maldad, y límpiame de mi pecado. Porque yo reconozco mis transgresiones, y mi pecado está siempre delante de mí. Contra Ti, contra Ti solo he pecado, y he hecho lo malo delante de Tus ojos, de manera que eres justo cuando hablas, y sin reproche cuando juzgas. (Sal. 51:1-4, énfasis añadido)

Jesús como nuestro intercesor a la derecha del Padre. Cristo nos llevó de ser enemigos de Dios a adoradores del mismo Dios a través de Su sangre derramada en la cruz. Después de Su muerte y resurrección, Él se sentó a la derecha del Padre (Heb. 1:3; 10:12) e intercede a nuestro favor (Rom. 8:34). Algunos podrían leer esto y pensar: «Creo que esto es así cuando nos portamos bien, pero cuando desobedecemos es otra historia». Sin embargo, la realidad es muy distinta si le creemos a Dios cuando habló por medio del apóstol Juan: «Hijitos míos, les escribo estas cosas para que no pequen. **Y si alguien peca**, tenemos Abogado para con el Padre, a Jesucristo el Justo» (1 Jn. 2:1, énfasis añadido). Esto es posible porque Cristo encarnado fue tentado en todo y puede, por tanto, empatizar con nosotros mejor que cualquier otra persona (Heb. 4:15). Dios está realmente por nosotros.

En el momento en que Cristo murió en la cruz, el velo del templo que separaba el lugar santo del lugar santísimo se rasgó en dos (Mat. 27:51) y de esta forma quedó expuesto el lugar santísimo, que representaba la presencia de Dios. Esto simbolizó que Cristo había abierto el acceso al Padre a través de Su muerte. Justo antes de morir, Cristo dijo: «Consumado es» («*Tetelestai*» en el original). Todo está hecho. La palabra clave en la fe cristiana es «hecho». La palabra clave en todas las demás religiones es «haz». Lo que Cristo hizo lo hizo para nuestra libertad (Juan 8:32-36).

La cruz de Cristo como el lugar donde llevar nuestra culpa. Múltiples consejeros, psicólogos y psiquiatras han expresado que una de las causas más comunes de las consultas en busca de ayuda es el sentido de culpa que experimentan las personas por cosas que hicieron o dejaron de hacer en el pasado y que ahora no tienen forma de deshacerlas o finalmente hacerlas. Una señora de setenta y tantos años perteneciente a nuestra iglesia ya por muchos años nos pidió una consejería. Las lágrimas corrieron por sus mejillas desde que empezó a contarnos de dos o tres abortos que se había realizado cuando era una joven de veintipico de años. Todavía la culpa la perseguía cuatro décadas más tarde. Era evidente que esta señora no había entendido bien el rol de la cruz.

Si hay algo que caracteriza la fe cristiana es que Cristo cargó con nuestros pecados y nuestra culpa en la cruz para que pudiéramos recibir perdón y ser liberados de la esclavitud del pecado. No hay duda de que Dios nos creó con un sentido del deber, de vergüenza y de culpa en caso de que violáramos Su ley, para que ese mismo sentido nos llevara a buscarlo. Pero Dios proveyó un lugar donde depositar nuestro dolor. Muchos no han sabido qué hacer con ese sentido de culpa y se han suicidado; otros han tratado de suprimirlo bebiendo alcohol, consumiendo drogas y sumiéndose en los placeres del mundo, pero la carga permanece porque el dolor sigue siendo más fuerte que la supuesta anestesia. El dolor es permanente y el analgésico siempre es temporal. Ningún otro tipo de consejería provee una cruz y un Redentor que murió por la liberación de la esclavitud del pecado (Luc. 4:18-19; Rom. 8:2; Gál. 3:13).

La cruz representa el centro del mensaje del evangelio: Dios, por gracia, se ha movido en la dirección del ser humano, buscando su reconciliación como una manera de redimir lo que se había perdido. Dios nos ha ofrecido perdón por medio del sacrificio penal y sustitutivo de Cristo, quien pagó la deuda moral que la humanidad contrajo cuando pecaron Adán y Eva. Cristo tomó sobre Sus hombros nuestros pecados cuando fue a la cruz y allí pagó lo que a nosotros nos tocaba pagar (2 Cor. 5:14-21). Resucitó de entre los muertos tres días después y de esa forma demostró la victoria sobre el pecado y la muerte (1 Cor. 15:1-4). Por gracia, Dios le ha hecho al ser humano una oferta de salvación: si se arrepiente de sus pecados y pone su fe en Cristo Jesús como Salvador y Señor, sus pecados son perdonados y su espíritu es regenerado en ese momento (Ef. 2:8-9). La Palabra llama nacer de nuevo (Juan 3) a este resultado final. El evangelio es un mensaje de gracia que necesita ser vivido por nosotros todos los días. Esa misma gracia nos lleva a lidiar con nuestros pecados con madurez y combatir los pecados de otros con entendimiento y paciencia, pero no de forma meramente indulgente. Para la consejería bíblica, es esencial que enseñemos al aconsejado el rol de la gracia en su relación con Dios, consigo mismo y con los demás.

La transformación de la persona y no simplemente de la conducta. Toda consejería, bíblica o no, busca ayudar a las personas de una u otra manera. Pero solo la consejería bíblica busca la transformación del aconsejado a través de un proceso denominado santificación, que implica un cambio de adentro hacia fuera. Podemos cambiar ciertas conductas y dejar de practicarlas, pero si ese cambio fue solamente externo, la disfunción interna que causó las conductas que procuramos cambiar terminará afectando otras áreas de la vida.

El evangelio provee el camino de transformación cuando la persona reconoce su pecado y se acerca a Cristo en verdadero arrepentimiento y encuentra el perdón al reconocer a Cristo como el único capaz de perdonar dichas faltas mediante el derramamiento de Su sangre en la cruz. La Palabra de Dios explica que la persona nace de nuevo cuando esto ocurre (Juan 3) y termina siendo transformada: «De modo que si alguno está en Cristo, nueva criatura es; las cosas viejas pasaron, ahora han sido hechas nueva» (2 Cor. 5:17). Nosotros no vamos a transformar al aconsejado. Dios, por medio del Espíritu Santo, es quien tiene el poder para operar los cambios. No tratemos de reemplazar la obra del Espíritu. De hecho, terminamos pecando cuando tratamos de hacerlo. Los consejeros comunicamos la verdad y allí termina nuestra labor. El Espíritu Santo toma esa verdad y comienza a aplicarla a la persona. Hasta que ese proceso no termine, no hay nada más que podamos hacer.

Una buena ilustración para entender el punto anterior. Si una persona se siente mal, tiene fiebre, dolor faríngeo, tos y secreciones al toser, irá al médico y quizás sea diagnosticado, por ejemplo, con neumonía. El médico le explicará lo que tiene que hacer y con qué frecuencia debe tomar los medicamentos, para luego decirle que no tiene que regresar a consulta si en algunos días se siente completamente bien. ¿Cuántas visitas al médico requirió ese paciente para sanar? Una. ¿Por qué? Porque la persona tomó la verdad (diagnóstico) que no conocía y la aplicó (indicaciones del médico). Pero supongamos que esa misma persona no toma la medicina tal como fue sugerida; quizás la tomó alguna vez y otras veces no. Lo más probable es que tenga que regresar y quizás en peores condiciones. En otros casos, el paciente que no siguió las recomendaciones pensará erróneamente que el problema estuvo en el médico y se irá a visitar a uno distinto. Eso mismo ocurre muchas veces con los aconsejados. En nuestra cultura, decimos que «la fiebre no está en la sábana». La persona que cambia es la persona que quiere salir de la condición en que se encuentra al reconocer que no está bien.

El rol de la verdad en la consejería. Adán y Eva abrazaron una mentira, y dicha mentira causó su expulsión de la presencia de Dios (Gén. 3:23-24). El ser humano ha estado abrazando desde entonces mentiras que profundizan aún más su esclavitud al pecado, y traen consigo mayores consecuencias. De hecho, en cierta medida, podemos decir que la historia del ser humano es la historia de sus ídolos. Nos comportamos según las cosas que adoramos. Los fanáticos de los deportes pueden viajar largas distancias para ver un juego de béisbol, fútbol o unas olimpíadas. Los amantes de la tecnología gastan grandes cantidades de dinero actualizando casi con urgencia sus equipos. Lo cierto es que detrás de cada ídolo hay una mentira que hemos abrazado. El apóstol Pablo explica así esta realidad: «Porque ellos cambiaron la verdad de Dios por la mentira, y adoraron y sirvieron a la criatura en lugar del Creador, quien es bendito por los siglos. Amén» (Rom. 1:25).

La verdad tiene un enorme poder de transformación. Por eso dijo Cristo: «y conocerán la verdad, y la verdad los hará libres» (Juan 8:32). La mentira nos esclaviza y la verdad nos liberta. La verdad nos modela a la imagen de Cristo, mientras que la mentira nos deforma. La mentira es parte de la naturaleza humana caída, al punto que el salmista declara que «todo hombre es mentiroso» (Sal. 116:11). El apóstol Pablo, hablando en otro contexto, escribió: «sea hallado Dios veraz, aunque todo hombre sea hallado mentiroso» (Rom. 3:4). La verdad tiene un poder enorme que no radica simplemente en escucharla, más bien proviene de la aceptación personal, pues es entonces cuando uno comienza a destruir internamente con la verdad los patrones disfuncionales de pensamiento y, finalmente, de conducta.

El rol del arrepentimiento y del perdón. Este es un paso importante en la consejería bíblica. Muchas personas desean cambiar sin experimentar dolor, culpa o vergüenza. De hecho, fuera de la consejería bíblica, eso es lo que a menudo el consejero procura al tratar que su aconsejado se sienta bien. Otros ni siquiera entienden qué es el arrepentimiento y piensan que confesar un pecado es lo mismo que arrepentirse del pecado. Pero esto dista mucho de la realidad. Podemos confesar un pecado porque ya hemos sido descubiertos y no tenemos alternativa, sin siquiera expresar dolor por haber violado la ley de Dios o por haber herido a otra persona. La realidad es que Dios no va a cambiar nuestra forma de pensar y de actuar hasta que haya un arrepentimiento genuino. Dicho arrepentimiento solo lo otorga Dios, como muestra el siguiente versículo:

Debe reprender tiernamente a los que se oponen, **por si acaso Dios les da el arrepentimiento** que conduce al pleno conocimiento de la verdad, y volviendo en sí, escapen del lazo del diablo, habiendo estado cautivos de él para hacer su voluntad. (2 Tim. 2:25-26, énfasis añadido)

La palabra usada para expresar arrepentimiento en hebreo es «*shub*», que implica un cambio de dirección; es como ir por una vía y volverse en U. El otro vocablo también en hebreo es «*nacham*», que hace referencia al dolor que se experimenta por haber transgredido un límite. La palabra para arrepentimiento en griego del Nuevo Testamento es «*metanoia*», que implica un cambio de mente. El verdadero arrepentimiento requiere de un sincero reconocimiento de que nuestra conducta es pecaminosa y que nadie más es responsable de nuestra conducta o sentimientos aparte de nosotros mismos.

Los teólogos medievales desarrollaron una teoría que establecía una diferencia entre el arrepentimiento por atrición y el arrepentimiento por contrición. El arrepentimiento por atrición está motivado por el temor a las consecuencias y, de hecho, muchos de nosotros no dejaríamos de pecar si supiéramos que no habrá consecuencia por nuestro pecado. La atrición no busca reparar el daño causado en el otro, sino simplemente evitar las consecuencias y, por lo tanto, siempre quiere saber cuál es el grado mínimo de «arrepentimiento» necesario para que no lleguen las consecuencias. En cambio, el arrepentimiento por contrición supone el dolor por haber ofendido a Dios, debido al amor que tenemos por Dios y por haber dañado Su imagen en otros.

El puritano Thomas Brooks escribió: «el arrepentimiento es el vómito del alma».[12] Antes de vomitar, uno suele tener náuseas, así como muchas personas antes de arrepentirse tienen convicción y se sienten mal. Esa es la náusea del alma; se están sintiendo mal, pero no acaban de vomitar. El vómito del alma al que Brooks llama arrepentimiento ocurre cuando finalmente decidimos que necesitamos hacer algo para honrar el nombre de Dios y redimir el daño.

IDEA FINAL

Todo lo expresado anteriormente nos ayuda a entender en qué consiste la consejería bíblica y qué la diferencia del resto de las demás metodologías de consejería. No sería reduccionista decir que la consejería bíblica es teología aplicada al individuo y sus problemas. Cuando la Palabra de Dios es expuesta desde el púlpito durante algún momento del mensaje, el predicador aplica la verdad de la Palabra de Dios. Pero en ese momento, la Palabra es llevada a la congregación de manera general debido al número y la diversidad del auditorio.

---

[12] Thomas Brooks, *Precious Remedies Against Satan's Devices* en *The Complete Works of Thomas Brooks, Vol. I-VI* (Dominio público: The Cause of Christ, 2020), edición Kindle, pág. 102 de 3037.

También hay una aplicación de la misma Palabra durante el proceso de consejería, pero es vista en el contexto del problema particular y personal que es presentado al consejero.

En conclusión, la consejería bíblica difiere de las demás en múltiples aspectos, como son:

– La fuente de conocimiento (la Biblia).
– El poder de transformación (el Espíritu Santo).
– La necesidad del arrepentimiento (por ser transgresor de la ley de Dios).
– El rol de la cruz para obtener perdón (allí llevamos nuestra culpa).
– El entendimiento de la gracia (en todas las áreas de la vida).
– La necesidad de la oración (para el consejero y el aconsejado).
– La meta perseguida (la transformación a la imagen de Cristo).
– La necesidad de la iglesia local (sanamos en comunidad).

2

La teología bíblica y el origen de los problemas

Porque ellos cambiaron la verdad de Dios
por la mentira, y adoraron y sirvieron a la criatura
en lugar del Creador, quien es bendito
por los siglos. Amén.
(Rom. 1:25)

La palabra *teología* puede tener diferentes significados, pero en el contexto de la consejería bíblica, definiremos la teología solo como el estudio de Dios (del griego *«theo»*: 'Dios'; *«logos»*: 'estudio', 'razonamiento'). Sin embargo, es necesario profundizar en esta idea un poco más para un mejor entendimiento. La teología bíblica es el estudio del Dios revelado en la Biblia en términos de Su esencia y la manera en que se relaciona con Su creación y, en particular, con todos los seres humanos (creyentes o no).

Ese conocimiento de Dios es vital para una vida cristiana balanceada en un mundo caído. Juan Calvino señala:

… es evidente que el hombre nunca alcanza un verdadero autoconocimiento hasta que no ha contemplado previamente el rostro de Dios y ha bajado después de tal contemplación para mirarse a sí mismo.[13]

---

[13] Juan Calvino, *The Institutes of the Christian Religion*, Libro I, *The Knowledge of God the Creator*, cap. 1.2.

Esto explica por qué tantas personas se conocen tan poco. Para empezar, muchos no son creyentes en el Dios viviente y entre aquellos que han nacido de nuevo, muchos no se han tomado el tiempo para llegar a conocerlo como Él desea ser conocido. Por ejemplo, Adán y Eva, mientras estaban en el jardín del Edén y conocían a Dios profundamente y en intimidad, no solo nunca pecaron, sino que nunca presentaron una disfunción como seres humanos creados a imagen y semejanza de Dios. Por su parte, el profeta Isaías no se vio en toda su pecaminosidad hasta que no contempló a Dios en toda Su santidad (Isa. 6:1-5).

Si conocer a Dios es vital para conocernos a nosotros mismos, entonces podemos apreciar la importancia de la teología en la consejería bíblica. Dios ha revelado…

– Quiénes éramos en Adán y Eva (hechos a imagen y semejanza de Dios; Gén. 1:26).

– Quiénes somos hoy (personas caídas en todo el sentido de la palabra; redimidos, pero aún pecadores; Ef. 5:8).

– Quiénes llegaremos a ser los que hemos nacido de nuevo (seremos semejantes a Él; 1 Jn. 3:2).

Si la consejería es con un inconverso, primeramente tiene que conocer su condición para entender lo que necesita. Si estamos frente a un creyente que no está teniendo victorias sobre su pecado, él necesita entender mejor sus pecados remanentes y aprender más sobre el poder de la Palabra y del Espíritu de Dios para lograr experimentar la vida abundante de la que habló Cristo (Juan 10:10). Pero la persona que revela todas estas grandes verdades es Dios mismo, y lo hace en Su Palabra por medio de la guía del Espíritu Santo.

El capítulo anterior nos presentó la teología detrás de la consejería bíblica, pero en este capítulo vamos a abordar el tema desde otro ángulo. Primero necesitamos conocer brevemente la organización de la historia redentora en cuatro etapas: creación, caída, redención y glorificación. Veamos estas etapas de manera más profunda y por separado.

Creación. Dios creó la raza humana a Su imagen y semejanza. Por consiguiente, esta primera pareja—Adán y Eva— fue creada sin pecado, con la capacidad para pensar de forma racional y con claridad, con la habilidad de experimentar emociones santas, con libre albedrío, con un claro entendimiento de lo que implica ser un hombre y una mujer con sus respectivas responsabilidades, con deseo de intimar con Dios en Su presencia y con una inclinación natural hacia la adoración del Dios trino. En sus mentes solo había aquello que era verdadero y digno de toda virtud (Fil. 4:8). No había otros pensamientos en sus mentes. La infidelidad a Dios o a cualquier otra persona era inimaginable.

Caída. La meta era crecer y multiplicarse para llenar la tierra de la imagen de Dios, pero pecaron y fueron expulsados del huerto y perdieron así todo lo que una vez tuvieron. Como Adán y Eva una vez disfrutaron de todas estas cosas, cuando cayeron supieron de inmediato todo lo que habían perdido. Sus descendientes, en cambio, han sufrido las consecuencias, pero no conocen la dimensión inmensa de todo lo perdido.

La caída produjo consecuencias catastróficas para esta primera pareja y sus descendientes. La imagen de Dios quedó manchada a partir de ese momento. Por consiguiente, el pecado ya no resultaría tan horroroso para nosotros porque, de allí en adelante, todos seríamos concebidos en pecado (Sal. 51:5) y creceríamos pecando y viendo pecar a los demás. En otras palabras, la vida de pecado sería nuestro nuevo hábitat natural.

Nuestra inclinación natural ahora sería pecar y como nuestra voluntad quedó esclavizada, ahora nuestro deseo sería pecar o pecar. El hombre ya no lideraría como antes, con un sentido de propósito y de protección para con todo aquel que estuviera alrededor, y en especial, para con su esposa. La intimidad con Dios fue cambiada por lejanía de Dios, lo cual crearía nuevas situaciones en su vida diaria que, con el tiempo, lo llevarían a buscar ayuda en otros seres humanos y no en Dios. Dice un proverbio chino que si queremos saber lo que es el agua, no le preguntemos al pez. De esa misma forma, si queremos saber qué es el pecado, no podemos preguntarle a otro humano, porque desde la caída, el pecado es su naturaleza y, por lo tanto, para nosotros es algo natural.

Redención. Es obvio que Dios sabía lo que había sucedido en el Edén y tenía la alternativa soberana de enviarlos a la condenación eterna o poner en marcha, por Su sola gracia, un plan concebido desde la eternidad pasada que permitiera sacar a la humanidad del abismo espiritual en el que había caído. No vamos a detallar el plan de redención porque suponemos que si estás leyendo este libro es porque ya conoces lo que Cristo hizo por nosotros. No obstante, no solo mencionamos la redención porque es el proceso que eventualmente nos saca de la condición en la que caímos, sino también porque, durante este tiempo, necesitamos entender por qué continuamos pecando a pesar de haber nacido de nuevo y ser nuevas criaturas. El apóstol Pablo decía: «Porque lo que hago, no lo entiendo. Porque no practico lo que quiero hacer, sino que lo que aborrezco, eso hago» (Rom. 7:15). El porqué de esta lucha lo ofrece el mismo Pablo, al escribir:

> Porque el deseo de la carne es contra el Espíritu, y el del Espíritu es contra la carne, pues estos se oponen el uno al otro, **de manera que ustedes no pueden hacer lo que deseen**. (Gál. 5:17, énfasis añadido)

Nota que Pablo atribuye la imposibilidad de hacer las cosas que debiéramos hacer a la lucha continua entre los deseos que la carne tiene y los deseos que el Espíritu de Dios tiene para con nosotros.

Glorificación. Esta etapa corresponde a la última parte de la historia redentora que inicia cuando entramos en la presencia de Dios y termina en el momento en que nuestro cuerpo físico es levantado de la tumba para unirse a nuestro espíritu. Allí se completa el proceso de glorificación. El cuerpo que fue sembrado en corrupción resucitará como incorruptible; el cuerpo que se sembró en deshonra resucitará en gloria. De la misma manera, el cuerpo que fue sembrado en debilidad resucitará en poder (1 Cor. 15:42-43). Cuando Cristo fue a la cruz, nos libró de la pena del pecado. A través del proceso de santificación, nos libera del poder del pecado. Finalmente, en la glorificación nos liberará de la presencia de pecado. De ahí en adelante, ya no desearemos pecar y por lo tanto no pecaremos. No habrá más rebelión ni transgresión a la manera de Satanás y de Adán. Mientras tanto, vivimos la etapa del «ahora, pero no todavía». Somos salvos, pero a pesar de nuestra salvación continuamos pecando hasta ese día glorioso en que veremos a Jesús tal como es (1 Jn. 3:2).

NUESTROS ÍDOLOS COMO CAUSA DE NUESTROS PROBLEMAS

El propósito de la consejería bíblica no es otro que ayudar al creyente a entender los efectos de la caída en su propia vida y cómo la verdad de Dios puede rescatarlo de su condición a través del entendimiento y aplicación de la Palabra. Todas las disfunciones humanas son el resultado del alejamiento de Dios. Estas consecuencias surgieron cuando la primera pareja creyó la voz de la serpiente y rechazó la sabiduría de Dios. Dios fue desplazado de su lugar en ese momento y Satanás, representado por la serpiente, pasó a ser el primer ídolo de la raza humana. Eso fue exactamente lo que dio inicio a la idolatría del ser humano.

El apóstol Pablo lo explica de esta manera: «Porque ellos cambiaron la verdad de Dios por la mentira, y adoraron y sirvieron a la criatura en lugar del Creador, quien es bendito por los siglos. Amén» (Rom. 1:25). La mentira es la semilla y el ídolo es el árbol que genera. Posteriormente, el ídolo genera nuestras conductas pecaminosas, aun en los cristianos, las cuales tratamos de explicar a través de una teología «funcional», es decir, una serie de creencias que nos permiten funcionar en el día a día y que es diferente a la teología «confesional» que profesamos en círculos cristianos institucionales. Eso nos lleva a abordar el tema de los ídolos en un libro de consejería bíblica y en un capítulo sobre teología igualmente bíblica.

Un ídolo es cualquier cosa o persona que comienza a capturar la atención de nuestra mente, de nuestro corazón y de nuestras emociones por sobre Dios mismo. Un ídolo es aquello hacia lo que corre el ser humano cuando está bajo presión: alcohol, drogas, pastillas, televisión, computadora, pornografía, fornicación, compras, trabajo y demás «áreas de refugio» fuera de Dios.

En su libro *Shattered Dreams* [Sueños deshechos]*,* Larry Crabb desarrolla la tesis de que, al estar tan atados —tan desesperadamente dedicados— a los sueños de nuestra vida, Dios tiene que permitir que estos sean destruidos para que pierdan su **atractivo idolátrico.**[14] Todo el Salmo 115 nos permite descubrir que la falta de confianza en Dios es la causa de la formación de ídolos. El salmista llama tres veces al pueblo a confiar en Dios (vv. 9-11) inmediatamente después de hablarles de los ídolos en los que habían puesto su esperanza, al punto de hacer imágenes de estos ídolos y colocarlas sobre altares.

La adoración idolátrica hizo caer al ser humano, y la adoración al Dios verdadero es lo único que lo puede levantar. La adoración a un ídolo fue responsable de la caída y la adoración al único Dios sabio y eterno representa el rescate para salir de la fosa del pecado. Han pasado miles de años de historia desde Adán hasta nuestros días y todavía seguimos siendo incapaces de curar a la raza humana de la idolatría del corazón. Lamentablemente, Israel supo fabricar estas imágenes típicas copiadas de las religiones paganas y las colocó al igual que los paganos incrédulos en altares y lugares altos adonde el pueblo acudía para rendirles adoración. Hoy nuestros ídolos no son tan rudimentarios ni tan públicos como los de ellos y los de las religiones paganas. Nosotros construimos nuestros ídolos en nuestras mentes y los colocamos en el altar de nuestro corazón. Dios reveló esta verdad a través del profeta Ezequiel:

Hijo de hombre, estos hombres han erigido sus ídolos en su corazón, y han puesto delante de su rostro lo que los hace

---

[14]Larry Crabb, *Shattered Dreams: God's Unexpected Path to Joy* (Colorado Springs, CO: WaterBrook Press, 2001). Énfasis añadido.

caer en su iniquidad. ¿Me dejaré Yo consultar por ellos? (Ezeq. 14:3)

Los llevamos en el corazón y no los percibimos porque el corazón es engañoso, nos traiciona y nos oculta nuestros ídolos. Juan Calvino decía que la mente humana es, por así decirlo, «una fábrica permanente de ídolos».[15] Aunque el reformador habló en el contexto de la fabricación de ídolos confeccionados a mano, típicos de la iglesia de Roma en la época de la Reforma y hasta el día de hoy, lo cierto es que nosotros, como personas más educadas y sofisticadas, los ideamos en nuestras mentes y corazones. El corazón es el altar por excelencia de nuestros ídolos.

Aunque la mente le da forma al ídolo, es el ídolo quien nos forma a nosotros y nuestros estilos de vida. El ídolo nunca producirá una satisfacción verdadera porque fuimos creados para adorar algo mucho mayor que un ídolo. Fuimos creados para Alguien que tiene un nombre y no es una cosa. Su nombre es Dios y se ha revelado en las Escrituras. Fuimos creados para Él: «a todo el que es llamado por Mi nombre y a quien he creado para Mi gloria, a quien he formado y a quien he hecho» (Isa. 43:7). A menos que el ser humano viva el propósito para el cual fue creado, siempre vivirá insatisfecho en busca del próximo ídolo que satisfaga sus apetitos. El salmista sabía esto y por eso dijo: «No a nosotros, SEÑOR, no a nosotros, sino a Tu nombre da gloria» (Sal. 115:1). Esto fue dicho en el contexto de la amonestación a la población judía por su idolatría.

Puedes creerlo o no, pero cada uno de nosotros tiene «dioses» y alrededor de ellos construimos nuestro estilo de vida. ¿Has desobedecido alguna vez en los últimos treinta días, en la última semana o en las últimas veinticuatro horas? Cuando desobedeciste a Dios, obedeciste a algo o alguien más. Ese otro que obedeciste o que preferiste era tu dios funcional en ese momento.[16] Cuando obedecemos

---

[15] Juan Calvino, *Institutes of the Christian Religion,* 1.11.8

[16] Brad Bigney, *Gospel Treason: Betraying the Gospel with Hidden Idols* (Phillipsburg, NJ: P&R Publishing, versión Kindle, 2012), 20-21.

a algo o alguien de esa manera, por lo menos hemos preferido algo por encima de Dios y aquello a lo que damos nuestra preferencia representa nuestro ídolo.

Ya hemos mencionado que tenemos ídolos externos e internos. Los externos son claramente evidentes en las religiones paganas e incluso en algunas religiones llamadas «cristianas». Pero los internos no los vemos porque están en el interior de cada ser humano que habita este planeta, y desde allí dirigen la conducta de hombres y mujeres. El ídolo es tan poderoso que controla al ser humano aun sin existir realmente. Le da forma a nuestra personalidad porque cada uno de nosotros se convierte en aquello que adora. Esta es la idea desarrollada por G.K. Beale en su libro *We Become What We Worship*.[17] Esta transformación se da de forma paulatina, pero es un cambio real y, de hecho, así fue anunciada por Dios:

Los ídolos de ellos son plata y oro, obra de manos de hombre. Tienen boca, y no hablan; tienen ojos, y no ven; tienen oídos, y no oyen; tienen nariz, y no huelen; tienen manos, y no tocan; tienen pies, y no caminan; no emiten sonido alguno con su garganta. **Se volverán como ellos los que los hacen, y todos los que en ellos confían**. (Sal. 115:4-8, énfasis añadido)

Lo que menciona el salmista terminó sucediendo literalmente en el pueblo hebreo con el paso del tiempo. Dios, a través del profeta Jeremías, denuncia que el pueblo se había vuelto necio e insensible y les reprocha diciendo: «tienen ojos y no ven, tienen oídos y no oyen» (Jer. 5:20-21). Esta descripción se asemeja mucho a la condición de los ídolos inertes. Por su parte, el profeta Ezequiel también denunció esta condición del pueblo hebreo (Ezeq. 12:1-2). Esto mismo se descubre en la consejería, pero de otra manera, porque nuestros ídolos son más sofisticados. Cuando el pecado cierra los ojos del espíritu, el aconsejado:

---

[17] G. K. Beale, *We Become What We Worship: A Biblical Theology of Idolatry* (Westmont, IL: IVP Academic, Illustrated edition, 2008).

- Tiene ojos, pero no ve la realidad.
- Escucha lo que el consejero le dice, pero no está de acuerdo porque no puede entender lo que se le está diciendo.
- No logra discernir la verdad del error en su mente.

Lo que Dios profetizó sobre el pueblo judío es una gran verdad acerca de todos nosotros: adoramos algo o alguien y, poco a poco, sin darnos cuenta, vamos tomando la forma de eso que hemos estado adorando. Cómo lucimos hoy habla de lo que hemos estado adorando en los últimos años, porque ciertamente nos convertimos en lo que adoramos. Quizás las siguientes preguntas puedan ayudarte a identificar lo que has estado adorando:

- ¿Estás dispuesto a pecar para conseguirlo?
- ¿Estás dispuesto a pecar si piensas que lo vas a perder?
- ¿Es eso lo que te da sentido de valor o importancia?
- ¿Te irritas cuando alguien te habla negativamente de ese algo o alguien (ídolo)?
- ¿Es eso lo que necesitas para sentirte seguro o para sentirte bien?
- ¿Estás dispuesto a sacrificar relaciones para no perderlo o para defenderlo?[18]

Nuestros ídolos interfieren con nuestra adoración al Dios del universo, desplazan nuestra devoción al Señor y compiten con ella. Esa interferencia tiene un impacto en el día a día porque nuestros ídolos ocupan un espacio en el corazón que solo le pertenece a Dios. Al final del camino, la idolatría es un problema del corazón y nuestros ídolos revelan lo que verdaderamente anhelamos, lo que somos y lo que llegaremos a ser.

Si adoramos el *sexo*, con el tiempo nuestra personalidad cambiará hasta el punto de convertirnos en:

---

[18]Brad Bigney, *Gospel Treason: Betraying the Gospel with Hidden Idols* (Phillipsburg, NJ: P&R Publishing, versión Kindle, 2012), 35-36.

Hedonistas

Narcisistas

Demandantes

Egoístas

Insaciables.

Hacemos del otro un objeto de placer y nos irritamos cuando no nos complace. La imagen pornográfica en la computadora pasa a ser la fuente principal de satisfacción sexual porque lo que andamos buscando no es una ayuda idónea para nuestra intimidad, creada por Dios y dada a nosotros por Él, sino que andamos en busca de un objeto para satisfacer nuestro placer egoísta.

Cuando el *dinero* se convierte en nuestro ídolo, pasamos de controlar el dinero a ser controlados por él. El dinero dictamina nuestra importancia; nuestras finanzas nos definen como importantes o como simples personajes oscuros. De repente, las personas con dinero llaman nuestra atención. Disfrutamos de decir que conocemos o almorzamos con alguien que tiene dinero. Actuamos de esa manera porque hemos permitido que el nuevo ídolo establezca nuestra identidad. En el Salmo que estamos estudiando, el salmista contrasta estos ídolos inservibles (115:4-8) con el Dios que adoramos, Aquel que está en los cielos y que hace lo que le place (v. 3). Si adoramos a ese Dios, se aplica el mismo principio con los ídolos, solo que en vez de muerte encontraremos vida y en vez de pecado, anhelaremos la santidad. Nos volveremos como Él porque nos «convertimos» en lo que adoramos.

Por ejemplo, Moisés subió al monte Sinaí y pasó cuarenta días en comunión con el Dios de gloria, quien habita en luz inaccesible. Luego de ese período de adoración a Dios:

> Y aconteció que cuando Moisés descendía del monte Sinaí con las dos tablas del testimonio en su mano, al descender del monte, Moisés no sabía que la piel de su rostro resplandecía por haber hablado con Dios. Y al ver Aarón y todos los hijos

de Israel a Moisés, he aquí, la piel de su rostro resplandecía; y tuvieron temor de acercarse a él. (Ex. 34:29-30)

Moisés había cambiado. El reflejo en el rostro de un simple mortal de la espalda de la gloria de Dios fue suficiente para que el pueblo temiera a Moisés. ¿Qué había ocurrido? Lo único distinto había sido el tiempo que Moisés pasó adorando a Dios. Si queremos cambiar, lo que necesitamos es pasar tiempo con el Dios de los cielos que hace lo que le place y a quien nadie puede cuestionar.

Pensemos por un momento en Pablo, un hombre lleno de odio y resentimiento contra los cristianos. Era un individuo caracterizado por su celo religioso, por ser perseguidor de la Iglesia y consentidor de crímenes como el de Esteban, el primer mártir cristiano. Pero un día, fue interceptado por Cristo camino a Damasco. Luego fue llevado a Arabia por tres años y, posteriormente, transportado al tercer cielo para tener intensa comunión con Dios. Pablo no fue transformado en un hombre manso, humilde, compasivo y siervo de todos a través de la ley del Antiguo Testamento, sino a través de la adoración a nuestro Dios. Ese es el mismo Pablo que nos revela cómo somos transformados:

Pero todos nosotros, con el rostro descubierto, contemplando como en un espejo la gloria del Señor, estamos siendo transformados en la misma imagen de gloria en gloria, como por el Señor, el Espíritu. (2 Cor. 3:18)

¿Qué debemos hacer para cambiar? Contemplar como en un espejo la gloria del Señor. ¿Cuál es el espejo? La Palabra de Dios. Si Adán hubiese mantenido su vida de adoración a Dios, nunca habría manchado la imagen de Dios en la humanidad. Pero el día que Adán decidió adorar a la criatura temporal y sujeta al deterioro y la muerte, se convirtió en lo que adoraba y pasó a ser una criatura destinada al deterioro y la muerte. Cambiar a los descendientes de Adán, que estaban corruptos por el pecado y condenados a muerte, iba a requerir la adoración a un Dios que no es temporal, sino santo y eterno, y así pasar a tener vida eterna. Esa es la razón por la que Dios nos envió al dador de la vida, la fuente de vida eterna, el que era, el que es y el que vendrá; el que no muere y el que nunca ha sufrido deterioro. Cuando lo adoramos, pasamos de ser una persona muerta a una con vida eterna... porque nos convertimos en lo que adoramos.

- Cuando adoramos a Cristo, la fuente de seguridad, nos volvemos personas seguras.
- Cuando adoramos a Cristo, en toda Su santidad, terminamos siendo santificados por Él.
- Cuando verdaderamente lo adoramos a Él, dejamos de ser personas controladoras, imponentes, airadas, orgullosas, egocéntricas y nos convertimos en personas sumisas, humildes, tiernas, amorosas y en siervos de todos.

LA TEOLOGÍA FUNCIONAL

Como ya explicamos, cada mentira que abrazamos da lugar a la formación de un ídolo. Alrededor de ese ídolo, el cristiano construye una teología funcional con la que vive y toma decisiones. Pero también tiene una teología confesional que es la que profesa en la iglesia, sobre la cual canta y con la que defiende sus argumentos. La **teología confesional** es construida alrededor de Cristo, mientras que la **teología funcional** se construye alrededor de nuestros ídolos. Lo triste es que nos hemos vuelto expertos evangélicos en justificar nuestra falsa teología:

- Idolatramos la seguridad y la llamamos «prudencia».
- Idolatramos el dinero y lo llamamos «buena mayordomía».
- Idolatramos la reputación y la llamamos «buen testimonio».

Nuestra teología funcional justifica de forma idolátrica todo lo que hacemos para sentirnos seguros; justificamos la ansiedad que nos produce la falta de dinero en el día de mañana y la ira que experimentamos cuando alguien dice algo que cuestiona nuestra reputación.

Nuestra confianza en Dios dura hasta que pensamos en dinero y seguridad.

Satanás le vendió a Adán y Eva una mentira envuelta en papel de regalo y ellos la compraron. Desde entonces, el mismo Satanás ha seguido vendiéndonos sus mentiras envueltas en diferentes papeles de regalo. Por eso, Cristo vino y dijo:

- Yo soy el camino que Adán perdió para regresar al Edén.
- Yo soy la verdad que Adán rechazó.
- Yo soy la vida que Adán perdió.

JESÚS RESUMIÓ NUESTRA TEOLOGÍA CONFESIONAL Y PRÁCTICA

La consejería bíblica no es otra cosa que teología aplicada; es decir, el entendimiento de quién es Dios, de cómo se relaciona con el mundo y la forma en que desea que nos relacionemos con Él y con los demás. Muchos tienen una relación impersonal con Dios porque se relacionan primordialmente con un cuerpo de doctrinas. Pero conocer las doctrinas de la manera en que la conocieron los escribas (expertos en la ley), no es lo mismo que conocer al dador de la ley.

Dios se ha revelado en la creación. Cuando ve la hermosura de la creación y la inmensidad del universo, ¿se conmueve tu corazón por el asombro y el sentimiento de querer conocer aún más de este Dios infinito en sabiduría y poder?

Dios se ha revelado en la conciencia del ser humano. Cuando ves al incrédulo hacer lo correcto, ¿se conmueve tu corazón por la increíble bondad de nuestro Dios que puso su imagen en nosotros, la cual nos es impartida por la llamada ley natural?

Dios se ha revelado en la historia. Cuando ves los acontecimientos históricos narrados en la Biblia, ¿palpita tu corazón al ver cómo la providencia de Dios mueve las «fichas del juego» para que Sus propósitos eternos sean llevados a cabo?

Dios se ha revelado, sobre todo en la Biblia y más aún en la persona de Su Hijo. Con el paso del tiempo, ¿sientes que amas a

Dios cada vez más con toda tu alma, toda tu mente, todo tu corazón y con toda tu fuerza?

Hacemos estas preguntas porque muchos de nuestros problemas se deben a que hemos trivializado a Dios al hacerlo a nuestra imagen y semejanza. Hemos minimizado su ley y no hemos aquilatado Su amor por nosotros. Asimismo, gran parte de nuestros problemas se deben a que no vivimos para el propósito que fuimos creados. Necesitamos cambiar de manera radical nuestra concepción de Dios y el propósito para el cual fuimos creados:

- Conocer a Dios (Jer. 9:24).
- Amar a Dios (Mat. 22:37).
- Glorificar a Dios (1 Cor. 10:31).
- Reflejar a Dios (1 Ped. 2:9).

Conocer a Dios nos permite confiar en Él, creer en Sus promesas y disfrutar de paz interior sabiendo que Él tiene nuestro futuro en Sus manos (Sal. 9:10).

Amar a Dios nos lleva a obedecerle y la obediencia es nuestra mejor manera de evitar errores, tropiezos, caídas y todas las consecuencias que traen consigo (Juan 14:15).

Glorificar a Dios es darle el honor que se merece, lo cual nos lleva a disfrutar la vida en su máxima expresión, porque glorificarlo es el secreto de la vida abundante (Juan 10:10).

Reflejar la imagen de Dios fue, en primer lugar, el propósito de nuestra creación. Dios creó a Adán y Eva como Sus representantes y los creó a Su imagen y semejanza. Pero las cosas cambiaron posteriormente: «cuando Adán había vivido 130 años, engendró un hijo **a su semejanza, conforme a su imagen,** y le puso por nombre Set» (Gén. 5:3, énfasis añadido). Mientras que Adán fue creado a semejanza de Dios, su hijo Set fue engendrado a semejanza de Adán, es decir, con una naturaleza caída.

El ser humano vive soñando con alcanzar cosas que nunca han formado parte del plan de Dios para su vida, y por eso muchos viven frustrados. Por eso Dios interviene para llevarnos a la realidad de Su propósito. Lo que muchas veces llamamos fracaso no es más que la intervención de Dios, tal como muestran Clinton & Ohlschlager:

> A menos que nuestros sueños sean destruidos (o perdidos o robados), estamos en peligro de nunca ser libertados para seguir nuestro primer llamado en la vida: amar a Dios y a los demás con toda nuestra fuerza.[19]

Cristo tuvo un intercambio de palabras con uno de los fariseos que se le acercó y le hizo preguntas con la intención de ponerlo a prueba. Presta atención a su respuesta:

> Maestro, ¿cuál es el gran mandamiento de la ley? Y Él le dijo: AMARÁS AL SEÑOR TU DIOS CON TODO TU CORAZÓN, Y CON TODA TU ALMA, Y CON TODA TU MENTE. Este es el grande y el primer mandamiento. Y el segundo es semejante a este: AMARÁS A TU PRÓJIMO COMO A TI MISMO. De estos dos mandamientos dependen toda la ley y los profetas. (Mat. 22:36-40)

El primer mandamiento de la ley de Dios no fue dado solamente porque Dios es el creador y sustentador de todo lo que existe, sino que también fue dado para protegernos de la creación de ídolos. Dios sabe que estos ídolos, aunque no existen, esclavizan a la humanidad. Agustín de Hipona dijo una vez que aún los muertos son superiores a los ídolos porque, por lo menos, alguna vez los muertos tuvieron vida; pero los ídolos nunca la tuvieron y nunca la tendrán. Aun así, los ídolos controlan la vida de los seres humanos.

En consejería, tenemos que lidiar con los problemas que las personas traen para poder ayudarlas a resolverlos, pero también necesitamos ayudarlas a ver que el primer paso para «solucionar» sus problemas debe ser optimizar su relación vertical con Dios. Además,

---

[19] Dr. Timothy Clinton y Dr. George Ohlschlager, *Competent Christian Counseling* (Colorado Springs, CO: WaterBrook Press, 2002), 382.

en otros casos necesitamos optimizar nuestras relaciones horizontales con el prójimo. Una simple ilustración basta:

Ustedes, maridos, igualmente, convivan de manera comprensiva con sus mujeres, como con un vaso más frágil, puesto que es mujer, dándole honor por ser heredera como ustedes de la gracia de la vida, **para que sus oraciones no sean estorbadas.** (1 Ped. 3:7, énfasis añadido)

También Cristo nos advirtió que no presentemos nuestra ofrenda si sabemos que un hermano tiene algo contra nosotros (Mat. 5:23-24). La mayoría de las personas que acuden a la consejería lo hacen por problemas con «el prójimo», es decir, el cónyuge, los hijos, uno de los padres, un hermano biológico o espiritual, el pastor, el jefe o un amigo. Pero las cosas serían diferentes si amáramos al prójimo como la Palabra nos manda. Dios nos ha ordenado amar aun a nuestros enemigos (Mat. 5:44).

Consideremos la parábola del buen samaritano (Luc. 10:30-37). Un hombre viajaba de Jerusalén a Jericó y fue asaltado y dejado medio muerto. Pasó un sacerdote y siguió de largo. Luego vino un levita y pasó por el otro lado del camino. Ni el sacerdote ni el levita ayudaron al hombre que había sido asaltado y herido, por temor a contaminarse. Sin embargo, vemos que un samaritano transitó la «milla extra» para ayudar a este hombre en necesidad. ¿Cuál fue la diferencia? **Los dos religiosos** (sacerdote y levita) no hicieron nada por temor a lo que les pudiera acontecer si hacían algo por él (contaminarse, en términos religiosos). Por el contrario, **el samaritano** tenía una preocupación genuina y, por lo tanto, tuvo una interrogante distinta: ¿Qué sería de ese hombre si no hacía algo por él?

Solo el samaritano entendía las implicaciones del segundo gran mandamiento de la ley, según las palabras de Jesús (Mat. 22:39). El egoísmo evitó que estos dos religiosos ayudaran a un hombre que pudo haber muerto debido a la gravedad de sus heridas. Ese mismo egoísmo es el que genera muchos de los problemas que nos llevan a buscar consejería. Paul Tripp define el egoísmo como el ADN del pecado. Este autor argumenta que las siguientes palabras de Pablo: «y por todos murió, para que los que viven, ya no vivan para sí, sino para Aquel que murió y resucitó por ellos» (2 Cor. 5:15), ilustran perfectamente bien el problema del egoísmo y su cura al mismo tiempo.[20] El problema es el egoísmo y el tratamiento para su cura es vivir para Aquel que murió por nosotros. Sencillo, pero también difícil para muchos, debido al egocentrismo que produce la naturaleza pecadora.

Con todo lo que hemos dicho ahora, quizás te habrás percatado de que la consejería bíblica es más teología aplicada de lo que habías pensado. Si no conocemos a Dios, cómo piensa (hasta donde nos es posible) y cómo debemos relacionarnos con Él y con los demás, vamos a tener muchos problemas en muchas de nuestras relaciones (vertical y horizontal).

LA TEOLOGÍA BÍBLICA NOS AYUDA A VIVIR EN UN MUNDO CAÍDO

Génesis 3 es un capítulo fundamental para entender todo lo demás que dice la Biblia. Allí leemos sobre las consecuencias anunciadas para la primera pareja, para la serpiente como representante de Satanás y para el resto de la creación. Mencionamos esto al final de este capítulo porque la mayoría de las personas, incluidos muchos cristianos, desconocen o ignoran de forma intencional lo que afirma este capítulo y viven con **expectativas irreales**. De Génesis 4 en adelante, podemos ver claramente qué debemos esperar de este mundo de este lado de la gloria: ira, celos, envidia, inmoralidad, desastres naturales, traición, guerras, ausencia de reconciliación, deslealtad y la lista puede continuar de forma interminable. Si tenemos expectativas equivocadas, entonces viviremos de mal humor, insatisfechos, quejumbrosos, tristes, deprimidos y con una amplia gama de emociones negativas diversas. Por lo tanto, necesitamos ayudar al aconsejado a ajustar sus expectativas para poder vivir sabiamente con

---

[20] Paul David Tripp, *Sé Líder: 12 Principios sobre el liderazgo en la iglesia* (Nashville, TN: B&H español, 2021), 132.

personas pecadoras e imperfectas, entre las cuales están el consejero y el aconsejado.

Por otro lado, es importante desarrollar nuestro **sentido de aceptación**. No podemos olvidar que Dios ha orquestado de forma providencial, tanto de manera pasiva como activa, todo cuanto ha de acontecer (Ex. 4:11). Por lo tanto, nuestras quejas no son realmente contra el ser humano, sino contra Dios (Ex. 16:6-8), quien ha orquestado nuestras vidas de una forma particular. Es más, si fuéramos Dios y conociéramos todo lo que Él conoce, sin duda hubiésemos orquestado nuestras vidas de esa misma manera particular. José, el undécimo de los doce hijos de Jacob, nos recuerda que su dolorosa venta como esclavo ocurrió bajo el control soberano de Dios con el propósito de salvar toda una nación (Gén. 50:20). Por su parte, Pablo nos recuerda que todas las cosas cooperan para formar la imagen de Cristo en nosotros (Rom. 8:28). Ninguna de las emociones enumeradas más arriba nos ayudarán a vivir una vida plena. Por el contrario, nuestras emociones negativas con frecuencia no hacen lucir bien a nuestro Dios ante el mundo incrédulo que nos observa.

Para concluir, la **gratitud** es el tercer ingrediente faltante. A pesar de vivir en un mundo caído, Dios ha intervenido de forma extraordinaria y nos garantiza que incluso nuestras peores experiencias terminarán cooperando para bien en nuestras vidas. De hecho, aún más allá de lo que merecemos. Es imposible vivir la vida que Cristo compró para nosotros sin un sentido de gratitud hacia Dios. Esta es un área donde también el apóstol Pablo tuvo que crecer:

No que hable porque tenga escasez, pues he aprendido a contentarme cualquiera que sea mi situación. Sé vivir en pobreza, y sé vivir en prosperidad. En todo y por todo he aprendido el secreto tanto de estar saciado como de tener hambre, de tener abundancia como de sufrir necesidad. Todo lo puedo en Cristo que me fortalece. (Fil. 4:11-13)

El contentamiento está vinculado a la gratitud y es algo que se aprende en la medida que llegamos a conocer más a Dios, llegamos a entender que Él siempre desea lo mejor para nosotros y que las cosas por las que atravesamos son necesarias para nuestra vida y para el reino de los cielos. Pablo había crecido en gratitud y nos enseña a orar con gratitud:

> Por nada estén afanosos; antes bien, en todo, **mediante oración y súplica con acción de gracias**, sean dadas a conocer sus peticiones delante de Dios. **Y la paz de Dios, que sobrepasa todo entendimiento**, guardará sus corazones y sus mentes en Cristo Jesús. (Fil. 4:6-7, énfasis añadido)

Este pasaje bíblico tiene un llamado a la oración que va acompañado de un sentido de gratitud. La consecuencia de este tipo de oración es una paz sobrenatural que protege nuestra mente y nuestro corazón.

Como habrás notado, este capítulo presenta el origen de los problemas del ser humano y la teología que nos enseña cómo terminar con estos problemas para que podamos llevar una vida bíblicamente balanceada en un mundo caído.

3

El pecado te afectó más de lo que piensas

Que nadie diga cuando es tentado: «Soy tentado por Dios».
Porque Dios no puede ser tentado por el mal y Él mismo
no tienta a nadie. Sino que cada uno es tentado cuando
es llevado y seducido por su propia pasión. Después,
cuando la pasión ha concebido, da a luz el pecado;
y cuando el pecado es consumado, engendra la muerte.
(Sant. 1:13-15)

Santiago nos presenta de forma abreviada lo que podría denominarse «la anatomía y fisiología del pecado». La anatomía humana está relacionada a su estructura (huesos, músculos, ligamentos, articulaciones, etc.) y la fisiología es el estudio del funcionamiento de sus diferentes órganos. De esa misma manera, Santiago nos deja ver que el pecado es una disposición interna de la naturaleza caída, heredada de Adán y Eva, que opera o funciona generando pasiones en nosotros que nos llevan a movernos en dirección de nuestros deseos caídos y, por consiguiente, en dirección opuesta a los deseos (voluntad) de nuestro Creador.

La revelación bíblica nos permite establecer que el pecado no es solo algo que hacemos, sino también algo que somos. Ya somos personas caídas antes de nacer, por lo que entramos al mundo con una naturaleza pecaminosa. David dice: «Yo nací en iniquidad, y en pecado me concibió mi madre» (Sal. 51:5). Otro salmista establece que se trata de algo que somos y hacemos, cuando afirma: «todo hombre es mentiroso» (Sal 116:11). Los humanos mentimos porque somos mentirosos. Como veremos más adelante, nuestra mente quedó en tinieblas, nuestro corazón fue insensibilizado al pecado y nuestra voluntad fue esclavizada como consecuencia de la caída. En sentido metafórico, imaginemos la estructura (anatomía) y el funcionamiento del pecado (fisiología) de esta manera:

Anatomía del pecado

- Una mente en tinieblas, alejada de Dios
- Un corazón endurecido por el pecado
- Una voluntad que responde solo a deseos pecaminosos

Pensemos que la mente, el corazón y la voluntad forman la constitución anatómica que determinará cierto funcionamiento pecaminoso. Todo esto opera para complacer al «YO» que demanda ser satisfecho y cede a la pasión.

Fisiología del pecado

- Una naturaleza con deseos caídos que nos hacen mover en ciertas direcciones
- Tentaciones externas e internas que nos llevan a imaginar y actuar
- Pasiones: la interacción entre el deseo y la tentación; se vuelven incontrolables

Esa es nuestra constitución caída que funciona a través de la generación de pasiones que nos alejan cada vez más de Dios, a menos que Él mismo intervenga. Por ejemplo, Juan habla de la pasión de la carne y la pasión de los ojos (1 Jn. 2:16), algo que podemos observar en Eva, quien vio con sus ojos y deseó con su carne, inmediatamente antes de comer del fruto:

Cuando **la mujer vio** que el árbol era bueno para comer, y que era **agradable a los ojos**, y que **el árbol era deseable** para alcanzar sabiduría, tomó de su fruto y comió. También dio a su marido que estaba con ella, y él comió. (Gén. 3:6, énfasis añadido)

Apenas hemos comenzado a considerar cómo opera el pecado. El proceso es más amplio y su descripción más compleja de lo que pudiera parecer a simple vista. Entender el pecado en términos de su definición, su estructura espiritual y su funcionamiento es de suma importancia en el proceso de consejería. Recordemos las palabras de Santiago: «cada uno es tentado cuando es llevado y seducido por su propia pasión. Después, cuando la pasión ha concebido, da a luz el pecado» (Sant. 1:14-15).

MÁS ALLÁ DE LA DEFINICIÓN DEL PECADO

Es nuestro deber entender todo lo que la Palabra de Dios menciona acerca del pecado. Por un lado, podríamos decir con certeza que «el pecado es infracción de la ley» (1 Jn. 3:4); pero el apóstol no dice que solo eso es el pecado. Según el teólogo A. H. Strong, «el pecado es la falta de conformidad a la ley moral de Dios, ya sea por hecho, disposición o estado».[21] Esta definición afirma que podemos pecar sin obrar… pensando, maquinando en nuestro interior, deseando a una mujer ilegítimamente, envidiando lo del otro y mucho más.

La revelación bíblica, tanto en el Antiguo Testamento como en el Nuevo Testamento, nos permite descubrir que el pecado tiene una connotación mucho más amplia que simplemente transgredir un límite. El Nuevo Testamento tiene dos palabras en griego que concuerdan con lo que Juan dice en su primera carta:

— *Hamartia*:[22] 'culpa, pecado, fracaso'. Errar al blanco (Rom. 3:23). Erramos al blanco cuando nos quedamos cortos de la gloria de

---

[21] Citado por Auxiliar bíblico Portavoz por Harold Willmington, 722.
[22] *Strong's Concordance*, #266.

Dios, cuando tratamos de cumplir Su ley y se nos hace imposible o cuando intentamos caminar en el Espíritu y no podemos.

– **Parabasis**:[23] 'violación, transgresión'. Traspasar una línea prohibida (Sant. 2:11; 1 Jn. 3:4). Cada vez que pecamos, hemos cruzado una línea que decía: «No traspasar este límite». Así es la ley de Dios.

En hebreo, hay una serie de palabras que se usan para transmitir la idea de lo que es el pecado. Entre ellas, podemos mencionar:

– **Chata**:[24] Pecado, pecar, falta, extraviar.
– **Maal**:[25] Prevaricación, rebelión, un acto infiel.
– **Avon**:[26] Maldad, iniquidad, pecado, culpa.
– **Ra**:[27] Malo, maldad.

No les presentamos estas palabras y sus significados en los idiomas originales para crear erudición en sus mentes, sino para proveer entendimiento sobre lo que es el pecado. El propósito es ayudarnos a nosotros mismos y a nuestros aconsejados a batallar contra lo que hizo fracasar a la primera pareja que Dios creó, cuando fue tentada por Satanás.

Por consiguiente, podemos decir que el pecado es el incumplimiento de la ley de Dios, la violación de Sus límites, el extravío de Sus caminos, la desobediencia a Sus mandatos, la rebelión o desafío a Su autoridad, hacer lo malo o aquello que Dios odia, fracasar en nuestra relación con Él a la manera de Adán e incluso la deslealtad a quien nos ha amado con amor eterno. Por tanto, cuando pecamos, revelamos aquello que está en nuestro interior:

– Egocentrismo.
– Autosuficiencia.

---

[23] *Ibid.*, #3847.
[24] *Ibid.*, #2398.
[25] *Ibid.*, # 4604.
[26] *Ibid.*, #5771.
[27] *Ibid.*, #7451.

- Deseo de independencia.
- Percepción disminuida de Dios.
- Percepción aumentada de nosotros mismos.
- Desvalorización de los demás.
- Distorsión de la realidad que nos rodea.

Entender qué es el pecado y cómo opera es importante no solo desde el punto de vista teológico, sino también desde el punto de vista de la consejería bíblica, porque un entendimiento preciso del pecado ayuda al otro a crecer en la dirección de la imagen de Cristo. Esto siempre ha sido importante, pero lo es aún más en nuestros días, cuando hay tanta distorsión sobre lo que es y no es el pecado. Hasta el pasado reciente, la cultura secular de Occidente tenía una idea del pecado más cercana a la realidad de lo que se puede decir hoy en día. Cosas que hace apenas treinta o cuarenta años se entendían como pecado o condenables hoy son defendidas por incrédulos y aun por cristianos, muchos de los cuales se autodenominan evangélicos. Con la intención de ampliar el entendimiento de lo que acabamos de mencionar, citaremos las palabras de James Montgomery Boice al referirse al análisis hecho por el Dr. Karl Menninger en su libro *Whatever Became of Sin?* [¿Qué ocurrió con el pecado?]:

En el tiempo de vida de muchos de nosotros, Menninger afirma, el pecado ha sido redefinido: primero, como crimen —esto es, como transgresión de la ley del hombre en vez de la transgresión de la ley de Dios— y segundo, como síntomas. Ya que los «síntomas» son causados por cosas externas al individuo, estos son vistos como efectos por los cuales el ofensor no es responsable. De esta manera ocurre que el pecado contra Dios ha sido redefinido (y excusado) como los efectos desafortunados de malas circunstancias. Y nadie es culpable.[28]

---

[28]James Montgomery Boice, *Romans, An Expositional Commentary,* Vol. 2 (Grand Rapids, MI: Baker Book House, 1992), 747.

Adán quiso excusarse culpando a Eva y ella trató de hacer lo mismo al culpar a la serpiente. Adán mostró su egocentrismo con esa actitud y estuvo dispuesto a que Dios castigara a su compañera con tal de quedar bien ante Él. ¡Increíble lo que el pecado es capaz de hacer! De forma instantánea, el pecado convirtió a Adán y Eva en personas centradas en sí mismas, y así hemos continuado todos sus descendientes. Todo comenzó con una mirada:

Cuando la mujer vio que el árbol era **bueno** para comer, y que era **agradable** a los ojos, y que el árbol era **deseable** para alcanzar sabiduría, tomó de su fruto y comió; y dio también a su marido que estaba con ella, y él comió. (Gén. 3:6, énfasis añadido)

Elyse Fitzpatrick comenta en relación al pasaje anterior:

¿Por qué eligió Eva desobedecer a Dios? Miremos de nuevo tres palabras en el verso: *bueno, agradable y deseable*. Estas son las palabras que ilustran la motivación detrás de las acciones. Nuestras elecciones están determinadas por aquellas cosas que pensamos que son «buenas», las que resultan «agradables» y las que encontramos «deseables». La verdad sobre nuestras decisiones es que siempre decidimos lo que creemos es nuestro mayor bien. Siempre decidimos lo que creemos nos traerá mayor agrado.[29]

Lamentablemente, pensamos las cosas como buenas con una mente desprovista de iluminación divina. Creemos que son agradables porque el impulso visual, auditivo o táctil fue percibido por la misma mente ya afectada que genera un pensamiento «torcido» y que termina despertando pasiones que convencen a la mente humana de que es deseable esa «cosa» o experiencia. Esto nos deja ver que lo que necesita ser transformado es la mente, para

---

[29] Elyse Fitzpatrick, *Idols of the Heart* (Phillipsburg, NJ: P&R Publishing, 2002), 80-81.

que pueda ocurrir una transformación en nosotros. Así lo explica el apóstol Pablo:

> Y no se adapten a este mundo, sino transfórmense mediante la renovación de su mente, para que verifiquen cuál es la voluntad de Dios: lo que es bueno, aceptable y perfecto. (Rom. 12:2)

LOS EFECTOS DE LA CAÍDA Y SUS IMPLICACIONES EN LA CONSEJERÍA

No estaríamos hablando de consejería bíblica si no existieran los efectos de la caída en el ser humano. Cuando Adán y Eva transgredieron la ley de Dios, perdieron habilidades extraordinarias que terminarían creando disfunciones en todas nuestras relaciones. Al mismo tiempo, adquirieron una naturaleza pecaminosa con una orientación horizontal (terrenal, humana) en lugar de la orientación vertical original (hacia Dios) con que fueron creados. A partir de la caída, nada volvió a ser igual, ni en las criaturas ni en la creación en general. Todo fue sometido a deterioro y corrupción (Rom. 8:20-23).

La paz con Dios que Adán y Eva disfrutaban fue interrumpida y, como consecuencia, esta primera pareja perdió la paz interior (con ellos mismos) y perdería también la paz exterior (con los demás). Por esta razón, poco tiempo después, leemos cómo Caín mató a su hermano Abel (Gén. 4:8). Para entonces, el ser humano ya carecía de paz con Dios, de paz consigo mismo (Gén. 4:5) y de paz con los demás, como lo revela la muerte de Abel. De hecho, esa paz o armonía se perdió en toda la creación. Ni los animales habitarían en armonía ni el resto de la ecología estaría balanceada. Esta falta de paz a múltiples niveles crea todos los problemas que llevan a las personas a la consejería bíblica.

Adán y sus descendientes estaban separados de Dios y terminaron profundamente transformados. Todas nuestras facultades fueron manchadas por el pecado, desde nuestra capacidad para pensar hasta nuestra capacidad para sentir y actuar en la dirección correcta, como ya lo hemos venido clarificando:

- La mente humana quedó entenebrecida (2 Cor. 4:4).
- El corazón se convirtió en uno de piedra (Ezeq. 11:9; Ef. 4:18).
- La voluntad quedó esclavizada al pecado (2 Tim. 2:25-26).
- Su actuar es condenable (Rom. 3:10-12).
- Perdió su camino (Isa. 53:6).
- Las palabras se corrompieron (Rom. 3:13,14).

La mente humana caída sería incapaz de conocer o discernir la verdad. Sin el conocimiento de la verdad, los descendientes de Adán anduvieron perdidos, cosechando las consecuencias de vivir en el error por caminos extraviados. La verdad estaría definida por el alto interés humano, de manera que, a la hora de relatar un conflicto en el salón de consejería, el aconsejado con frecuencia presenta su versión del problema para justificar sus acciones y, en otros casos, presenta su percepción de la realidad de forma que, lo que él percibe es creído como la realidad de lo acontecido, ignorando todo el tiempo que su percepción está trastocada por la caída.

Asimismo, el corazón ya no late primordialmente por Dios y por el prójimo. Nuestras emociones y sentimientos fueron impactados profundamente por la caída, de modo que lo que queremos se convierte en la razón y excusa para lo que hacemos. Los descendientes de Adán tienen un corazón insensible para con Dios y, en cambio, cambian el señorío de Dios por la esclavitud a los ídolos que ahora ellos mismos fabrican.

Finalmente, la voluntad esclavizada humana los lleva a actuar en la dirección de sus deseos caídos, sin siquiera tener la capacidad para actuar de otra manera: «La mente puesta en la carne es enemiga de Dios, porque no se sujeta a la ley de Dios, pues **ni siquiera puede hacerlo**» (Rom. 8:7, énfasis añadido). Las consecuencias que resultan de estas disfunciones son las que vemos en las visitas de consejería.

Bajo las condiciones que acabamos de describir, los seres humanos sin distinción perdieron la percepción correcta de Dios y de sí mismos. Ya Dios no sería considerado tan santo ni el ser humano tan pecaminoso. Dios sería más pequeño y los humanos más grandes.

NUESTRA PERCEPCIÓN DE DIOS

Dios revela en Su Palabra que Él hizo al hombre a Su imagen y semejanza, pero la serpiente convenció rápidamente a Adán y Eva de que podían mejorar lo que Dios había hecho simplemente comiendo del fruto prohibido, que encerraba el secreto de cómo llegar a ser como Dios. Algo que, según la serpiente, Dios no deseaba para Sus criaturas:

> Y la serpiente dijo a la mujer: «Ciertamente no morirán. Pues Dios sabe que el día que de él coman, se les abrirán los ojos y ustedes serán como Dios, conociendo el bien y el mal». (Gén. 3:4-5)

Era como si Dios supiera algo que ellos no sabían y fuera algo que ellos no eran. En conclusión, Satanás fue muy astuto al venderles la idea de que Dios no era tan bondadoso y dadivoso como ellos creían. Cuando la imagen de Dios se distorsiona, todo lo demás que logramos ver también es distorsionado. Dios es el lente que nos permite ver la realidad con claridad. Por eso es necesario poseer una mente bíblica establecida por la Palabra de Dios.

A través del salmista, Dios describe el problema humano en relación a la visión que tiene de Él: «pensaste que yo [Dios] era tal como tú» (Sal. 50:21). Hemos llegado a ser como los griegos que poblaron el monte Olimpo con dioses hechos a imagen y semejanza humanas y les atribuyeron emociones y sentimientos humanos.[30] No hay duda de que un Dios humanizado no se sentirá tan indignado con nuestro pecado, será mucho más permisivo con nuestras iniquidades y entenderá con mayor empatía nuestras decisiones pecaminosas. Esta distorsión nos lleva a pensar que nuestro pecado no merece consecuencias tan grandes ni tan duraderas como las que el consejero a veces menciona en su intento de apartar al pecador de su mal camino. Por lo tanto, necesitamos retomar la idea bíblica de quién es Dios.

---

[30] John Phillips, *Exploring the Psalms*, Vol. I (Neptune, NJ: Loizeaux, 1988), 402.

Dios es más santo de lo que imaginamos: «Muy limpios son Tus ojos para mirar el mal» (Hab. 1:13a). Dios odia el pecado porque es contrario a Su naturaleza y porque contamina Su perfección moral. Cada vez que pecamos, hacemos algo que Dios aborrece, y esa es una manera de identificarnos con la corrupción moral y rechazar la pureza de Su ser. Pero, como somos concebidos en pecado, nacemos en pecado, crecemos en pecado y vivimos con el pecado dentro y fuera de nosotros, nuestras acciones pecaminosas no son tan aborrecibles para nosotros como lo son para Dios.

Pero las iniquidades de ustedes han hecho separación entre ustedes y su Dios, y los pecados le han hecho esconder Su rostro para no escucharlos. (Isa. 59:2)

Nada ha hecho más daño al pueblo de Dios que la trivialización de Su santidad. Cuando la santidad de Dios no es para nosotros el atributo primario que impregna todo Su ser, el pueblo de Dios trivializa el pecado hasta que llegan las consecuencias y, para entonces, ya es demasiado tarde. Por eso necesitamos conocer la santidad de Dios, porque nos hará más santos y la santidad en nuestras vidas nos acercará aún más a Dios.

La providencia de Dios implica soberanía y señorío:

El SEÑOR ha establecido Su trono en los cielos, y Su reino domina sobre todo. (Sal. 103:19)

La providencia de Dios es el gobierno soberano de nuestro Dios que, en Su omnisciencia, poder y sabiduría, controla y ordena todos los eventos de Su creación, incluidos aquellos relacionados con cada persona, para garantizar que Sus propósitos sean llevados a cabo. El consejero necesita comunicar, enseñar o recordar al aconsejado que las dificultades por las que atraviesa no son circunstanciales, sino providenciales. Visto de esta manera, los eventos de nuestras vidas son menos decepcionantes, menos provocadores de ira, menos hirientes y debilitantes, porque reconocemos que detrás de todos ellos está la mano de Dios.

José llegó a ser la mano derecha de Faraón después de que fue vendido como esclavo a Egipto. Pasado cierto tiempo, diez de sus hermanos bajaron a Egipto debido a una hambruna que se había extendido por toda la región (Gén. 42). Ellos regresaron a su Padre y, con el tiempo, necesitaron regresar a Egipto en busca de más alimento. Pero esta vez, llevaron consigo a Benjamín, que no los había acompañado la primera vez (Gén. 43). Ese viaje lo hicieron con gran temor porque recordaban cómo habían despreciado a su hermano años antes. Muchos años después de que ellos se asentaron en Egipto y ya Jacob había fallecido, los hermanos de José temieron que él se vengara de ellos. Pero José, conociendo la providencia de Dios, les respondió: «Ustedes pensaron hacerme mal, **pero Dios** lo cambió en bien para que sucediera **como vemos hoy**, y se preservara la vida de mucha gente» (Gén. 50:20). José hubiese terminado en necesidad de consejería para sanar sus heridas si es que esa visión hubiera estado ausente en su vida. La forma en que concebimos cómo la providencia de Dios ordena nuestra vida afecta radicalmente la manera en que nuestras emociones responden a nuestras diversas circunstancias.

Cuando no vemos a Dios detrás de cada evento, nuestra tendencia es a sentirnos decepcionados con las personas, la vida, la iglesia y hasta con Dios. Cuanto más veas a Dios al control de tu vida, menos probable es que necesites consejería. La idea de un Dios soberano que nos prepara para una vida insatisfactoria de este lado de la eternidad nos coloca en una posición de aceptación de las cosas que no podemos cambiar (pero que Dios controla), y nos ayuda a reflexionar sobre todas las bendiciones recibidas a través de las tribulaciones, ayudándonos así a cultivar una actitud de agradecimiento.

Dios es más bondadoso de lo que creemos:

Tú eres bueno, y haces el bien; enséñame tus decretos. (Sal. 119:68, NVI)

La bondad de Dios implica una ausencia absoluta de maldad en todos Sus pensamientos, motivaciones y acciones, así como una ausencia de posible injusticia en todo Su obrar. Creer que Dios es bueno debiera ser claro y evidente; sin embargo, en múltiples ocasiones hemos conversado con hijos de Dios que en medio de las dificultades han llegado a dudar de la bondad de nuestro Creador y Redentor. Así logró la serpiente hacer caer a Adán y Eva. Con su forma astuta de torcer la verdad, logró que esta primera pareja pudiera pensar que Dios no les dijo toda la verdad para que no llegaran a ser como Él. La criatura llegó a pensar que el Creador era tal como ellos. Posteriormente, Abraham, el gigante de la fe, llegó a dudar del carácter de Dios cuando el Señor anunció que destruiría a Sodoma y Gomorra. Estas fueron las palabras de Abraham:

> Y Abraham se acercó al Señor y dijo: «¿En verdad destruirás al justo junto con el impío? Tal vez haya cincuenta justos dentro de la ciudad. ¿En verdad la destruirás y no perdonarás el lugar por amor a los cincuenta justos que hay en ella? **Lejos de Ti hacer tal cosa**: matar al justo con el impío, de modo que el justo y el impío sean tratados de la misma manera. **¡Lejos de Ti!** El Juez de toda la tierra, ¿no hará justicia?». (Gén. 18:23-25, énfasis añadido)

Si Abraham, un mortal pecador, podía pensar que era inconcebible que el justo y el impío fueran tratados de la misma manera, cuánto más «infinitamente imposible» sería que el Dios de justicia llevara a cabo tal injusticia. Lo que Abraham no sabía era que, efectivamente, en Sodoma y Gomorra no había un solo ser humano justo. Solo la misericordia de Dios pudo salvar a Lot y su familia.

La misericordia y la gracia de Dios escapan a nuestra compresión:

Compasivo y clemente es el Señor, lento para la ira y grande en misericordia […]. Porque como están de altos los cielos sobre la tierra, así es de grande Su misericordia para los que le temen. […] Pero la misericordia del Señor es desde la eternidad hasta la eternidad, para los que le temen… (Sal. 103:8, 11, 17)

Un creyente que solo conociera la santidad de Dios en todo el sentido de la palabra, pero desconociera Su gracia y Su misericordia, se sentiría todo el tiempo bajo el dedo acusador de Dios y terminaría viéndolo como un juez acusador, más que como un Padre amoroso. Muchos han recibido una instrucción incorrecta o incompleta, y por eso han llegado a ver de una manera distorsionada al Dios de toda gracia. Pero tal imagen de Dios no invita al pecador a acercarse, sino que lo lleva a mantenerse alejado en temor, cuando en realidad Dios nos invita a acercarnos con confianza al trono de la gracia «para que recibamos **misericordia**, y hallemos **gracia** para la ayuda oportuna« (Heb. 4:16, énfasis añadido).

Nuestra percepción de nosotros mismos

La caída no solo trastornó nuestra percepción de Dios, sino que también trastornó la percepción que tenemos de nosotros mismos. Esa distorsión afecta enormemente cómo nos comportamos en la vida. La realidad es que somos más pecaminosos de lo que pensamos y no tan virtuosos como creemos. Una simple revisión de un pasaje bíblico (entre muchos) será suficiente para convencernos:

Como está escrito: «No hay justo, ni aun uno; no hay quien entienda, no hay quien busque a Dios. Todos se han desviado, a una se hicieron inútiles; no hay quien haga lo bueno, no hay ni siquiera uno». (Rom. 3:10-12)

El Antiguo Testamento nos muestra cómo Job, aunque era un hombre intachable y apartado del mal, llegó a cuestionar los propósitos de Dios, pero al final termina arrepintiéndose en polvo y ceniza tras decir: «Por tanto, he declarado lo que no comprendía, cosas demasiado maravillosas para mí, que yo no sabía» (Job 42:3). Job comienza como una persona humilde y adoradora del Dios Altísimo, quien es soberano sobre su vida, pero en medio de la dificultad pone a Dios a prueba o bajo cuestionamiento hasta que Dios abre los ojos de Su siervo. De la misma manera, juzgamos prácticamente todas las circunstancias por las que atravesamos. Suponemos conocer los pormenores de lo que nos acontece cuando, en realidad, solo Dios es omnisciente como para conocer completamente los hechos, las motivaciones, las intenciones y los propósitos de nuestras acciones. Esa sola realidad debiera ser suficiente para crear en nosotros una actitud humilde, inclinada al arrepentimiento.

El Nuevo Testamento nos muestra a Pedro con una idea agrandada de sí mismo:

Entonces Jesús les dijo: «Esta noche todos ustedes se apartarán por causa de Mí, pues escrito está: "HERIRÉ AL PASTOR, Y LAS OVEJAS DEL REBAÑO SE DISPERSARÁN". Pero después de que Yo haya resucitado, iré delante de ustedes a Galilea». Pedro le respondió: «**Aunque todos se aparten por causa de Ti, yo nunca me apartaré**». Jesús le dijo: «En verdad te digo que esta misma noche, antes que el gallo cante, me negarás tres veces». Pedro le dijo: «**Aunque tenga que morir junto a Ti, jamás te negaré**». Todos los discípulos dijeron también lo mismo. (Mat. 26:31-35, énfasis añadido)

Pedro pensó que no sería capaz de hacer algo como lo que el Maestro acababa de anunciar, pero solo unas horas después, se probó su deslealtad. Es importante que no pasemos por alto que todos los discípulos respondieron de la misma manera. Todos se vieron como más capaces de hacer lo que es moralmente correcto, pero todos fallaron. La realidad es que nuestros mejores representantes, sin una naturaleza caída, en un mundo sin pecado, fueron incapaces de mostrarse fieles a Dios y eligieron a favor de la criatura: Eva presta atención a la serpiente por encima de Dios y Adán presta atención a Eva por encima de Dios. Kellemen lo explica de la siguiente manera:

Así como Eva eligió la bondad de la fruta sobre la bondad de Dios, Adán eligió la bondad de la mujer sobre la bondad de Dios. Al ver a Dios como el gran Prohibidor, Adán eligió a la que comió del fruto prohibido. Ella fue más preciosa a sus ojos que Dios. Más sabia fue su sabiduría [la de Adán] que la de Dios. Más preciosa su voluntad [la de Adán] que la de Dios.[31]

Solemos tomar decisiones similares en las que preferimos nuestros intereses por encima de los intereses de Dios. Por eso es importante reflexionar sobre la manera en que nos vemos a nosotros mismos. Cómo vemos a Dios afecta la forma en que nos vemos a nosotros mismos y la forma en que nos vemos a nosotros mismos afecta cómo vemos el mundo que nos rodea.

Elías pensó que solo quedaba él como profeta de Dios... una visión un tanto egocéntrica de su realidad hasta que Dios instruye a su profeta. Presta atención a la forma en que Pablo reflexiona sobre este evento:

¿O no saben lo que dice la Escritura en el pasaje sobre Elías, cómo suplica a Dios contra Israel: «Señor, HAN DADO MUERTE A TUS PROFETAS, HAN DERRIBADO TUS ALTARES; Y SOLO YO HE QUEDADO Y ATENTAN CONTRA MI VIDA?». Pero, ¿qué le dice la respuesta divina?: «ME HE RESERVADO SIETE MIL HOMBRES QUE NO HAN DOBLADO LA RODILLA A BAAL». (Rom. 11:2-4)

En un momento de debilidad, Elías se consideró el único fiel, pero Dios había apartado otros siete mil hombres que rehusaron postrarse ante Baal.

---

[31] Robert W. Kellemen, *Gospel-Centered Counseling* (Grand Rapids, MI: Zondervan, 2014), 137.

NUESTRA PERCEPCIÓN DE LOS DEMÁS

Es posible que el ejemplo más ilustrativo del efecto tremendo producido por la caída en nuestra percepción de los demás es el del rey David, quien deseaba a Betsabé, «mujer de Urías el hitita», como bien informó el siervo de David a su señor (2 Sam. 11:3). A pesar de esa información, igual mandó a buscarla y tuvo intimidad con ella (2 Sam. 11:4).[32] Ella quedó embarazada como resultado de ese encuentro. David trató de ocultar su pecado y por eso mandó a buscar a Urías del frente de batalla. Lo embriagó durante dos noches consecutivas para ver si él, bajo los efectos del alcohol, tenía intimidad con su esposa y así parecía que Betsabé había quedado embarazada de su esposo y no del rey. Cuando no logró que Urías tuviera intimidad con ella, lo envió al campo de batalla y ordenó una estrategia de guerra que dejaría a Urías indefenso para que resultara muerto en batalla. En esencia, David ordenó el asesinato de Urías. El rey permaneció en silencio con relación a su pecado y mudó a Betsabé a su casa como una de sus mujeres. David creyó haber tenido éxito en ocultar su pecado hasta que Dios envió al profeta Natán a confrontarlo (2 Sam. 12:1-15). ¿Qué estaba pensando David? ¿Olvidó que el Dios tres veces santo había sido testigo de su adulterio? ¿Pensó que se merecía otra esposa? ¿Pensó que un adulterio y un asesinato no eran pecados tan graves?

Cuando se apartó de Dios, el hombre dejó de valorar tanto la imagen de Dios en sí mismo y en los demás. El ejemplo del rey David ilustra cómo no valoró la imagen de Dios en sí mismo como líder del pueblo, en Betsabé como una mujer casada y en Urías como uno de sus soldados valientes y esposo de la mujer que deseaba. David ignoró por completo la imagen de Dios en su persona al comportarse de una forma tan pecaminosa y también atropelló la imagen de Dios plasmada en esa pareja de esposos, utilizando a la mujer como instrumento de placer y desechando y matando al hombre como si

---

[32]La frase «la tomó» ha llevado a algunos, como el pastor y teólogo John Piper, a pensar que David violó a Betsabé en vez de tratarse de una relación que tuvo lugar con el consentimiento de la mujer.

tuviera el mismo valor que un animal. Todo esto permaneció oculto hasta que la mano de Dios cayó sobre David. El ser humano, al ser una criatura caída, es utilitarista en grado extremo. Puede hacer uso de las personas para servirse a sí mismo y llevar a cabo sus propósitos egocéntricos.

A Jesús lo consideraban un gran maestro, mientras lo vieran como el Mesías que vino a libertar al pueblo judío y colocar a la nación de Israel por encima de las demás naciones. Sus mismos discípulos lo abandonaron cuando vieron que sería crucificado y moriría en un madero. Hasta Pedro, uno de Sus discípulos más cercanos, llegó a negarlo tres veces. Si Jesús fue usado por Sus seguidores (desde una perspectiva humana, porque Dios no es usado por nadie), todos podemos hacer lo mismo con los demás. La caída hizo que el hombre perdiera su amor por Dios y por el prójimo. Por eso Jesús resumió toda la ley y los profetas en dos mandamientos: amar a Dios y amar al prójimo (Mat. 22:37-40).

El apóstol Pablo dio testimonio de cómo antes de su conversión miraba a su prójimo de una manera y cómo después empezó a verlo de otra forma:

De manera que nosotros de ahora en adelante ya no conocemos a nadie según la carne. Aunque hemos conocido a Cristo según la carne, sin embargo, ahora ya no lo conocemos así. (2 Cor. 5:16)

La desvalorización del ser humano como consecuencia de la caída es la razón de la descomposición familiar y la descomposición social a nivel global. Al inicio de la historia bíblica encontramos a Caín matando a su hermano Abel (Gén. 4). Más adelante, leemos que Abraham negó que Sara fuera su esposa por temor a que le quitaran la vida (Gén. 12). También encontramos la historia de Lot, quien ofreció a sus hijas para que fueran violadas por una turba de hombres en un intento por proteger a los dos visitantes que habían venido a rescatarlo del juicio anunciado por Dios sobre Sodoma y Gomorra (Gén. 19).

Por otro lado, vemos cómo los hermanos de José lo vendieron como esclavo simplemente porque le tenían celos (Gén. 37). Luego vemos que la esposa de Potifar acusó falsamente a José de querer violarla, y cómo José se vio obligado a pasar varios años en la cárcel como fruto de esa acusación falsa (Gén. 39). Todos ellos actuaron de manera utilitarista, violando el valor de la imagen de Dios en el otro. Los ejemplos anteriores ilustran muy bien cómo nos vemos, actuamos, vemos nuestros actos pecaminosos y cómo tendemos a esconder lo que sabemos que está mal. ¡Claro que sabemos que está mal! Por eso tratamos de ocultarlo.

La persona que acude a consejería luchando con la pornografía ha desvalorizado la imagen de Dios en sí misma y en aquellas personas que pasa horas viendo y deseando pecaminosamente. El esposo que llega a consejería acusado por su pareja de violencia familiar tampoco tiene respeto por la imagen de Dios. Lo mismo podemos decir del esposo que abandona a su esposa y a sus hijos para irse detrás de otra mujer, a quien está usando ilegítimamente para satisfacer sus deseos y aspiraciones egoístas. Ahora también estamos viendo el mismo ejemplo en mujeres que abandonan sus hogares.

Todo lo anterior habla de cómo el ser humano perdió el valor por la dignidad de la vida y explica, por ejemplo, la existencia del aborto legal en la mayoría de las naciones y ahora también de la eutanasia en varias de ellas.

NUESTRA PERCEPCIÓN DE LO QUE NOS RODEA

Como ya hemos mencionado, tan pronto el ser humano se alejó de Dios, perdió la habilidad de valorar al Creador y Su creación, así como la capacidad de juzgar la realidad a su alrededor. El efecto de la caída hizo que se dañara la manera en que percibimos a Dios, a nosotros mismos y al resto de los seres humanos. También es importante reflexionar sobre la manera en que evaluamos la realidad material que nos rodea antes de nuestra salvación e incluso después de ser redimidos. Debido a que el corazón humano es el mismo hoy que hace miles de años, uno esperaría encontrar en la revelación bíblica una o más ilustraciones de cuán distorsionado es nuestro pensamiento a la hora de evaluar el mundo material. El rey Nabucodonosor nos ofrece un ejemplo ideal de cómo piensa el ser humano antes de recibir el Espíritu Santo y ser transformado en una nueva criatura. Daniel, quien sirvió como profeta durante el reinado de este rey, nos dice lo siguiente:

Todo esto le sucedió al rey Nabucodonosor. Doce meses después, paseándose por la azotea del palacio real de Babilonia, el rey reflexionó, y dijo: «¿No es esta la gran Babilonia que **yo he edificado** como residencia real **con la fuerza de mi poder** y **para gloria de mi majestad?**». (Dan. 4:28-30, énfasis añadido)

Las palabras de Nabucodonosor nos permiten descubrir no solo cómo se evaluaba a sí mismo, sino que también nos muestra cómo consideró que la ciudad de Babilonia había sido construida para su propia gloria y la gloria de su reinado. Así piensa el hombre caído sobre lo que existe a su alrededor: todo existe para su beneficio, complacencia, disfrute y, en última instancia, para su gloria. En esencia, la forma de ver el mundo y la vida es como si Dios estuviera fuera del centro de la historia, habiendo sido reemplazado por el ser humano. Así llega a pensar la humanidad cuando cree en estas palabras: «Yo soy el amo de mi destino. Soy el capitán de mi alma».

Así concluye el poema «*Invictus*» de William Ernest Henley, escrito en 1875. Es esa disposición de espíritu la que hace que el inconverso continúe negando a Dios y no por falta de evidencia, tal como Dios lo ha declarado categóricamente en Su Palabra:

Pero lo que se conoce acerca de Dios es evidente dentro de ellos, pues Dios se lo hizo evidente. Porque desde la creación del mundo, Sus atributos invisibles, Su eterno poder y divinidad, se han visto con toda claridad, siendo entendidos por medio de lo creado, de manera que ellos no tienen excusa. (Rom. 1:19-20)

Al ser humano le conviene no creer para vivir como quiere, pero su conciencia lo condena (Rom. 2:14-16). En otras palabras, el ateísmo humano no es un problema intelectual por carencia de evidencias, sino, más bien, un problema moral debido a que la criatura se resiste a la idea de tener que rendir cuentas a alguien superior que tiene el derecho de juzgarlo y condenarlo. Por ejemplo, el profeta Jonás se enojó con Dios cuando le hizo rendir cuentas (Jon. 4). De forma similar, esta misma indisposición humana se muestra en la siguiente interacción entre Dios y Caín:

> Entonces el Señor dijo a Caín: «¿Dónde está tu hermano Abel?» [rendición de cuentas]. Y él respondió: «No sé. ¿Soy yo acaso guardián de mi hermano?» [Caín rehúsa rendir cuentas]. (Gén. 4:9)

Nuestra percepción de la vida

El problema número uno del ser humano es su percepción horizontal, terrenal y temporal de la vida. Si Dios no es el Creador, este mundo es todo cuanto existe y la vida humana termina donde acaba la vida de los animales, como afirmaba Salomón al mostrar la vida bajo el sol:

> Porque la suerte de los hijos de los hombres y la suerte de los animales es la misma: como muere el uno así muere el otro. Todos tienen un mismo aliento de vida; el hombre no tiene ventaja sobre los animales, porque todo es vanidad. (Ecl. 3:19)

Para ese hombre, «todo es vanidad» […] «vanidad de vanidades» (Ecl. 1:2; 12:8). Existen otras oportunidades en que aun el ser humano que ha llegado a conocer a Dios pierde su perspectiva y, en vez de vivir para Sus propósitos eternos, vive para sus propios propósitos temporales, incluso después de su redención:

Pero Él volviéndose y mirando a Sus discípulos, reprendió a Pedro y le dijo: «¡Quítate de delante de Mí, Satanás!, porque no tienes en mente las cosas de Dios, **sino las de los hombres**». (Mar. 8:33, énfasis añadido)

Esta última declaración de Jesús es sumamente ilustrativa. Cuán fácil es desviar nuestra atención de las cosas de Dios y enfocarnos en las cosas terrenales. Podemos manejar recursos eternos con intenciones, motivaciones y propósitos temporales y, al mismo tiempo, estar convencidos de que tenemos una mente espiritual. Nos autoengañamos con facilidad y nuestros engaños traen consigo consecuencias que luego nos llevan a buscar consejería. El libro completo de Eclesiastés fue escrito por alguien que conocía a Dios, que había recibido sabiduría de Él, pero que aun así se perdió en el camino. La riqueza lo arropó, el placer lo embriagó y las mujeres desviaron su corazón hasta que, finalmente, descubrió que lo único que tiene valor es el temor de Dios (Ecl. 12:13).

Donde Dios nos quiere es justamente en la posición a la que arribó Pablo cuando dijo:

«Conforme a mi anhelo y esperanza de que en nada seré avergonzado, sino que con toda confianza, aun ahora, como siempre, Cristo será exaltado en mi cuerpo, ya sea por vida o por muerte. Pues para mí, el vivir es Cristo y el morir es ganancia». (Fil. 1:20-21)

4

El temor te roba tu libertad

... «Te oí en el huerto y tuve miedo
porque estaba desnudo, y me escondí».
(Gén. 3:10)

No sería una exageración afirmar que el temor y el dinero son el combustible de la humanidad. Ucrania ha sido invadida por Rusia en estos días.[33] Las razones geopolíticas pueden ser múltiples, pero se piensa que hay una realidad que habría propulsado esta agresión: Rusia temía y teme que Ucrania pudiera representar una amenaza para su estabilidad si en un futuro pasara a ser parte de la OTAN. Por otro lado, Ucrania deseaba y aún desea formar parte de la OTAN por temor a lo que acaba de ocurrir, es decir, que Rusia pudiera invadirla. El resultado ha sido un conflicto bélico que, en apenas cuatro semanas, ha causado muchas muertes y destrucción. Puede haber otras razones políticas, pero, sin duda, el temor ha sido un determinante para este conflicto bélico internacional.

La afirmación con la que iniciamos el párrafo anterior pudiera parecer hiperbólica a simple vista, hasta que consideramos la manera como viven la mayoría de las personas y cómo operan muchos de los gobiernos alrededor del mundo. El temor domina a muchas de las personas, pero desafortunadamente la mayoría no se atreve a admitirlo por miedo a lo que otros puedan pensar o cómo puedan ser tratados en adelante. Detengámonos un momento para considerar

---

[33] Inicios de 2022.

una serie de razones que motivan múltiples decisiones y acciones en la vida de muchos habitantes del mundo más allá de la cultura:

- El temor al fracaso es epidémico.
- El temor al rechazo es común.
- Ser dejados atrás por el progreso de otros aterroriza a muchos.
- El temor a las enfermedades es general.
- El temor a lo desconocido es casi universal.
- Muchos temen a la soledad y se casan por temor a quedarse solos.
- Otros no se casan por temor al fracaso.
- El temor a la desaprobación es algo a lo que muchos huyen.
- Muchos ahorran por temor a no tener cómo sustentarse mañana.
- Otros contratan una póliza de seguro para «garantizar un mañana».
- Unos no hablan por temor a ser criticados si expresan su opinión.
- Otros hablan demasiado por temor a que su opinión no sea tomada en cuenta.
- Muchos temen a la opinión de hombres y mujeres en términos de preparación, belleza física, estatura, vestimenta o aprobación.
- El temor a la vergüenza es tan natural como el aire que respiramos.
- Otros temen al considerar qué podría pasar con sus hijos en un futuro.

La lista no es exhaustiva, pero brinda una idea de lo que estamos tratando de ilustrar sobre el temor como motivador para las decisiones y acciones de hombres y mujeres.

EL INICIO DE NUESTROS TEMORES

Antes de la caída, Adán y Eva vivían en completa armonía con su Creador, como ya hemos mencionado. La compañía de Dios les brindaba seguridad y, por lo tanto, experimentaban una completa ausencia de temor. No había razón para temer, ya que disfrutaban de paz con Dios, paz interior, paz entre ellos y paz o armonía con el resto de la creación. Además, ejercían un control completo sobre el mundo a su alrededor bajo el señorío de Dios; nada podía intimidarlos. Pero, lamentablemente, las cosas cambiaron tan pronto pecaron:

Pero el SEÑOR Dios llamó al hombre y le dijo: «¿Dónde estás?». Y él respondió: «Te oí en el huerto, tuve miedo porque estaba desnudo, y me escondí». (Gén. 3:9-10)

Es bastante claro que la entrada del pecado al ser humano lo separó de inmediato de Dios, lo cual ha continuado hasta el día de hoy, tal como lo expresa el siguiente texto de Isaías:

Pero las iniquidades de ustedes han hecho separación entre ustedes y su Dios, y los pecados le han hecho esconder Su rostro para no escucharlos. (Isa. 59:2)

Este alejamiento de Dios trajo inmediatamente la primera experiencia de temor, ya que esta primera pareja acababa de perder la relación con la única persona que puede proveer seguridad absoluta al ser humano. Como era de esperarse, las consecuencias de haber violado el pacto que Dios había hecho con ellos tendría grandes consecuencias y así lo vemos al cierre del capítulo tres de Génesis:

Expulsó, pues, al hombre; y al oriente del huerto del Edén puso querubines, y una espada encendida que giraba en todas direcciones para guardar el camino del árbol de la vida. (Gén. 3:24)

Cuando Adán y Eva sintieron temor por primera vez, esa experiencia fue el resultado de un distanciamiento espiritual entre Dios y ellos. Pero cuando fueron expulsados del jardín del Edén, experimentaron el peor temor posible al quedar fuera de la presencia de Dios y sin posibilidad de regresar. Los querubines custodiarían la entrada del huerto, impidiendo el potencial retorno de esta pareja al lugar que antes había sido su hábitat natural. Dudamos en extremo que Adán y Eva hubieran pensado antes de pecar que tal expulsión fuera una posibilidad. El primer pecado trajo como consecuencia **el primer temor** y la expulsión de la presencia de Dios trajo **la peor experiencia de temor** que pudiéramos imaginar. De ahí en adelante, la vida y el mundo serían intimidantes para el ser humano porque ambas cosas son más complejas que las capacidades humanas.

Hasta aquí hemos estado hablando de esta primera experiencia nunca vista por nuestros progenitores, pero aún no sabemos qué fue exactamente lo que ellos sintieron.

Una definición del temor

El diccionario de la Real Academia Española define el temor de la manera siguiente: «pasión del ánimo, que hace huir o rehusar aquello que se considera dañoso, arriesgado o peligroso».[34] Considera cómo esta definición nos permite ver que el temor nos hace huir o desestimar cualquier evento que consideremos dañino, arriesgado o peligroso. Ya podemos ir notando de qué forma el temor limita nuestra libertad. Merriam-Webster, el conocido diccionario del Inglés, define el temor como: «una emoción angustiosa provocada por un peligro inminente, maldad o dolor, ya sea que la amenaza sea real o imaginaria».[35] Esto nos da una idea de que el temor produce angustia, la cual puede ser emocionalmente dolorosa.

El temor que experimentamos puede ser real o irreal. Es decir, percibimos algo como una amenaza, pero en realidad no lo es, o algo representa una verdadera amenaza, como cuando un perro viene hacia nosotros con la intención expresa de atacarnos.

En este último caso, el temor podría ser de muy corta duración si el perro termina por alejarse. Sin embargo, el temor podría ser de larga duración en casos de experiencias traumáticas vividas a

---

[34] https://dle.rae.es/temor?m=form
[35] https://www.merriam-webster.com/dictionary/fear

una temprana edad o cuando la amenaza real permanece por mucho tiempo, como en el caso de un esposo violento o un padre abusivo que permanece cerca de sus hijos. No queremos minimizar la sensación dolorosa que muchos experimentan y que llamamos temor, por lo que es necesario explicar su origen para luego poder hablar de su posible solución.

LA PROPUESTA DE DIOS

El temor inició con un pecado y una lejanía de Dios. Su eliminación, en sentido general, requerirá de una cercanía a Dios y una vida de santidad. El pecado genera temores porque nos aleja de Dios, y lejos de Él, no podemos experimentar seguridad. Dios revela en Su Palabra no solamente el origen del temor, sino también el final de dicho temor: «En el amor no hay temor, sino que el perfecto amor echa fuera el temor» (1 Jn. 4:18). Lo que este versículo revela es que Adán y Eva pecaron y no solo se sintieron alejados de Dios, sino que también perdieron la experiencia íntima de sentirse amados y seguros en Su cercanía. Por consiguiente, debieron sentirse rechazados, sobre todo cuando fueron expulsados del Edén. Eso debió haberlos aterrorizado. Al mismo tiempo, Juan revela que si hemos de ser sanados del temor, tendremos que experimentar el amor perfecto de Dios, lo cual requerirá cultivarlo hasta experimentar una relación de intimidad con Él (1 Jn. 4:18). Hacer posible esta relación podría ser más o menos difícil dependiendo de nuestras experiencias previas en la vida, especialmente durante la niñez. Una mala relación —y en particular, una mala relación de abuso sexual, físico o verbal con un padre terrenal— puede dificultar el desarrollo de una relación con el Padre celestial.

NUESTROS TEMORES Y EL CARÁCTER DE DIOS

Conocer el carácter de Dios debería traer el más completo descanso de nuestros temores. Varios pasajes de la Escritura dan testimonio de esta realidad. Recordemos la experiencia de los discípulos cuando navegaban en el mar de Galilea, y se levantó una tormenta que sacudía la barca mientras el Maestro dormía. Lo despertaron aterrorizados y le dijeron: «"Maestro, ¿no te importa que perezcamos?". Jesús se levantó, reprendió al viento y dijo al mar: "¡Cálmate, sosiégate!". Y el viento cesó, y sobrevino una gran calma. Entonces les dijo: "¿Por qué están atemorizados? ¿Cómo no tienen fe?"» (Mar. 4:38-40). Jesús atribuyó la experiencia de miedo de los discípulos directamente a su falta de fe. Entonces podríamos concluir que conocer y confiar en la soberanía de Dios es uno de los requisitos para sanar nuestros temores. Si Dios tiene el control absoluto de todo cuanto ocurre, entonces nada debería intimidarnos. Si Dios tiene el control, podemos confiar, relajarnos y disfrutar de nuestra libertad.

Lo desconocido, que tantas veces es causa de temor para los seres humanos, no solo es conocido por nuestro Dios, sino que también es controlado por Él. En otras palabras, el reconocimiento de Su soberanía nos aquieta. Cuando Cristo habló a Sus discípulos sobre cómo no debiéramos preocuparnos por el mañana porque el Padre tiene cuidado de nosotros, una de las razones que mencionó para no temer fue la manera tan extraordinaria como Dios nos tiene presentes:

Y si Dios viste así la hierba del campo, que hoy es y mañana es echada al horno, ¡cuánto más hará por ustedes, hombres de poca fe! (Luc. 12:28)

La confianza en la providencia de Dios debería poner fin a nuestros temores sobre el mañana. Jesús relacionó una y otra vez el temor de Sus discípulos con el desconocimiento o la desconfianza en Su carácter. En una ocasión, un oficial de la sinagoga llamado Jairo se acercó a Jesús en busca de sanidad para su hija moribunda. Antes de que Jesús interviniera a su favor, una mujer que había estado sangrando por doce años se le acercó, lo tocó y fue sanada instantáneamente. Mientras Jesús conversaba con ella, vinieron de la casa de Jairo y le dijeron: «Tu hija ha muerto; no molestes más al Maestro» (Luc. 8:49b). Sin embargo, Jesús se volteó hacia el oficial de la sinagoga y le dijo: «No temas; cree solamente, y ella será sanada»

(Luc. 8:50b). En otras palabras, Jesús quería que el padre de la niña perdiera su temor y experimentara paz en medio de su quebranto. La manera como lo hizo fue diciéndole: «Cree solamente». ¿Creer qué? En Su poder, en Su Palabra. De nuevo, nuestra falta de conocimiento de la fidelidad de Dios con frecuencia nos lleva a temer y a pecar. Con esto no estamos diciendo que cada temor experimentado sea un pecado, pero todo temor que resulta de una falta de confianza en quién es Dios sí es un pecado.

Si la expulsión del huerto del Edén disparó el peor de los temores en Adán y Eva, la experiencia de la presencia manifiesta de Dios producirá en nosotros paz en medio de las tormentas. Es interesante ver cómo, a lo largo del relato bíblico, Dios revela detalles de Su carácter que muchas veces pasamos por alto al simplemente recordar los hechos de las historias narradas en la Biblia. Presta atención al siguiente evento en la vida del apóstol Pablo que ocurrió mientras viajaba proclamando el evangelio:

> Por medio de una visión durante la noche, el Señor dijo a Pablo: «No temas, sigue hablando y no calles; porque **Yo estoy contigo**, y nadie te atacará para hacerte daño, porque Yo tengo mucha gente en esta ciudad». (Hech. 18:9-10, énfasis añadido)

Lo que trajo quietud al espíritu de Pablo no fue el anuncio de que nadie en aquella ciudad lo atacaría para hacerle daño, sino más bien la garantía expresada en estas palabras: «Yo estoy contigo». El Espíritu de Dios mora en nosotros, los creyentes y, por lo tanto, es cierta la declaración de que Dios nunca nos dejará ni nos desamparará (Sal. 94:14; Isa. 41:17; Heb. 13:5). Dios conoce aquellos que requieren nuestra paz y libertad y a lo largo de la revelación bíblica muestra con frecuencia Su carácter y continuamente hace afirmaciones relacionadas con lo que es en sí mismo y lo que está dispuesto a hacer por los suyos. Este es solo uno de múltiples pasajes donde vemos plasmada esta verdad que acabamos de expresar: «Porque yo soy el Señor tu Dios, que sostiene tu diestra, que te dice: "No temas, yo te ayudaré"» (Isa. 41:13).

Dios primero afirma quién es: «Yo soy el Señor tu Dios». Luego declara lo que hace: «que sostiene tu diestra». Para terminar diciendo cuál debe ser el resultado de creerle a Él: «No temas, yo te ayudaré».

LA NECESIDAD DE MANTENER NUESTRO ENFOQUE EN JESÚS

Los hijos de Dios logran recordar con cierta frecuencia estas verdades bíblicas y llevarlas a la práctica, experimentando quietud en sus vidas. Sin embargo, permanecen con un espíritu que está dispuesto, pero con una carne que es débil (Mat. 26:41). Al mismo tiempo, nunca debemos olvidar que tenemos un enemigo que la Biblia llama Satanás, el acusador de los creyentes y que, por otro lado, vivimos en un mundo lleno de tentaciones, distracciones y ofertas diversas que nos hacen perder nuestro enfoque.

No se requiere de mucho esfuerzo para que el hijo de Dios pierda su enfoque central en Dios. Somos fácilmente engañados, como lo mostró el fruto en medio del jardín. La celebración del éxito suele distraernos y otras veces el temor a lo que experimentamos o la tristeza del fracaso nos hacen olvidar que Dios está con nosotros en toda circunstancia. Satanás no quiere que recordemos esta verdad, al igual que muchas otras. Algo que Dietrich Bonhoeffer bien señaló al hacer la observación de qué ocurre cuando la lujuria toma el control es: «En ese momento Dios [...] pierde toda realidad [...]. Satanás no nos llena de odio hacia Dios, sino de olvido de Dios».[36] Pero lo mismo podemos decir de cuando el temor toma ese mismo control. Recordemos la historia tan conocida cuando Jesús invita a Pedro a caminar sobre las aguas del mar de Galilea:

«Ven», le dijo Jesús. Y descendiendo Pedro de la barca, caminó sobre las aguas, y fue hacia Jesús. Pero viendo la fuerza del viento tuvo miedo, y empezando a hundirse gritó:

---

[36]Dietrich Bonhoeffer, *Temptation* (Londres, Inglaterra: SCM Press Ltd, 1961), 33.

«¡Señor, sálvame!». Al instante Jesús, extendiendo la mano, lo sostuvo y le dijo: «Hombre de poca fe, ¿por qué dudaste?». (Mat. 14:29-31)

Pedro vio a Jesús caminando sobre las aguas y de inmediato le pidió que lo invitara a hacer lo mismo y luego inició su caminata hacia Él. Pero Pedro perdió de repente su enfoque, tuvo miedo y comenzó a hundirse. Hoy día no vemos a Jesús físicamente, pero la Palabra de Dios, cuando es leída, predicada, enseñada o recordada, nos trae a la memoria que Él está con nosotros y tiene el control de los eventos de nuestra vida.

OTRAS CAUSAS DE NUESTROS TEMORES

Ya hemos hablado con cierto detalle sobre la causa principal de los temores del ser humano: su alejamiento de Dios. Ese es realmente el origen de todo, pero ahora quisiéramos mencionar algunas causas secundarias de estos temores.

Nuestra idea de Dios. A veces, concebimos a Dios como un juez que continuamente nos observa para condenarnos y castigarnos cuando hemos fallado, como era la idea de Martín Lutero durante muchos años. En esos casos, Dios mismo se constituye en una causa de temor. El conocido teólogo R. C. Sproul (1939-2017) cuenta en su serie sobre la santidad de Dios que Martín Lutero era hipocondríaco y vivía lleno de temores provocados por la manera en que concebía a Dios. Leamos con detenimiento un breve párrafo de esta serie sobre Lutero y sus temores con relación a Dios:

Sus fobias eran muchas y legendarias. Tenía un miedo tal a la ira de Dios, que al inicio de su ministerio alguien le hizo esta pregunta: «Hermano Martín, ¿Tú amas a Dios?». ¿Saben lo que dijo? Él dijo: «¿Amar a Dios? ¿Me preguntas si amo a Dios? ¿Amo a Dios? A veces odio a Dios. Veo a Cristo como un juez destructor que solo me mira para evaluarme y hacer caer aflicciones sobre mí». Imagínense a un joven preparándose para el ministerio que declara que pasa por períodos de odio a Dios y que ese odio estaba muy relacionado con este miedo paralizante que Lutero expresó que tenía para con Dios.[37]

Es impresionante ver que la principal causa del temor en los seres humanos es la ausencia de Dios en sus vidas. Sin embargo, una idea distorsionada de quién es Dios puede constituirse en la principal causa de temor para el creyente, porque ha llegado a conocer a Dios de una forma equivocada. Jesús vino a revelar al Padre de manera que podamos conocerlo como un Padre amoroso a favor de Sus hijos, con un amor tan incondicional que fue capaz de crucificar a Su unigénito para que aquellos que éramos Sus enemigos (Rom. 5:10) pudiéramos llegar a ser hijos de Dios: «Miren cuán gran amor nos ha otorgado el Padre: que seamos llamados hijos de Dios» (1 Jn. 3:1a).

Mentiras que llenan nuestra mente. El ser humano vive con una serie de suposiciones completamente erróneas que ha ido acumulando a lo largo de su vida y que son producto de su exposición a su cultura, un tipo particular de educación, ciertos estándares sociales, expectativas que otros le imponen e incluso sueños irreales. Pero todo lo que tiene origen en el ser humano tiende a esclavizarlo y así ocurre con todas las mentiras que llenan nuestra mente. Aquí hay algunas ilustraciones de mentiras que abrazamos y nos esclavizan:

- Ideas creídas y vendidas por el mundo sobre lo que tiene valor.
- Convicciones erróneas concebidas en la carne.
- Malas enseñanzas contrarias a la revelación de Dios.

Como bien dice John Mark Comer en su libro *Live No Lies* [Vive sin mentiras]:

---

[37] R. C. Sproul, *La santidad de Dios* (Sanford, FL: Ligonier Ministries). Disponible en línea en: https://es.ligonier.org/videos/la-santidad-de-dios/la-demencia-de-lutero).

Aquí está el problema: nuestra capacidad para pensar lo que no es realidad es nuestro genio, pero también es nuestro talón de Aquiles. Porque no solo podemos imaginar lo que no es realidad, sino que también podemos llegar a creerlo. Podemos poner nuestra fe en ideas que no son verdaderas o, peor aún, que son mentiras.[38]

Más adelante, citando al psicólogo David Benner, Comer agrega: «Lo peor no es que decimos mentiras, sino que las vivimos».[39] Las vivencias que estas mentiras nos traen nos alejan de Dios y nuestros temores aumentan con creces alejados de Él. No es por accidente que el apóstol Pablo nos recomienda meditar en ideas o pensamientos que tengan las siguientes características:

Por lo demás, hermanos, todo lo que es verdadero, todo lo digno, todo lo justo, todo lo puro, todo lo amable, todo lo honorable, si hay alguna virtud o algo que merece elogio, en esto mediten. (Fil. 4:8)

Ten en cuenta que el apóstol Pablo inicia esta lista exhortándonos a meditar en «todo lo que es verdadero» y luego caracteriza cómo luce esa verdad: es digna, justa, pura, amable, honorable, virtuosa y merecedora de elogio. Es esa verdad de Dios la que nos libera del pecado con relación a la condenación y nos libera de las ataduras que permanecen incluso después de ser salvos debido a las mentiras que continúan con nosotros en nuestras mentes.

Nuestras ideas mueven nuestra voluntad en el diario vivir, porque la forma en que pensamos establecerá la forma en que vivimos.

Nuestras experiencias pasadas. Muchas personas llegan a la edad adulta con temores que fueron sembrados durante la niñez, ya sea por experiencias traumáticas que vivieron o por padres altamente temerosos que reaccionaron con temor ante las circunstancias de la

---

[38] John Mark Comer, *Live No Lies* (Colorado Springs, CO: WaterBrook, 2021), 27.
[39] David Benner, citado por John Mark Comer en *Live No Lies*, 35.

vida y afectaron así la memoria emocional de sus hijos. Esto puede ser algo tan simple como la reacción fóbica de algunos adultos producto del temor a ciertos insectos. Esos niños aprenden a reaccionar ante dichos insectos con el mismo temor que sus padres u otros adultos manifestaron en su presencia. Por otro lado, cuando padres hipocondríacos viven frecuentemente temiendo enfermarse cada vez que alguien habla de algún tipo de enfermedad o cuando han llegado a pensar con temor que un simple dolor de cabeza podría representar un tumor cerebral, los hijos tienden a crecer con un temor similar a las enfermedades.

Somos afectados por todas las experiencias que vivimos, positivas o negativas. De mucho mayor trascendencia, dolor y daño son las experiencias traumáticas que las personas han vivido, como el abuso sexual, físico o verbal. La dificultad con estas experiencias es que no solo dejan una memoria cognitiva, sino que también dejan una memoria emocional que es mucho más difícil de borrar que cualquier otra, porque suele manifestarse de manera subconsciente ante cualquier evento que pudiera recordar lo vivido en el pasado.

La inseguridad general y particular del ser humano. Como hemos mencionado antes, desde que arribamos al mundo, comenzamos a experimentar una inseguridad que es típica del ser humano caído. El niño llora desde una edad temprana cuando no está con su madre y ese llanto es, en parte, solo un tipo de experiencia de inseguridad. Por esa razón, muchos dejan de llorar cuando su madre se acerca y los cobija. Intuitivamente, como niños, sabemos que los adultos extraños son intimidantes porque «no son confiables». Cuando crecemos, llegamos a la conclusión de que no tenemos la capacidad para manejar la vida y entender el mundo, por lo que nos sentimos inseguros. De igual manera, ya sea consciente o inconscientemente, nos sentimos inferiores porque nuestro sentido de identidad y seguridad es dado por Dios, y en nuestro estado de incredulidad, no podemos experimentar tal seguridad. Aun después de haber creído, con frecuencia el hecho de no vivir una vida bajo el señorío de Cristo sigue llenándonos de temores como resultado de las consecuencias cosechadas.

Otros crecen con profundas inseguridades producto del abandono. Algunos crecen con una baja autoestima por la forma en que les hablaban con desprecio, dando a entender que nunca llegarían a ser nada. También por las múltiples veces en que se sintieron condenados por sus padres o por los encargados de su educación. El temor, la inseguridad y la soledad constituyen la tríada dolorosa de nuestra generación. La televisión y las redes sociales han acostumbrado al ser humano a vivir en soledad, leyendo y escuchando la voz de los demás a través de diferentes canales, dándonos la impresión de que estamos conectados. Algunos han dicho que esta es la generación más conectada, pero la menos comunicada. Esa es una gran verdad.

LAS CONSECUENCIAS DEL TEMOR

El temor afecta la manera en que pensamos, actuamos, planificamos, nos presentamos ante los demás y, en general, afecta la forma en que vivimos en todas las áreas. Por ejemplo:

- Tomamos una decisión o ninguna según nuestro grado de temor.
- Decidimos viajar o quedarnos en casa conforme al temor que nos represente la experiencia.
- Preferimos tener una cantidad de amigos o incluso ningún amigo, si la experiencia de la amistad nos trae algún grado de temor.
- Preferimos ser más o menos dadivosos si experimentamos algún grado de temor de quedarnos sin los recursos suficientes para nuestro sustento.
- Rehusamos ser transparentes y tener amistades íntimas si esa apertura nos llena de temor al pensar que otros pudieran descubrir quiénes somos realmente.
- No nos ofrecemos como voluntarios para llevar a cabo algún tipo de ministerio como enseñar a niños o adultos en la iglesia por los temores que experimentamos por el mero hecho de pensar en estas actividades.

- Usualmente, nuestras reacciones de ira, rechazo a los demás, expresiones de orgullo, necesidad de ser el centro de atracción y muchas otras se originan en temores internos que han sido disparados por palabras o acciones de otra persona.

Por otro lado, el temor nos hace sentir inseguros, y en nuestra inseguridad tendemos a culpar a otros cuando fallamos, no admitimos nuestros errores, tememos cambiar, discutimos para ganar, mentimos si es necesario, vivimos a la defensiva, vivimos en silencio, preferimos que los demás hagan las cosas por nosotros, evitamos participar y asumir riesgos. No hay libertad en ninguna de estas formas de vivir. Vivir de esa manera es una prisión que no permite reflejar la libertad que Cristo compró para nosotros en la cruz.

Nuestro intento de ocultar nuestro temor e inseguridad

Sin que nadie nos haya enseñado, de alguna manera sabemos que ni el temor ni la inseguridad son experiencias virtuosas. Pero desafortunadamente, conociendo esa realidad, tampoco hacemos nada para solucionar el problema. Más bien, intentamos ocultarlo como si eso hiciera desaparecer la realidad del ser interior. La pregunta que debemos hacernos es: ¿de qué manera tratamos de ocultar la inseguridad que se esconde en nuestros corazones? Después de muchos años de ministerio y de dar consejería, hemos podido observar que, detrás de cada persona orgullosa, hay una gran cantidad de temores y, por lo tanto, de inseguridades. Es como si el orgullo fuera el uniforme con el que tratamos de cubrir estos problemas en nosotros mismos. Quizás nos parecemos a los perros que ladran cuando se sienten inseguros y nosotros también mostramos las peores formas de nuestro orgullo cuando la inseguridad aflora en nuestras vidas. Tendemos a ser muy buenos humillándonos ante Dios y pésimos cuando se trata de humillarnos ante nuestro prójimo. Preferimos perder antes que quebrantar nuestro ego. Nadie puede curar su orgullo leyendo libros ni aprendiendo doctrinas que luego no practica. La inseguridad que cubrimos con el uniforme del orgullo desaparece cuando nuestra vida ha sido entregada a Dios, porque en Él encontramos seguridad.

EL ORGULLO: LA VESTIMENTA PARA CUBRIR EL TEMOR Y LA INSEGURIDAD

La persona orgullosa posee un sentido o valor agigantado sobre sí mismo y, por consiguiente, es muy dado a la crítica y condenación de aquellos que, consciente o inconscientemente, cree que están por debajo él. Cuando esa persona participa en una conversación, entiende que su opinión es de mayor valor que la opinión de los demás o al menos piensa que es de mejor calidad y contenido que cualquier otra. Asimismo, en las conversaciones en las que participa, tiende a interpretar las cosas dichas en relación con su persona, y por eso suele ofenderse con relativa facilidad, porque mucho de lo que oye lo interpreta como si todo fuera en referencia a él.

Cuando esta persona es desplazada o supone que es movida de su lugar, experimenta cierto grado de ansiedad, ira o celos al sentirse menospreciada o no ser el centro de atención. El orgulloso tiende a ser competitivo y con frecuencia hace uso de la comparación, ya sea en su mente o a través de las palabras, tratando siempre de ganar ventaja sobre el otro que es usado como referencia en la comparación. Cuando recibe algún tipo de observación, la toma como una acusación. La persona orgullosa no puede vivir en paz debido a las frecuentes experiencias emocionales que se dan en su interior. Necesitamos aprender del Maestro, quien conoce nuestros problemas pasados, presentes y futuros.

LA CURA DEL TEMOR, LA INSEGURIDAD Y EL ORGULLO

El Señor Jesús enseñó sobre la necesidad de vivir la vida cristiana en plenitud, lo cual solo sería posible si se daban ciertas condiciones. El

Evangelio de Mateo registra una poderosa enseñanza de Jesús para todos los que quieran seguirlo:

Tomen Mi yugo sobre ustedes y aprendan de Mí, **que Yo soy manso y humilde de corazón**, Y HALLARÁN DESCANSO PARA SUS ALMAS. (Mat. 11:29, énfasis añadido)

Según esta enseñanza singular, gran parte de nuestra ausencia de paz se debe a una ausencia de humildad que con frecuencia nos lleva a batallar con otros e incluso con nuestras propias emociones.

La humildad a la que Cristo nos llamó puede ser definida como la evaluación correcta que hacemos de nosotros mismos, considerándonos pecadores, indignos, insuficientes y necesitados de redención y ayuda para el diario vivir. Esa es la persona que puede considerar al otro como superior a sí misma:

No hagan nada por egoísmo o por vanagloria, sino que con actitud humilde cada uno de ustedes considere al otro como más importante que a sí mismo, no buscando cada uno sus propios intereses, sino más bien los intereses de los demás. (Fil. 2:3-4)

La humildad no tiene nada que temer, nada que probar y nada que esconder. Nada puede darnos más libertad que cuando vivimos de esta manera producto de nuestra seguridad e identidad en Cristo Jesús.

Comenzamos el capítulo diciendo que el origen primario del temor del ser humano es su lejanía de Dios. Si eso es cierto, entonces la sanación final de este mal tendrá que venir a través de un acercamiento a Dios mismo. Hay ciertas actitudes y disposiciones de nuestra parte que alejan a Dios aún más y otras que hacen que se acerque a nosotros. La Palabra de Dios registra en más de una ocasión que «Dios resiste a los soberbios, pero da gracia a los humildes» (Sant. 4:6). El orgullo, la soberbia y la arrogancia (sinónimos todos) alejan a Dios de nosotros, pero la humildad hace que Dios haga abundar su gracia sobre nosotros. Así es exactamente como Él lo ha revelado: «Pero a este miraré: Al que es humilde y contrito de espíritu, y que tiembla ante Mi palabra» (Isa. 66:2b).

El creyente de espíritu contrito es reverente ante la Palabra de Dios, sumiso y, por consiguiente, obediente. En eso consiste el temblar ante Su Palabra. No es un temor como cuando experimentamos alguna amenaza, sino un sentido de reverencia, respeto y sumisión al considerar la Palabra de Dios como una extensión de quien Él es. Dios no deja de ser santo y sublime por habitar en medio de Su pueblo. Ese es Su deseo desde el principio y por eso reveló a través del profeta Isaías:

… «Yo habito en lo alto y santo, y también con el contrito y humilde de espíritu, para vivificar el espíritu de los humildes y para vivificar el corazón de los contritos». (Isa. 57:15b)

Es en esa cercanía de Dios donde nuestros temores disminuyen y aumenta nuestro sentido de seguridad y libertad.

5

La culpa te esclaviza y el arrepentimiento te libera

Mientras callé mi pecado, mi cuerpo se consumió con mi
gemir durante todo el día. Porque día y noche Tu mano pesaba
sobre mí; mi vitalidad se desvanecía con el calor del verano.
Te manifesté mi pecado, y no encubrí mi iniquidad.
Dije: «Confesaré mis transgresiones al SEÑOR»;
y Tú perdonaste la culpa de mi pecado.
(Sal. 32:3-5)

De acuerdo con la opinión de psicólogos, psiquiatras, terapeutas y consejeros bíblicos, la culpa es uno de los sentimientos más comunes entre aquellos que acuden en busca de ayuda. Lamentablemente, el ser humano no sabe cómo descargarse de dicha culpa, y puede pasar muchos años cargando con un peso que podría descargar al pie de la cruz de Cristo si siguiera las instrucciones del Maestro. La culpa tiene consecuencias negativas diversas cuando se prolonga en el tiempo, pero también tiene aspectos positivos. El sentido de culpa fue dado por Dios como un mecanismo que lo lleva a buscar a Dios como su sanador. Por otro lado, sirve como un mecanismo de freno cuando la persona ha hecho daño a otro y necesita buscar la reconciliación o la reparación del daño causado.

LA REALIDAD DE LA CULPA

Veamos algunas verdades sobre la culpa:

- Es una experiencia universal.
- Puede ser paralizante.
- Pocos la admiten; otros la proyectan.
- Muchos la sufren en silencio.
- Puede enviarme a la condenación eterna.
- Su solución tiene un precio: arrepentimiento.

Winch dice: «Los estudios han descubierto que la concentración, la productividad, la creatividad y la eficiencia son significativamente más bajas cuando te sientes activamente culpable».[40] Muchas personas que se sienten culpables por haber causado algún daño a otros tienden a evitar el contacto con ellos. La carga emocional que los individuos sufren por diferentes manifestaciones de culpabilidad, ya sean reales o ficticias, les impide vivir en libertad.

DEFINICIÓN DE LA CULPA

Cuando se habla de algo que no es visible ni palpable, siempre es bueno poder ponerse de acuerdo con una definición que permita que el lector pueda entender con claridad a qué nos estamos refiriendo. Diferentes definiciones se han dado acerca de la culpa. La siguiente definición no es necesariamente original, pero recoge una serie de ideas que otros han mencionado cuando tratan de definir la experiencia de la culpa.

La culpa es un sentimiento de tristeza, dolor emocional, ira, vergüenza, ansiedad, irritación o autocondenación que se experimenta cuando violamos ciertas reglas, cuando no hicimos algo

---

[40]Guy Winch, Ph.D., *10 Things You Didn't Know About Guilt* (https://www.psychology today.com/us/blog/the-squeaky-wheel/201411/10-things-you-didnt-know-about-guilt, 9 de noviembre de 2014).

que debimos haber hecho o cuando hacemos algo que pensamos que es malo o incorrecto.

La persona también tiende a experimentar temor al castigo con cierta frecuencia, ya sea por parte de Dios, sus padres o cualquier otra figura de autoridad. Aun en aquellos que tratan de negar a Dios y otros que viven como si Él no existiera, la culpa continúa siendo un sentimiento frecuente debido a que Dios diseñó al ser humano con una conciencia que tiene la capacidad de acusarnos o defendernos. Así lo explica el apóstol Pablo:

Porque cuando los gentiles, que no tienen la ley, cumplen por instinto los dictados de la ley, ellos, no teniendo la ley, son una ley para sí mismos. Porque muestran la obra de la ley escrita en sus corazones, **su conciencia dando testimonio, y sus pensamientos acusándolos unas veces y otras defendiéndolos**. (Rom. 2:14-15, énfasis añadido)

CLASIFICACIÓN DE LA CULPA

Para ayudarnos a comprender los diferentes tipos de culpa que experimentan las personas, ofrecemos a continuación una descripción simple de cómo algunos han clasificado los diferentes sentimientos de culpa que los individuos pudieran experimentar a lo largo de su vida. La clasificación no es tan sencilla, debido a que un mismo sentimiento de culpa podría clasificarse bajo uno o más de los grupos que aparecen debajo:

Culpa teológica: Un concepto jurídico basado en un hecho y no en sentimientos. Todos somos culpables ante Dios por el pecado de Adán que nos fue imputado (cargado a nuestra cuenta) y por vivir pecando y no cumplir con la ley de Dios (Rom. 5:12-17).

Culpa personal: Cuando violamos nuestra propia conciencia o nuestros propios estándares, independientemente de que seamos o no creyentes en Dios. Los perfeccionistas son muy dados a este tipo de culpa. Las personas suelen acusar a otros de ser responsables de lo que están sintiendo, a pesar de que muchas veces ese no es el caso. A menudo, preferimos no ser responsables de lo que sentimos y, por lo tanto, señalamos con el dedo a los demás como los causantes de las emociones que sentimos.

La culpa a la que hemos hecho alusión hasta aquí podría ser apropiada o inapropiada.

Culpa apropiada: Cuando sentimos convicción después de haber violado la ley de Dios, la ley humana o nuestra conciencia (Rom. 2:12-15; 3:10-12). Esta culpa produce remordimiento, dolor emocional o incluso tristeza, dependiendo de la severidad de la violación.

Este tipo de culpa se basa en un hecho real que ha causado daño a la persona misma o a otros. Como consecuencia, el transgresor en algún momento experimenta dolor por el daño que ha causado. Ese sentimiento puede ser producido por la propia conciencia individual, como mencionamos anteriormente, pero también la convicción que la persona siente puede provenir del Espíritu Santo que fue enviado para convencer al mundo de pecado, de justicia y de juicio (Juan 16:8). La acción de la conciencia y del Espíritu Santo es motivar al individuo a confesar y arrepentirse para que pueda tener paz con Dios y paz interior.

Es posible confesar y experimentar algún grado de remordimiento tal como lo hizo Judas, pero sin un verdadero sentido de arrepentimiento. Más adelante, hablaremos sobre del arrepentimiento en detalle, pero cuando hay un verdadero arrepentimiento, lo natural es que la persona vaya ante Dios y le pida perdón por haber violado su ley y por el daño causado a sí mismo, a los demás y aun al nombre de Cristo y Su Iglesia. Cuando eso sucede, la persona experimenta la reconciliación con Dios por medio del sacrificio de Cristo en la cruz, quien derramó Su sangre para el perdón de pecados.

Culpa inapropiada: Cuando la persona se siente culpable por algo que considera pecaminoso o incorrecto sin serlo, o cuando lo que siente no guarda proporción con lo que ha hecho. Los perfeccionistas y las personas con trastornos obsesivo-compulsivos son más propensos a sentir este tipo de culpa.

Este sentido de culpa se clasifica como inapropiado porque está basado en un sentimiento y no en un hecho real. La persona suele temer al castigo, ya sea de Dios o de una figura de autoridad. El dolor del castigo en sí es algo que puede llegar a paralizar a la persona. En el libro de Zacarías, aparece la narración de un acontecimiento interesante donde se muestra a Satanás acusando de pecado al sumo sacerdote Josué y el ángel del Señor, representando a Cristo, defendiendo a Josué porque ya había sido elegido para ser justificado ante Dios. Por consiguiente, la culpabilidad que Satanás quería cargar sobre él era completamente injustificada y, por lo tanto, inapropiada. Veamos:

> Entonces me mostró al sumo sacerdote Josué, que estaba delante del ángel del Señor; y Satanás estaba a su derecha para acusarlo. Y el ángel del SEÑOR dijo a Satanás: «El SEÑOR te reprenda, Satanás. Repréndate el SEÑOR que ha escogido a Jerusalén. ¿No es este un tizón arrebatado del fuego?». Josué estaba vestido de ropas sucias, en pie delante del ángel. Y este habló, y dijo a los que estaban delante de él: «Quítenle las ropas sucias». Y a él le dijo: «Mira, he quitado de ti tu iniquidad y te vestiré con ropas de gala». Después dijo: «Que le pongan un turbante limpio en la cabeza». Y le pusieron un turbante limpio en la cabeza y le vistieron con ropas de gala; y el ángel del SEÑOR estaba allí. (Zac. 3:1-5)

El ángel del Señor reprende a Satanás porque no tenía motivo alguno para acusar a alguien que el Señor ya había justificado. No sabemos cómo sucede esto actualmente en la vida diaria, pero sabemos por las Escrituras que Satanás es un acusador incansable de los creyentes. Esa acusación continua es parte de la guerra espiritual en medio de la cual vivimos.

La culpa inapropiada resulta en condenación, nos aleja de Dios y hace que el transgresor experimente sentimientos de autoconmiseración. Todo esto tiende a hacer que la persona trate de hacer ciertas obras «buenas» para no sentirse culpable, en lugar de acudir ante Dios para resolver su falta de paz.

LA DISTORSIÓN DEL PROPÓSITO DE LA CULPA

Como ya hemos mencionado, Dios dotó al ser humano de un sentido de culpa que serviría para traerlo de vuelta a Él y, al mismo tiempo, funcionaría como una especie de freno a las acciones que pudieran ser perjudiciales para otros. Sin embargo, como ya sabemos, después de la caída humana todas sus áreas quedaron afectadas, incluidas sus emociones. Por lo tanto, podríamos decir que la culpa funciona incorrectamente en múltiples casos. He aquí algunas ilustraciones de esta realidad:

- Cuando la culpa es nuestra única motivación y hacemos lo correcto por las razones equivocadas.
- Cuando hacemos las cosas movidos principalmente por el sentido del deber y no por amor a Dios.
- Cuando confesamos nuestros pecados para sentirnos bien con nosotros mismos en vez de hacerlo porque amamos a Dios.
- Cuando obramos para limpiar nuestra conciencia en lugar de hacerlo para tener una buena relación con Dios y con los demás.

REACCIONES Y CONSECUENCIAS DIVERSAS AL EXPERIMENTAR CULPA[41]

Reacción defensiva y acusatoria. A menudo buscamos maneras de culpar a otros por lo que hicimos para negar lo que hicimos mal, para racionalizar la razón para nuestro aislamiento de los demás y, en última instancia, para escapar del sentimiento de culpa. Cuando estos sentimientos de culpa comienzan a surgir, nos enojamos con los demás, tratamos de justificar nuestras acciones, negamos nuestra responsabilidad individual por lo sucedido o nos excusamos profusamente.

Autocondenación. Al sentir culpa, experimentamos sentimientos de inferioridad, de ser inadecuados, acompañados o no de baja autoestima, pesimismo, inseguridad e incluso sentimientos de autoconmiseración.

---

[41] Gary Collins, Ph.D., *Christian Counseling* (Nashville, TN: Thomas Nelson, 2007), 184-86.

Efectos físicos. Nuestros cuerpos tienen la capacidad de sentir los efectos de nuestras emociones. Como la culpa produce con frecuencia ira o tristeza, que al prolongarse puede derivar en depresión, ansiedad y resentimiento hacia otros, no es inusual que las personas experimenten diferentes efectos físicos como taquicardia, hipertensión, fatiga, insomnio, llanto, tristeza, baja libido y temor a arriesgarse, entre otros efectos.

David escribió un salmo después de su pecado con Betsabé y el tiempo que permaneció en silencio ocultando su pecado. Este salmo nos deja ver algunos de los efectos físicos de la culpa antes del arrepentimiento:

Mientras callé mi pecado,
mi cuerpo se consumió con mi gemir durante todo el día.
Porque día y noche **Tu mano pesaba sobre mí;**
mi vitalidad se desvanecía con el calor del verano.
Te manifesté mi pecado,
y no encubrí mi iniquidad.
Dije: «Confesaré mis transgresiones al Señor»;
y Tú perdonaste la culpa de mi pecado.
(Sal. 32:3-5, énfasis añadido)

Dolor moral. Quizás sea más difícil de explicar, pero en esencia nos referimos a ese dolor o tristeza profunda que la persona experimenta cuando reconoce su falta después de que ha hecho algo grave en términos morales. Es posible que uno de los ejemplos más claros que podríamos citar es el de la madre que ha tenido un aborto y después de despertar a la realidad de que ella le quitó la vida a su propio hijo, no puede encontrar alivio para su dolor.

LA CULPA NO REMOVIDA PUEDE TRAER GRANDES CONSECUENCIAS

La mayoría de nosotros es consciente de las consecuencias emocionales y espirituales del pecado, pero no estamos tan apercibidos de hasta dónde podrían llegar estas consecuencias. De acuerdo con varios pasajes de las Escrituras, el pecado no confesado puede enfermar al pecador e incluso podría acabar con su vida. Es posible que la iglesia de Corinto tuviera algunos miembros que cargaban con la culpa de pecados con los que no habían lidiado y, al mismo tiempo, participaban en la cena del Señor manchando Su nombre. Veamos:

> De manera que el que coma el pan o beba la copa del Señor indignamente, será culpable del cuerpo y de la sangre del Señor. Por tanto, examínese cada uno a sí mismo, y entonces coma del pan y beba de la copa. Porque el que come y bebe sin discernir correctamente el cuerpo del Señor, come y bebe juicio para sí. Por esta razón **hay muchos débiles y enfermos entre ustedes, y muchos duermen**. Pero si nos juzgáramos a nosotros mismos, no seríamos juzgados. Pero cuando somos juzgados, el Señor nos disciplina para que no seamos condenados con el mundo. (1 Cor. 11:27-32, énfasis añadido)

Pablo menciona que había personas débiles, enfermas y hasta muertas como consecuencia de una culpa con la que no habían querido lidiar los corintios. El pecado es algo serio, lo decimos y hasta lo predicamos, pero la realidad es que, como fuimos concebidos en pecado y vivimos con pecados dentro y fuera de nosotros, ninguno tiene una justa medida de lo horrendo que es el pecado.

Hay dos realidades que podrían ayudarnos a entender cuán horrible es el pecado para Dios:

1. La realidad de la crueldad y la vergüenza de la cruz sufrida por la segunda persona de la Trinidad como consecuencia de haber asumido la responsabilidad por nuestros pecados. Dios prefirió crucificar a Su Hijo antes que pasar por alto el pecado de la humanidad.

2. La realidad del infierno donde millones de personas pasarán la eternidad en dolor por haber pecado. Lo cierto es que el pecado no es tan simple y el infierno es más horrendo de lo que podemos pensar o imaginar.

EL ROL DEL ARREPENTIMIENTO EN LA CONSEJERÍA

«La culpa te esclaviza y el arrepentimiento te libera» es el título de este capítulo. Cuando violamos la ley de Dios, el sentimiento de culpa que experimentamos tiene la intención de llevarnos a Dios en busca de perdón para que finalmente podamos salir de la cárcel en la que nos encontramos. El puritano Thomas Brook definió el arrepentimiento como el vómito del alma.[42] Es frecuente que una persona intoxicada tienda a experimentar náuseas y cierto malestar general, pero suele mejorar inmediatamente después de vomitar. Esa es la razón por la que en estos casos algunos deciden inducirse el vómito buscando su mejoría. Algo similar sucede cuando hemos sido intoxicados por el pecado y no nos sentimos bien ni emocional ni espiritualmente.

El arrepentimiento requiere reconocer que hemos pecado contra Dios y que hemos decidido dar la vuelta e ir en la dirección opuesta, alejándonos del pecado y acercándonos a Dios. Por eso Pablo les dice a los gentiles que «debían arrepentirse y **volverse a Dios**, haciendo obras dignas de arrepentimiento» (Hech. 26:20, énfasis añadido). El arrepentimiento debe manifestarse en acciones que demuestren el cambio experimentado.

EL ARREPENTIMIENTO EN LA BIBLIA

Una de las palabras en hebreo que se usa con frecuencia en el Antiguo Testamento para referirse al arrepentimiento es *shub* (בוּשׁ),[43] la cual implica un regresar, como quien da la vuelta en «U». El profeta Malaquías hace uso de esta palabra:

«Desde los días de sus padres se han apartado de Mis estatutos y no los han guardado. **Vuelvan** a Mí y Yo volveré a ustedes»,

---

[42] Thomas Brook, *Precious Remedies Against Satan's Devices* (Banner of Truth, 1968), versión Kindle, pos. 770.

[43] *Strong's Concordance* #7725.

dice el Señor de los ejércitos. «Pero dicen: "¿Cómo hemos de volver?"». (Mal. 3:7)

Un segundo vocablo hebreo para referirse al arrepentimiento es *nacham* (נָחַם),[44] el cual hace referencia **a un dolor emocional, a estar acongojado o triste por alguna situación**. Esta es la palabra que Job usa cuando dice: «Por eso me retracto y me **arrepiento** en polvo y ceniza» (Job 42:6, énfasis añadido).

Por otro lado, la palabra en griego del Nuevo Testamento para arrepentimiento, *metanoia* (μετάνοια),[45] implica, más bien, **un cambio de mente**, tal como aparece en Hebreos: «porque saben que aun después, cuando quiso heredar la bendición, fue rechazado, pues no halló ocasión para **el arrepentimiento**, aunque la buscó con lágrimas» (Heb. 12:17, énfasis añadido).

La parábola del hijo pródigo presenta a un joven que se había alejado de su padre, pero en un momento dado cambia de mente u opinión, decide regresar a casa. Al encontrarse con su padre, experimenta cierto dolor emocional por haber hecho todo lo que hizo (Luc. 15). La acción de este hijo ilustra los tres significados de la palabra «arrepentimiento» analizados anteriormente, tanto en hebreo como en griego. El padre representa a Dios y el hijo pródigo representa al pecador arrepentido. Vemos cómo el padre sale al encuentro del hijo, lo abraza y celebra su regreso. Pero todo ocurrió después de que el hijo mostró arrepentimiento. Como dice Malaquías: «Vuelvan a Mí y Yo volveré a ustedes» (3:7), cuando nos volvemos a Dios, Él se vuelve a nosotros, como lo hizo el padre de la parábola con su hijo.

APLICACIONES PRÁCTICAS

• El favor de Dios no puede estar con nosotros si aún no hemos reconocido nuestra falta, transgresión e iniquidad.

---

[44]*Ibid.*, # 5162.
[45]*Ibid.*, #3341.

- Dios obra favorablemente hacia aquellos con corazón arrepentido.
- El arrepentimiento mueve a nuestro favor la mano y el rostro de Dios. La falta de arrepentimiento vuelve en nuestra contra la mano de Dios.
- El pecado no confesado nos roba la motivación para trabajar con gozo, sobre todo para el Señor. No hay nada que nos robe más el gozo del Señor como el pecado en nosotros. Nuestra fortaleza, motivación y energías se desvanecen cuando ese gozo se va. La falta de arrepentimiento es la causa número uno de la ausencia de gozo en nosotros.
- El arrepentimiento produce en nosotros un despertar a la acción, nos motiva y energiza para realizar los propósitos de Dios.
- El arrepentimiento hace que Dios ponga gracia en el corazón del otro a nuestro favor, hasta el punto de que nuestros enemigos muchas veces se convierten en colaboradores.
- El cambio no es posible hasta que la persona se arrepienta genuinamente, como ilustra la parábola del hijo pródigo.

EL ARREPENTIMIENTO FALSO O VERDADERO

El arrepentimiento genuino, como se ilustró anteriormente, tiene ciertas características que ya hemos analizado. Por eso nos parece bueno aclarar que, cuando hablamos de arrepentimiento, no nos referimos al remordimiento que Judas experimentó (Mat. 27:3). El arrepentimiento tampoco implica solamente un cambio de conducta, porque en el caso de Judas, sabemos que devolvió las treinta monedas de plata. El verdadero arrepentimiento va más allá.

Una persona que se arrepiente de corazón no trata de justificar el pecado cometido, como lo hizo el rey Saúl cuando ofreció un sacrificio que no le estaba permitido (1 Sam. 15). Saúl trató de justificar lo injustificable y fue rechazado como rey por el Señor debido a su falta de arrepentimiento manifestada precisamente en el acto de justificar su pecado. Esa no fue la actitud del hijo pródigo de la parábola.

Recordemos que el arrepentimiento no es parcial ni selectivo. Las personas tienden a tratar de averiguar cuál es la cantidad mínima de detalles que necesitan revelar sobre su pecado para quedar bien delante de los demás. Pero tenemos que recordar que Aquel que pesa los corazones es el juez de todo el universo.[46]

Pablo desarrolló algunas características típicas del arrepentimiento verdadero cuando lo comparó con un falso arrepentimiento en su segunda carta a los corintios. El apóstol había enviado una carta en la que confrontaba una situación de inmoralidad que atravesaba la iglesia. Uno de sus miembros vivía con la mujer de su padre (1 Cor. 5), por lo que Pablo reaccionó enérgicamente ante tal inmoralidad. No tenemos con nosotros la carta de confrontación, pero en la segunda carta a los corintios, hay una alusión a dicha carta. Los miembros de la iglesia se entristecieron profundamente cuando les llegó la confrontación. Pablo, entonces, escribió el siguiente párrafo a la iglesia, en el que se refiere al efecto que la carta de confrontación había tenido entre ellos:

Porque si bien les causé tristeza con mi carta, no me pesa. Aun cuando me pesó, pues veo que esa carta les causó tristeza, aunque solo por poco tiempo; pero ahora me regocijo, no de que fueron entristecidos, sino de que fueron entristecidos para arrepentimiento; porque fueron entristecidos conforme a la voluntad de Dios, para que no sufrieran pérdida alguna de parte nuestra. Porque la tristeza que es conforme a la voluntad de Dios produce un arrepentimiento que conduce a la salvación, sin dejar pesar; pero la tristeza del mundo produce muerte. Porque miren, ¡qué solicitud ha producido esto en ustedes, esta tristeza piadosa, qué vindicación de ustedes mismos, qué indignación, qué temor, qué gran afecto, qué celo, qué castigo del mal! En todo han demostrado ser inocentes en el asunto. (2 Cor. 7:8-11)

---

[46] Para mayor información acerca del arrepentimiento verdadero frente a un arrepentimiento falso, ver: Richard Owen Roberts, *Repentance: The First Word of the Gospel* (Wheaton, IL: Crossway, 2002) 85-170.

La confrontación causó tristeza entre los corintios, pero dicha tristeza los llevó al arrepentimiento. Ellos corrigieron la situación que llevó a Pablo a enviarles esa carta que aparentemente fue difícil de leer. Pablo reflexionó sobre lo sucedido y, aunque al principio se sintió algo triste por la tristeza que ellos habían experimentado, terminó regocijándose porque la tristeza los llevó al arrepentimiento y así no tuvieron que sufrir mayor pérdida. Cuanto más largo sea el tiempo entre el pecado y el arrepentimiento, mayores serán las consecuencias.

Pablo está hablando de una tristeza que viene de Dios y una tristeza que viene del mundo. La tristeza producida por Dios, en el contexto del que estamos hablando, lleva al arrepentimiento y, en última instancia, a la salvación, sin dejar pesar alguno. El proceso de tristeza y arrepentimiento puede ser profundamente doloroso, pero cuando vemos los resultados finales, hay motivo de gozo tanto para el pecador como entre los que lo rodean al ver la obra de Dios cumplida. Los corintios terminaron recuperando su posición ante Dios («vindicación» es la palabra usada por Pablo), al experimentar el temor de Dios, recobrar el celo por las cosas del Señor y lograr al mismo tiempo el castigo del mal.

Por otro lado, Pablo habla también de una tristeza que viene del mundo y que lleva a la muerte. Esa tristeza suele ser superficial, breve y quizás causada más por la vergüenza ante los demás que por un dolor genuino por haber ofendido la imagen de Dios.

El verdadero arrepentimiento es más que confesión. Confesar es admitir que hemos cometido una falta o un pecado, pero no implica necesariamente lo que se espera del verdadero arrepentimiento; es decir, un cambio de mente, actitud y conducta.

SEÑALES DE AUSENCIA DE ARREPENTIMIENTO

- Racionalizamos lo que hicimos, como Saúl (1 Sam. 15).
- Culpamos a otros, como Adán culpó a Eva (Gén. 3).

- Regurgitamos la injusticia, como Jonás se quejó contra Dios (Jon. 4).
- Rehusamos perdonar o sanar, como los corintios en el caso del hermano en pecado (2 Cor. 2:6-7).
- Minimizamos la falta, como Saúl (1 Sam. 15).

CÓMO SE PRODUCE EL ARREPENTIMIENTO

El arrepentimiento verdadero no es un fruto de la carne, sino el resultado de la convicción producida por el Espíritu Santo que permite que el pecador pueda ver su maldad. Nuestra colaboración consiste más bien en estar de acuerdo con Dios en que hemos transgredido Su ley, seguido de un acto de humillación para pedir perdón sin reservas ni condiciones. Nota cómo el apóstol Pablo le escribe a su discípulo Timoteo y le deja ver claramente de dónde procede el verdadero arrepentimiento y cuál debe ser nuestra actitud hacia los que aún no se han arrepentido:

Debe reprender tiernamente a los que se oponen, **por si acaso Dios les da el arrepentimiento** que conduce al pleno conocimiento de la verdad, y volviendo en sí, escapen del lazo del diablo, habiendo estado cautivos de él para hacer su voluntad. (2 Tim. 2:25-26, énfasis añadido)

Nosotros podemos confesar, pero no nos arrepentimos hasta que el Espíritu Santo haya completado Su obra en nosotros.

UN MODELO DE ORACIÓN DE ARREPENTIMIENTO

El rey David compuso dos salmos relacionados al pecado cometido con Betsabé y la muerte de su esposo. En el Salmo 32 que vimos anteriormente, David expresó algunos de los efectos físicos que experimentó como resultado de haber callado su pecado. Pero el Salmo 51 representa la expresión de un corazón arrepentido. Vale la pena examinar este salmo en busca de consejo para otros que puedan necesitar regresar a Dios.

Oración de arrepentimiento:

Ten piedad de mí, oh Dios, conforme a Tu misericordia; conforme a lo inmenso de Tu compasión, borra mis transgresiones. Lávame por completo de mi maldad, y límpiame de mi pecado. (Sal. 51:1-2)

David apela al carácter de Dios: «Ten piedad [...] conforme a Tu misericordia; conforme a [...] Tu compasión». No hay ninguna otra razón para encontrar perdón en Dios que no sea en Su gran bondad. Las palabras de David no muestran, ni siquiera remotamente, una expresión de justificación. David no dice: «Señor, quiero que entiendas que, como rey, he estado bajo mucha presión y eso me llevó a un momento de debilidad». Tampoco presenta ningún tipo de excusa ante Dios como lo que intentó hacer Saúl. Así es necesario que nos acerquemos a Dios, con toda sinceridad y con total transparencia.

Por otro lado, David no está tratando de ocultar su pecado y se refiere al adulterio y el asesinato cometido con tres nombres diferentes (transgresiones, maldad, pecado). David está observando la santidad de Dios, pero también Su misericordia a favor de los humanos, y se está viendo a sí mismo como un gran transgresor de la ley de Dios y merecedor de todo el peso de Su justicia.

Confesión de pecado:

Porque yo reconozco mis transgresiones, y mi pecado está siempre delante de mí. Contra Ti, contra Ti solo he pecado, y he hecho lo malo delante de Tus ojos, de manera que eres justo cuando hablas, y sin reproche cuando juzgas. Yo nací en iniquidad, y en pecado me concibió mi madre. Tú deseas la verdad en lo más íntimo, y en lo secreto me harás conocer sabiduría. (Sal. 51:3-6)

David reconoce claramente sus transgresiones, haciéndolas propias: «yo reconozco mis transgresiones». Por otro lado, David nos deja ver que no tomó su iniquidad a la ligera, porque menciona que recordaba continuamente su pecado. Al mismo tiempo, David sabe que ha pecado contra Betsabé, pero también que, en última instancia, ha pecado contra Dios, porque Él es quien ha establecido la ley que ha violado. David no sería culpable si Dios no existiera o si aprobara el adulterio y el asesinato. Por eso dice: «contra Ti, contra Ti solo he pecado». David sufriría inmensas consecuencias, pero tiene claro que Dios es justo cuando juzga y cuando condena (v. 4). No importa cuán severas sean las consecuencias que Dios nos imponga, siempre debemos dar gracias porque Él es justo y bueno.

Oración de restauración:

Purifícame con hisopo, y seré limpio; lávame, y seré más blanco que la nieve. Hazme oír gozo y alegría, haz que se regocijen los huesos que has quebrantado. Esconde Tu rostro de mis pecados, y borra todas mis iniquidades. Crea en mí, oh Dios, un corazón limpio, y renueva un espíritu recto dentro de mí. No me eches de Tu presencia, y no quites de mí Tu Santo Espíritu. Restitúyeme el gozo de Tu salvación, y sostenme con un espíritu de poder. (Sal. 51:7-12)

David apela a la misericordia de Dios, y por eso se atreve a rogar por limpieza. Ahora se puede ver moralmente sucio por su pecado y entonces pide que sus transgresiones sean borradas, dando a entender que desea que sus transgresiones no sean contadas en su contra. En cierta medida, su clamor fue escuchado porque su vida fue preservada, ya que, conforme a la ley de Dios, David debió haber perdido la vida por derramar la sangre de Urías (Gén. 9:6).

David tenía claro que todo lo que había pasado estaba relacionado con la corrupción de su corazón y por eso pidió un corazón limpio y un espíritu recto. David temía que Dios le retirara Su Santo Espíritu

(Sal. 51:11), algo que sabemos que es imposible a la luz del Nuevo Testamento. David había perdido su gozo y vitalidad, y ahora estaba pidiendo que todo lo que había experimentado anteriormente como fruto de su relación con Dios pudiera ser restaurado. David prometió que, si era restaurado, enseñaría a otros sobre las consecuencias del pecado y haría lo que pudiera para traer a otros de regreso a Dios (Sal. 51:13).

Peticiones a Dios:

Líbrame de delitos de sangre, oh Dios, Dios de mi salvación, entonces mi lengua cantará con gozo Tu justicia. Abre mis labios, oh Señor, para que mi boca anuncie Tu alabanza. (Sal. 51:14-15)

David le pide a Dios que lo libre de volver a cometer un acto tan bochornoso como el que cometió contra Urías. Al mismo tiempo, está reconociendo que la única manera en que podría volver a cantar sobre Dios y Sus obras es como fruto de una obra del Espíritu de Dios que lo cambie por completo.

Oración de reflexión:

Porque Tú no te deleitas en sacrificio, de lo contrario yo lo ofrecería; no te agrada el holocausto. Los sacrificios de Dios son el espíritu contrito; al corazón contrito y humillado, oh Dios, no despreciarás. (Sal. 51:16-17)

David parece estar mirando atrás y recordando las veces que hizo sacrificios en el templo, quizás cantando alabanzas al Señor, guardando el día de reposo y haciendo muchas cosas similares. Pero a la luz de lo aprendido, ahora tenía claro que ninguna de estas obras agrada a Dios a menos que vivamos con un espíritu contrito y humillado delante de Él.

Oración por arrepentimiento nacional:

Haz bien con Tu benevolencia a Sión; edifica los muros de Jerusalén. Entonces te agradarán los sacrificios de justicia, el holocausto y el sacrificio perfecto; entonces se ofrecerán novillos sobre Tu altar. (Sal. 51:18-19)

El pecado del rey de la nación ha traído vergüenza sobre los ciudadanos del reino, pero ahora su arrepentimiento podría resultar en una restauración nacional. Esa es la petición de David (v. 18). David cierra este salmo afirmando que la única forma en que la nación podía continuar ofreciendo sacrificios era mediante la visitación de Dios a Su pueblo trayendo arrepentimiento.

EL ARREPENTIMIENTO NO NECESARIAMENTE REMUEVE LAS CONSECUENCIAS

Muchas personas dicen haberse arrepentido de su pecado, cuando en realidad lo que buscaban era principalmente una remoción de las consecuencias. Pero el verdadero arrepentimiento no busca la remoción de las consecuencias, sino el favor de Dios como resultado de humillarse ante Él. La motivación para el arrepentimiento debe ser amor por Dios y no el temor a las consecuencias. Como podemos ver a continuación, el mismo profeta que anunció que Dios perdonaría la vida de David es el que ahora anuncia la serie de consecuencias que vendrían sobre su descendencia como fruto de su gran pecado:

«¿Por qué has despreciado la palabra del Señor haciendo lo malo ante Sus ojos? Has matado a espada a Urías el hitita, has tomado su mujer para que sea mujer tuya, y a él lo has matado con la espada de los amonitas. Ahora pues, la espada nunca se apartará de tu casa, porque me has despreciado y has tomado la mujer de Urías el hitita para que sea tu mujer». Así dice el Señor: «Por eso, de tu misma casa levantaré el mal contra ti; y aun tomaré tus mujeres delante de tus ojos y las daré a tu compañero, y este se acostará con tus mujeres a plena luz del día. En verdad, tú lo hiciste en secreto, pero Yo haré esto delante de todo Israel y a plena luz del sol». (2 Sam. 12: 9-12)

La familia de David fue consumida por el pecado y entre las consecuencias encontramos que:

- Amnón violó a su hermana Tamar (2 Sam. 13).
- Absalón, el hermano de ambos, mató a Amnón por su maldad (2 Sam. 13).
- Absalón andaba buscando a David para matarlo y quedarse con la corona (2 Sam. 15-17).
- Los soldados de David mataron a Absalón tratando de proteger al rey (2 Sam. 18).
- David lloró amargamente la pérdida de su hijo (2 Sam. 18:33).

CRECER A TRAVÉS DEL ARREPENTIMIENTO

El proceso de arrepentimiento es una excelente oportunidad para crecer. Por lo tanto:

1. Aprende la lección o tendrás que repetirla.
2. Busca exponer las debilidades que te llevaron a pecar.
3. Comunica tus sentimientos de dolor y lamento.
4. Recuerda que tu arrepentimiento no tiene nada que ver con la actitud del otro.

ALGUNOS VERSÍCULOS PARA RECORDAR

Lucas 5:32: «No he venido a llamar a justos, sino a pecadores al arrepentimiento».

Romanos 2:4: «¿O tienes en poco las riquezas de Su bondad y tolerancia y paciencia, ignorando que la bondad de Dios te guía al arrepentimiento?».

1 Juan 1:8-9: «Si decimos que no tenemos pecado, nos engañamos a nosotros mismos y la verdad no está en nosotros. Si confesamos nuestros pecados, Él es fiel y justo para perdonarnos los pecados y para limpiarnos de toda maldad».

1 Juan 2:1: «Hijitos míos, les escribo estas cosas para que no pequen. Y si alguien peca, tenemos Abogado para con el Padre, a Jesucristo el Justo».

Salmo 34:18: «Cercano está el Señor a los quebrantados del corazón, y salva a los abatidos de espíritu».

6

El poder del perdón

Sea quitada de vosotros toda amargura, enojo, ira, gritos,
maledicencia, así como toda malicia. Sed más bien amables
unos con otros, misericordiosos, perdonándoos unos a otros,
así como también Dios os perdonó en Cristo.
(Ef. 4:31-32)

Todos nosotros nos identificamos con el tema del perdón porque todos hemos experimentado ese sentimiento de rechazo o hemos sido ofendidos. Si aún respiramos y estamos vivos, entonces tenemos todas las probabilidades de enfrentar dificultades en nuestras relaciones. Necesitamos sabiduría divina para resolver nuestros conflictos pues, de lo contrario, se crea una dinámica de disfunciones emocionales que drenan nuestra vida de gozo y comunión con Dios si no sanamos y practicamos el perdón.

El perdón puede ser definido como una disposición a cargar con las faltas de los demás que nos causan irritación. El pasaje del encabezado enfoca este tema de una manera única, (Ef. 4:31-32). El texto está escrito en el modo imperativo, por lo que entendemos que Dios no nos está preguntando nuestra opinión ni nos da una recomendación, sino que nos ordena perdonar. Una de las maneras como honramos nuestra filiación con Cristo es imitando y obedeciendo Sus enseñanzas. Ahora nos manda a perdonar, un mandamiento bíblico que debemos obedecer, al igual que todas Sus ordenanzas.

La misericordia es uno de los atributos más llamativos de nuestro Dios. Cuando Moisés le pidió a Dios que le mostrara Su gloria, la respuesta fue que ningún hombre podía ver dicha gloria y vivir. Sin embargo, Dios decidió mostrarle un destello de ella:

> Y el SEÑOR respondió: «Yo haré pasar toda Mi bondad delante de ti, y proclamaré el nombre del SEÑOR delante de ti. Tendré misericordia del que tendré misericordia, y tendré compasión de quien tendré compasión». (Ex. 33:19)

Dios no le mostró a Moisés Su poder, sino Su misericordia. Por lo tanto, no estamos mostrando la naturaleza de Su carácter ni estamos exhibiendo la realidad de nuestra relación con Él cuando buscamos venganza, porque el trato fundamental de Dios con nosotros se basa en Su gracia, es decir, Su perdón inmerecido a través de Jesucristo.

La cruz fue necesaria debido a la realidad de nuestro pecado y la manifestación de la misericordia de Dios. Entonces, debemos recordar que Dios ha sido muy bueno con nosotros cada vez que meditemos en la cruz; nos ha tratado con gracia y misericordia. Por consiguiente, Él espera de nosotros que perdonemos como hemos sido perdonados.

LA IMPORTANCIA DEL PERDÓN

Necesitamos entender el pecado para poder entender el perdón. Una de las consecuencias del pecado es que crea una separación entre aquellos contra quienes pecamos. El pecado es pecado porque crea una distancia que puede ser espiritual, emocional y, en algunos casos, hasta física. El perdón resuelve ese problema de separación al obrar para remover la separación que justamente crea el pecado. Por ejemplo, si nosotros pecamos contra Dios, aun siendo Sus hijos, hay una separación emocional y espiritual que surge de inmediato. Isaías lo expresa de la siguiente manera:

> La mano del SEÑOR no se ha acortado para salvar; ni Su oído se ha endurecido para oír. Pero las iniquidades de ustedes han

hecho separación entre ustedes y su Dios, y los pecados le han hecho esconder Su rostro para no escucharlos. (Isa. 59:3)

No podemos decir que se trata de un movimiento de Dios cuando experimentamos esa distancia temporal, pues Dios no se mueve. Más bien, es el pecado lo que nos ha distanciado, y por eso decimos que el principal efecto del pecado es la separación. El perdón bíblico existe para remover esa separación que crea el pecado. Si yo peco contra mi esposa, contra mi hijo o amigo, ese pecado nos distancia, aunque sea por un momento. El único recurso bíblico que Dios ha provisto para volver a establecer la cercanía es el perdón en Jesús. Por lo tanto, sin la práctica del perdón, esa distancia permanece y aparecerán muchísimos problemas relacionales sin resolver. Estos problemas son como lagunas o espacios que existen en las relaciones y que obstaculizan cualquier intento de hacer más cercana e íntima esa relación.

El sacrificio de Jesús en la cruz ganó la reconciliación para nosotros con el Padre, y por Su sangre derramada hizo posible el perdón. Por lo tanto, una de las maneras de conservar nuestras relaciones —ya sean personales, familiares o matrimoniales— es aprender a perdonar. La caída provocó una separación entre Dios y la humanidad, pero, de igual manera, la redención ofrecida por el Señor abrió otra vez la ventana de reconciliación.

ELEMENTOS IMPORTANTES EN EL PROCESO DE PERDONAR

Un arrepentimiento que busca el perdón: Todo comienza, idealmente, cuando un ofensor reconoce que ha pecado y está arrepentido. Hay tres aspectos que se combinan en esta dinámica: confesión, dolor y cambio o transformación. La Biblia ilustra esta realidad:

Salmo 32:5: «Te manifesté mi pecado, y no encubrí mi iniquidad. Dije: "Confesaré mis transgresiones al SEÑOR"; y Tú perdonaste la culpa de mi pecado».

Daniel 9:5: Encontramos un modelo de un arrepentimiento bíblico: «Hemos pecado, hemos cometido iniquidad, hemos hecho lo malo, nos hemos rebelado y nos hemos apartado de Tus mandamientos y de Tus ordenanzas».

Proverbios 28:13: Un ejemplo de un arrepentimiento que promueve un cambio: «El que encubre sus pecados no prosperará, pero el que los confiesa y los abandona hallará misericordia».

Como lo vimos en el capítulo anterior, un verdadero arrepentimiento se evidencia cuando estoy dispuesto a declarar mi pecado sin excusas, cuando experimento un dolor sincero por lo que hice y, sobre todo, cuando tengo un deseo sincero de renunciar a esa conducta y procurar un cambio de actitud y de forma de vivir. Cuando aprendo a decir: «Perdóname», en vez de justificar lo que hago, el evangelio se practica, la cruz se honra y mi alma se sana.

Más adelante, consideraremos la necesidad de desarrollar una iniciativa de reconciliación y perdón, independientemente de la actitud del ofensor.

Una gracia que mueve a otorgar el perdón: Debemos aprender a pasar de oidores a hacedores de la Palabra cuando sabemos que Dios nos manda a perdonar. Hay tres aspectos que se combinan en esta dinámica: disposición, humildad y sabiduría. El apóstol nos exhorta: «soportándose unos a otros y perdonándose unos a otros, si alguien tiene queja contra otro. Como Cristo los perdonó, así también háganlo ustedes» (Col. 3:13). Las Escrituras nos exhortan a seguir el ejemplo de Cristo al recordar que todos hemos sido receptores del perdón de Dios de nuestros pecados: «Porque la paga del pecado es muerte, pero la dádiva de Dios es vida eterna en Cristo Jesús Señor nuestro» (Rom. 6:23).

Estamos desobedeciendo cuando nos negamos a otorgar el perdón. Es posible que justifiquemos nuestra falta de obediencia al usar categorías inadecuadas. Cada ofensa recibida puede ser una oportunidad más que un problema si la aprendemos a visualizar de forma correcta. Esta es una visión bíblica importante que nos ayudará a sensibilizar el corazón. En vez de lamentarnos y amargarnos con un sentido de venganza cada vez que nos ofenden, lo que debemos aprender es a ver una oportunidad de glorificar a Dios exaltando el perdón.

De hecho, el perdón tiene mucho más que ver con nuestra relación con Dios que con nuestra relación con el ofensor. Mi respuesta ante la ofensa revela más sobre mi comunión con Dios de lo que revela sobre mí el ofensor. Esto es posible solo con la ayuda del Espíritu Santo y en un disfrute verdadero de la gracia de Dios.

BENDICIONES DEL PERDÓN BÍBLICO

La principal razón por la cual Dios nos ordena perdonar es que hay muchas bendiciones asociadas a la obediencia de este mandamiento. No debemos esperar tener el deseo de perdonar para hacerlo, como tampoco esperamos que Dios envíe con anticipación Sus bendiciones antes de otorgar el perdón.

El perdón libra de la amargura: El perdón sella una resolución que deja atrás un pasado de dolor y amargura y nos lleva a un disfrute nuevo de gozo en Dios por medio de Jesús. El perdón y la amargura ocupan dimensiones del corazón mutuamente excluyentes. Se suele decir, hablando de la realidad de esta amargura del corazón, que la amargura es como beber un veneno y esperar que la otra persona muera.

Un ejemplo práctico en la Biblia que nos ayuda a entender el perdón es la forma en que José reacciona delante de sus hermanos que lo vendieron como esclavo. Ya hemos detallado las vicisitudes de José en Egipto, tanto con Potifar y su esposa, como con su período en la cárcel producto de una falsa acusación en su contra. Pero Dios no se olvidó de José, el cual llegó a ser nombrado un importante funcionario en Egipto y gozar del favor del faraón. José recibió a su familia en Egipto y les salvó la vida de la hambruna. Sin embargo, el momento cumbre de la historia es cuando José les extiende su misericordia a sus hermanos y los perdona. Esta declaración de José es preciosa: «Pero José les dijo: "No teman, ¿acaso estoy yo en lugar de Dios?"» (Gén. 50:19). Esta es una declaración muy profunda y confrontadora para todos nosotros.

¿De dónde obtuvo José la sanidad para no llenarse de amargura? La mayoría de nosotros no va a sufrir lo que José sufrió, pero a pesar de todo lo que tuvo que pasar producto del odio de sus hermanos, ¿cómo fue José capaz de otorgarle el perdón a esta gente que arruinó sus años más productivos? La respuesta de José es asombrosa: «Ustedes pensaron hacerme mal, pero Dios lo cambió en bien para que sucediera como vemos hoy, y se preservara la vida de mucha gente» (Gén. 50:20).

Esta historia fue dejada como testimonio para que podamos entender que el perdón siempre es costoso. El perdón conlleva renuncia, sacrificio y dolor. Nosotros no perdonamos porque lo merece el otro. El perdón, por definición, no puede ser por méritos del otro. Nadie merece nunca el perdón. La actitud de José lo preservó de convertirse en un hombre amargado y estancado.

EL PERDÓN AYUDA A SANAR EL CORAZÓN

Uno de los problemas que se generan ante una ofensa no es solamente creer que el ofensor debe pagar por lo que hizo, sino que también creemos que nuestra sanidad depende de lo que haga esa persona. Pero no funciona así. No hay nada que el ofensor pueda hacer que traiga sanidad final a nuestra alma. Si nuestra sanidad depende de lo que haga el ofensor, entonces, nuestro perdón no es una respuesta al perdón que hemos recibido de Cristo y, por lo tanto, no traerá una sanidad final a nuestras vidas. No hay nadie que pueda sanar el alma fuera del Señor. Noten cómo el salmista entendió estas verdades:

El SEÑOR edifica a Jerusalén; congrega a los dispersos de Israel. Sana a los quebrantados de corazón y venda sus heridas. (Sal. 147:2-3)

Yo no tengo que posponer la sanidad de mi alma hasta que el ofensor decida lo que hará o dejará de hacer. Puedo ir de inmediato al médico del alma, Dios mismo, para que el proceso de sanidad comience y así preparar mejor mi corazón para otorgar el perdón y evitar llenar de amargura mi corazón. ¡Dios es quien sana!

Cuando perdono, digo: «Yo tengo fe en Dios. Estoy perdonando porque sé que Dios me va a bendecir sanando mi dolor, al mismo tiempo que yo bendigo al ofensor descargando su culpa». En realidad, el perdón es un acto de fe, y cuando no lo hacemos, estamos reflejando, en esencia, nuestra incredulidad. Santiago nos dice: «Por tanto, confiésense sus pecados unos a otros, y oren unos por otros para que sean sanados. La oración eficaz del justo puede lograr mucho» (Sant. 5:16). El perdón bíblico es un componente que prepara el corazón para un proceso más completo de sanidad.

EL PERDÓN NOS ACERCA MÁS A DIOS

Nosotros debemos recordar que también hemos sido perdonados. No podemos olvidar de dónde venimos y de dónde nos sacó Dios. Recordar la cruz y sus beneficios es lo más importante en la vida de un creyente. La cruz es el símbolo máximo de exaltación de la bondad continua de Dios por nosotros. Esa cruz no solamente es la base de nuestra salvación en el pasado, sino que es, en esencia, la base también para nuestra santificación presente y futura.

Me impresiona mucho cómo Jesús resaltó la importancia del perdón a Sus discípulos. En el Sermón del Monte, Sus discípulos le pidieron que les enseñara a orar. Jesús enseñó el Padre Nuestro en respuesta a esa petición. No se trata de una oración para repetirla, sino que es un modelo de oración compuesta de seis peticiones. Las primeras tres peticiones son de exaltación de la gloria y el reconocimiento de quién es Dios. Las tres últimas peticiones están relacionadas con nuestras necesidades. La segunda parte de esa oración dice:

Danos hoy el pan nuestro de cada día. Y perdónanos nuestras deudas, como también nosotros hemos perdonado a nuestros deudores. Y no nos dejes caer en tentación, sino líbranos del mal. Porque Tuyo es el reino y el poder y la gloria para siempre. Amén. (Mat. 6:11-13)

Hay dos observaciones importantes. En primer lugar, esta oración es un modelo que se supone debe usarse de guía para una oración diaria que debería convertirse en hábito para todo cristiano. Este modelo muestra que Jesús les dijo a los discípulos que no dejaran de orar por el perdón de los pecados. Sabemos que pecamos continuamente y necesitamos la gracia de Dios cada segundo de nuestra vida, y por eso Jesús nos instruyó a no dejar de orar pidiendo perdón a Dios. Pero Jesús también incluyó una condición en esta petición, cuando dijo: «Y perdónanos nuestras deudas, como también nosotros hemos perdonado a nuestros deudores».

Una buena pregunta sería: ¿Por qué Jesús tuvo que añadir la frase: «como también nosotros hemos perdonado a nuestros deudores» en la quinta petición? ¿Por qué Jesús no dijo simplemente: «Señor, perdónanos nuestras deudas»? Esta es la única de todas las peticiones que Jesús explica de forma desafiante:

Porque si ustedes perdonan a los hombres sus transgresiones, también su Padre celestial les perdonará a ustedes. Pero si no perdonan a los hombres, tampoco su Padre les perdonará a ustedes sus transgresiones. (Mat. 6:14-15)

Es obvio que no se está hablando de ese perdón de salvación que ocurre una sola vez cuando uno viene de la perdición a la cruz. Este perdón ya fue otorgado cuando alguien está en Cristo y si ha recibido el don de la fe. Se trata de un perdón incondicional y está disponible a todo aquel que cree en Jesús. En cambio, Jesús se está refiriendo aquí a un grado de comunión con Dios, al disfrute de Su presencia y Sus promesas. Podríamos decir que estamos creando un problema en el cielo cuando negamos el perdón. Ese es el gran problema. La dificultad más grande no es que estoy ofendido con mi esposa, con el pastor, con mi hijo o con mi amigo. El problema es que Dios está probablemente reteniendo muchas bendiciones porque yo no he sido capaz de extender Su gracia horizontal a mi prójimo.

Una manera correcta de aplicar las palabras de esta oración a nuestras vidas es entendiendo la dinámica del perdón. Le decimos a Dios cada día: «Señor perdona mi pecado», pero también tenemos que recordar esto: «Mi expectativa de tu perdón es directamente proporcional a la manera en que yo perdono a otros». Mi convicción (Luis) como pastor es que mucha de la debilidad en la fe, mucha de la falta de gozo en la vida cristiana, mucha de la deficiencia de gratitud se debe a que, cuando negamos el perdón, el cielo se cierra a algunas de esas bendiciones. Esta es una enseñanza bíblica contundente que Jesús dejo para motivarnos a perdonar.

El problema actual es que vivimos priorizando y sujetándonos a las emociones y muchas veces nos manejamos por lo que deseamos y pensamos. Pero la pregunta nunca debe estar relacionada a lo que nosotros pensemos, sino que deberíamos preguntarnos: ¿Qué piensa Dios? Por eso debemos cultivar una manera más bíblica de pensar y vivir.

LA BASE DEL PERDÓN BÍBLICO

El perdón ya otorgado por Dios. Si conocemos al Señor, hemos entregado nuestra vida a Él y hemos nacido de nuevo, entonces ya recibimos Su perdón. Una de las cosas que ayudan a que otorguemos el perdón es recordar que también Dios nos perdonó en Cristo, y nuestra deuda es incomparable con la deuda que otro ser humano pudiera tener conmigo. No importa la ofensa que nos puedan causar en este mundo, jamás se comparará a lo que nosotros hicimos contra Dios. El perdón horizontal que nosotros otorgamos a nuestro prójimo estará íntimamente relacionado con el perdón vertical que Dios nos otorgó en Cristo. El apóstol Pablo lo expresa con estas palabras: «perdonándose unos a otros, así como también Dios los perdonó en Cristo» (Ef. 4:32). También le dijo a la iglesia de Colosas:

Entonces, ustedes como escogidos de Dios, santos y amados, revístanse de tierna compasión, bondad, humildad, mansedumbre y paciencia; soportándose unos a otros y perdonándose unos a otros, si alguien tiene queja contra otro. Como Cristo los perdonó, así también háganlo ustedes. (Col. 3:12-13)

Si no somos capaces de perdonar a otros, eso habla de una deficiencia en nuestro entendimiento del perdón de Dios, porque no podemos dar lo que no tenemos. El perdón se facilita cuando yo mantengo fresco en mi recuerdo lo que Dios hizo por mí en la cruz de Cristo.

El alcance del perdón de Cristo. Cuando Jesús fue a la cruz, cumplió con todas las demandas de la justicia divina. El pagó por todos los pecados, incluido el pecado que se ha cometido en contra nuestra. No podemos cobrar dos veces porque ya Jesús hizo provisión para esa ofensa que nos han ocasionado. Por lo tanto, yo necesito entender que cualquier ofensa que reciba entra dentro de un expediente donde ya Jesús hizo un pago completo y, por lo tanto, no debo enviar otra vez la factura a esa persona. Yo perdono porque ya Jesús hizo provisión para cubrir esa ofensa.

Y cuando ustedes estaban muertos en sus delitos y en la incircuncisión de su carne, Dios les dio vida juntamente con Cristo, habiéndonos perdonado todos los delitos, habiendo cancelado el documento de deuda que consistía en decretos contra nosotros y que nos era adverso, y lo ha quitado de en medio, clavándolo en la cruz. (Col. 2:13-14)

El pecado es primeramente contra Dios. También debemos recordar que cuando alguien nos ofende, no soy la persona más ofendida, sino que Dios es el más ofendido. Ayuda mucho imaginar al Dios santo en la situación. Aunque seamos quienes estamos en la primera línea del combate y sufrimos la ofensa directa, en realidad, el más ofendido es Dios. El salmista describe esta realidad con estas palabras: «Contra Ti, contra Ti solo he pecado, y he hecho lo malo delante de Tus ojos, de manera que eres justo cuando hablas, y sin reproche cuando juzgas» (Sal. 51:4). Observar cómo Dios trata la situación debe ser la guía para nosotros. Dios manejará el caso conforme a Su sabiduría y Su justicia. Las Escrituras están saturadas de ejemplos de cómo Dios ejerce Su misericordia, y nuestra propia vida es el ejemplo más relevante.

El asombro más grande que debemos tener es que Dios nos haya perdonado. A pesar de lo que Dios sabía y de lo que sabe que somos capaces de hacer, nos perdona. El asombro ante el perdón que Dios nos concede debe ser lo que nos motive y nos movilice en el corazón para hacer más pronta y efectiva nuestra respuesta de gracia y ofrecimiento de perdón a quienes nos ofenden.

Es importante también que contestemos esta pregunta con mucha sinceridad: ¿Soy una persona con facilidad para perdonar o soy tan conflictivo que casi se requiere llegar a la Corte Suprema de justicia para que se pueda resolver un conflicto o problema conmigo? Mientras más cerca estemos de Dios, más misericordia de Dios debemos reflejar en nuestras vidas. Perdonar es un signo poderoso de la presencia de Dios.

Una de las cosas que Dios exhibe en la cruz es cuánto ama la reconciliación. Dios envió a Su Hijo inocente a este mundo y lo clavó en una cruz para hacer posible la reconciliación más grande del universo: «Dios estaba en Cristo reconciliando al mundo con Él mismo, no tomando en cuenta a los hombres sus transgresiones, y nos ha encomendado a nosotros la palabra de la reconciliación» (2 Cor. 5:19). No se trata de un evento histórico de un solo caso aislado, sino que es el sentir de Dios en cada momento.

Es importante hablar de la iniciativa en la reconciliación. Dios insiste en Su Palabra que es un Dios que ha tomado iniciativa para reconciliarse con nosotros. Por eso espera lo mismo de nuestra parte. En el Sermón del Monte, encontramos enseñanzas esenciales para el discipulado donde se enfatiza la iniciativa del perdón:

Por tanto, si estás presentando tu ofrenda en el altar, y allí te acuerdas que tu hermano tiene algo contra ti, deja tu ofrenda allí delante del altar, y ve, reconcíliate primero con tu hermano, y entonces ven y presenta tu ofrenda. (Mat. 5:23-24)

Este pasaje muestra que hay varios elementos relacionados con esa actitud de reconciliación. El texto habla de estar en medio de un tiempo de adoración, «presentando tu ofrenda». No hay momento más espiritual que cuando estamos adorando y alabando a Dios. Es indudable que Dios se goza en medio de la alabanza de Su pueblo. Pero Dios nos dice que, si en ese mismo momento, viene a nuestra mente que alguien tiene algo contra nosotros, la respuesta debe ser una pronta solución del conflicto.

Pero el texto nos desafía un poco más y nos lleva un escalón más alto porque dice: «si tu hermano tiene algo contra ti». La diferencia es impresionante, porque el texto no dice: «si tú tienes algo contra el hermano». Hay personas que dicen: «Pues claro, yo no tengo problemas con esa persona. Dígale que venga a hablar conmigo porque fue esa persona la que generó el conflicto. Yo tengo la mejor disposición y estoy esperando que la persona venga». El problema es que el Señor no nos dice que esperemos, sino que seamos proactivos y tomemos la iniciativa. Necesitamos entender que la reconciliación precede a la adoración. Dios primero nos perdona para que lo adoremos. Hay algo que se quiebra en nuestra relación con Dios cuando hay un *impasse* en la relación con nuestro prójimo.

A veces tenemos dificultades y problemas porque estamos intentando adorar a Dios mientras tenemos asuntos no resueltos en el corazón. Eso podría considerarse como una ofrenda «mala» que, en el mejor de los casos, es una ofrenda incompleta delante de Dios.

LOS OBSTÁCULOS HACIA EL PERDÓN BÍBLICO

El perdón bíblico no está basado en méritos humanos. A nosotros se nos ha mandado a amar a los enemigos, pero por causa de un mal entendimiento de la justicia, a veces respondemos de forma pecaminosa: «No puedo perdonar porque esa persona no se lo merece». Esa respuesta nos demuestra que estamos basando el perdón en méritos, lo cual es contrario a lo que dice la Biblia. Nosotros no amamos ni perdonamos a nadie porque se lo merezca, sino que perdonamos porque Dios nos perdonó y nos ordenó perdonar. De hecho, a la luz de las Escrituras, nadie es merecedor de Su perdón.

Una interpretación bíblica correcta nos lleva a concluir que el perdón existe porque los méritos no existen. Si vamos a perdonar porque el otro lo merece, entonces no es perdón. Entre los elementos esenciales para que el perdón exista, está la falta de méritos. No podemos justificar nuestra falta de perdón porque el otro lo merezca. La esencia de la naturaleza del perdón radica en que no se requiere de méritos para brindarlo. Somos perdonados por Dios, por Su amor, por Su misericordia que ha sido derramada sobre nosotros y no porque lo merezcamos. De la misma manera que recibimos el perdón de parte de Dios, nosotros lo extendemos a otros.

EL ORGULLO, UN OBSTÁCULO PARA EXTENDER Y OTORGAR EL PERDÓN

Dios desea que pongamos en práctica el carácter de Cristo que está formando en nosotros. Cuando dejamos de perdonar, es como afirmar que somos superiores a Dios y que la ofensa cometida contra nosotros es mayor que mi ofensa contra Dios.

Esta verdad es ilustrada por Jesús en la parábola de los dos deudores (Mat. 18:23-35). Había una persona que tenía una deuda tan grande con el rey que lo único que podía hacer era humillarse. Se humilló, el rey se compadeció y le perdonó la deuda. Pero luego de salir perdonado de su deuda, se encontró con otro que le debía. La deuda era insignificante en comparación con la que le acababan de perdonar. Pero él fue duro de corazón y se negó a ejercer igual misericordia con su deudor. El Señor Jesucristo condenó abiertamente esa actitud, y estoy seguro de que cualquiera que lea esa parábola hoy experimentará una gran indignación. ¿Cómo es posible que un individuo al que le acaban de perdonar una deuda tan grande, y aun estando tan fresca la gratitud por la misericordia recibida, no sea capaz de hacer lo mismo? La respuesta instructiva de Jesús en la parábola no pudo ser más desafiante:

Así también Mi Padre celestial hará con ustedes, si no perdonan de corazón a cada uno a su hermano. (Mat. 18:35)

Este siervo ingrato e indolente fue enviado a la cárcel, porque el rey se indignó al ver la dureza de su corazón. La enseñanza de esta parábola es muy clara: Debemos ejercer con humildad la gracia del perdón hacia otros con la misma actitud con que Dios lo ha hecho con nosotros. Una forma de buscar la actitud correcta es responder a la pregunta: «¿Qué tanto Dios me ha perdonado?». Creemos que muchas veces somos simples en recordar la magnitud del perdón que hemos recibido de Dios. Nosotros vivíamos de espaldas al Dios santo, violando Sus preceptos y aun ahora pecamos contra Él a pesar de conocer mejor Su Palabra. Pecamos voluntariamente con conocimiento, y Dios continúa listo para perdonarnos en Jesús.

Podemos plantearnos otra pregunta de evaluación personal: «¿Por qué somos tan lentos para perdonar a otros?». La razón es nuestro orgullo que no nos permite dimensionar y entender la magnitud del perdón que hemos recibido en comparación con la ofensa que se ha cometido contra nosotros. El Señor insistió en que la actitud de perdonar debe ser continua y que debemos mantener esa disposición a pesar de la cantidad de veces que sea necesario repetirla.

El ejemplo de Pedro es muy clarificador (Mat. 18:21-22). Él le hace al Señor una de las preguntas teológicas más básicas que pudiera uno hacer: «Señor, ¿cuántas veces pecará mi hermano contra mí que yo haya de perdonarlo?». Es una excelente pregunta que en algún momento todos nos hemos hecho. El problema con Pedro es que tenía deficiencias teológicas en cuanto su entendimiento de la misericordia y la gracia de Dios. Pedro hizo una pequeña pregunta adicional: «¿Hasta siete veces?». Hizo esta propuesta para intentar lucir lo más espiritual posible.

La respuesta de Jesús es impresionante. El Señor siempre aprovechaba las oportunidades para enseñar a Sus discípulos y aplicar principios contundentes e importantes. Le respondió: «No te digo hasta siete veces, sino hasta setenta veces siete». Muchos siguen haciendo los cálculos: 70 x 7 = 490. Una esposa le dijo a su esposo en una consejería: «Llevas pecando 400 veces contra mí. ¡Te quedan 90!». En realidad, lo que Jesús le dijo a Pedro fue algo como esto: «¡Olvídate del contador!». Si vemos el perdón como una oportunidad, Dios provee la suficiente gracia en Jesucristo para que podamos estar dispuestos a perdonar aun las mismas ofensas, aun por las mismas causas. La gran enseñanza es que no hay razón para retener el perdón.

LA AMARGURA, OTRO OBSTÁCULO PARA PERDONAR

La amargura podría entenderse como una perspectiva enojada y hostil de la vida que se expresa en resentimientos y explosiones de enojo hacia otros. La amargura que no se erradica se acumula en nuestro corazón y crece y produce frutos de pecado que estorban nuestra vida y nos contaminan a nosotros y a los que nos rodean.

Una persona está reflejando su amargura cuando dice que ha perdonado, pero continúa trayendo a colación lo que la otra persona le hizo en el pasado. Algo que no debemos olvidar es que el más beneficiado en el proceso del perdón es quien lo otorga, no quien lo recibe, porque el perdón es la prescripción divina para librarnos de la amargura. En ese sentido, cuando le digo «sí» al perdón, simultáneamente le digo «no» a la amargura. Por el contrario, si dejo que la amargura tome el lugar en mi corazón, entonces le estaré dando oportunidad de desarrollar un cáncer en mi corazón que aniquila mi posibilidad de disfrutar el gozo de mi salvación.

Identifiquemos los síntomas que muestran que estamos bajo los efectos de la amargura.

a. Repasamos con frecuencia en nuestra mente el incidente. Es un signo inequívoco de que la sanidad está incompleta.

b. Pensamos en esa persona y la asociamos con sentimientos de enojo. Si alguien me ha ofendido y yo le he dicho que la perdono, pero si me enojo cada vez que escucho su nombre o pienso en ella, se trata de un signo evidente de que la amargura habita en mi corazón.

c. Evitamos pensar en esa persona y todo lo que esté relacionado con la ofensa. Esta tendencia a evitar al ofensor indica que todavía hay algo en mi corazón que no está resuelto.

d. Alimentamos un sentimiento de venganza. La amargura es contraria al amor porque alimenta en secreto y sutilmente el deseo de que esa persona pague de alguna manera por lo que hizo. Ningún creyente delante de Dios puede desear nada malo a alguien. Dios es el juez, Dios es el que decide lo que hará con esa persona.

e. Hablamos mucho de ese evento. Una persona llena de amargura comentará con frecuencia esa situación y de forma negativa. Las conversaciones girarán comúnmente alrededor de esto o terminarán en ese evento. Puedo estar hablando con cualquier persona y, de alguna manera, terminaré hablando de la ofensa.

Las ofensas tienden a causar una pérdida de confianza proporcional a la gravedad de la ofensa. Lleva tiempo recobrar esa confianza. Por eso es saludable entender la diferencia entre el perdón otorgado más allá de la actitud del ofensor y la confianza que se tendrá que recuperar con el tiempo. Ofrecer el perdón es un deber que debemos entregar de inmediato, pero recuperar la confianza es un proceso a través del cual la conducta del ofensor hará que el ofendido pierda el temor de ser ofendido una vez más. La recuperación de la confianza permitirá entrar nuevamente en la relación tal como era antes de la ofensa.

Por ejemplo, el perdón es mandatorio cuando en un matrimonio uno peca contra el otro y viola el pacto de fidelidad, pero recuperar la confianza tomará tiempo. Si una persona tiene problemas con el uso del dinero y hace una transacción inadecuada que nos causa un problema, el perdón debe ser practicado, pero no sería sabio permitir que esa persona siga a cargo del manejo de dinero. La persona que cometió la falta puede y debe ser perdonada, pero necesitará rendir cuentas antes de que se le pueda tener confianza en términos financieros. Estamos hablando de un proceso que promueva de formas prácticas la restauración de la confianza. Aunque el perdón se otorgue en cualquier tipo de pecado, la sabiduría y la prudencia demandan que se genere un proceso progresivo —corto o largo— para restaurar la confianza.

Por otro lado, la persona ofendida necesita aprender o recordar que la amargura entristece al Espíritu Santo. Estoy obstaculizando la obra del Espíritu Santo en mi vida cuando prefiero alimentar el odio y el enojo en vez cultivar el amor, y si en lugar de cultivar la reconciliación, busco la separación. Esto afecta el gozo de mi salvación. Este tema del perdón nos enseña que necesitamos cultivar una mayor dependencia y llenura del Espíritu Santo. Algunas de nuestras disfunciones revelan que estamos muy lejos de la influencia del Espíritu.

Desde el punto de vista bíblico, un verdadero creyente no puede perder la salvación, pero muy a menudo sí pierde el gozo de su salvación. Decimos que somos hijos del Rey de reyes, pero vivimos como indigentes espirituales. La amargura es una de las enfermedades espirituales que debemos erradicar de nuestra vida, y para eso, debemos tener un mayor aprecio por la disciplina del perdón.

MOTIVACIONES Y ESTÍMULOS PARA CULTIVAR LA GRACIA DEL PERDÓN

Concluiremos este capítulo con algunas exhortaciones que nos puedan motivar a procurar y practicar más intencionalmente la gracia del perdón.

Entender la necesidad de imitar y practicar el amor de Dios. Cada ofensa recibida crea una oportunidad para glorificar a Dios. Si nuestro más alto deber se resume en glorificar a Dios en todo lo que hacemos, entonces aun esa ofensa recibida nos ofrece una excelente oportunidad para practicar ese llamado e imitar a Jesucristo en nuestra vida. Necesitamos aprender a amar como Dios ama.

Estamos hablando de algo que no es natural, sino que es fruto del Espíritu. Muchas veces el problema no es que la ofensa sea muy grande, sino que mi amor es muy pequeño. La Biblia dice que el amor cubrirá multitud de faltas y pecados (1 Ped. 4:8). El conflicto puede ser visto como una excelente oportunidad para crecer en amor y así evidenciar el fruto del Espíritu Santo en mi vida.

El amor es la primera manifestación del fruto del Espíritu, y ese tipo de amor conlleva siempre sacrificio. En el texto más conocido de la Biblia, encontramos ese ejemplo de amor sacrificial: «Porque de tal manera amó Dios al mundo, que dio a Su Hijo unigénito, para que todo aquel que cree en Él, no se pierda, sino que tenga vida eterna» (Juan 3:16). Dios mismo manifestó Su amor más profundo a través de un valioso sacrificio.

Debemos orar para que Dios nos conceda ese corazón. Dios nos ordena que oremos e incentiva las oraciones de Sus hijos. El Dios de los cielos y de la tierra nos dice: «Pidan , y se les dará» (Mateo 7:7a). Necesitamos aprender a orar más conforme con la voluntad de Dios si queremos vidas más poderosas. Debemos orar con palabras como estas:

«Señor dame más de tu gracia en mi vida y ayúdame a imitarte. Ayúdame a desarrollar un espíritu de misericordia y perdón».

El profeta Miqueas describió así su visión de Dios: «¿Qué Dios hay como Tú, que perdona la iniquidad, y pasa por alto la rebeldía del remanente de su heredad? No persistirá en Su ira para siempre, porque se complace en la misericordia» (Miq. 7:18).

Debemos practicar iniciativas de reconciliación. Dios tomó la iniciativa para resolver el problema más serio que existía: Su ira sobre el pecador. Esa iniciativa redentora de Dios es una gran fuente de motivación para no retrasar el perdón. Cuando intencionalmente dilatamos este proceso en vez de resolverlo, no estamos honrando a Dios conforme a Su bondad y sacrificio a nuestro favor. Honramos a Dios cuando seguimos Su ejemplo y nos movemos rápidamente a un proceso de restauración.

Aunque no estaba hablando del perdón, el apóstol Pablo explicó a los filipenses cómo él procuró dejar atrás aquello que pertenecía al pasado para moverse en dirección del reino de los cielos. Estas fueron sus palabras:

Hermanos, yo mismo no considero haberlo ya alcanzado. Pero una cosa hago: olvidando lo que queda atrás y extendiéndome a lo que está delante, prosigo hacia la meta para obtener el premio del supremo llamamiento de Dios en Cristo Jesús. (Fil. 3:13-14)

La vida del creyente siempre está en movimiento y debemos seguir siempre hacia delante. Debemos tomar la resolución de no quedarnos estancados en el pasado. No debemos frustrar el gozo presente por algún evento triste del pasado. El Señor nos ayudará a despojarnos de la ira, el resentimiento y la amargura que impiden que otorguemos el perdón. No debemos enfocarnos en cómo odiar más, sino en cómo amar más conforme al amor que Dios ha derramado por gracia en nosotros. Amar y orar por nuestros enemigos inclina más nuestro corazón al perdón. Como vimos, José no se estancó en su amargura ni gastó sus energías en un pasado que no podía cambiar. En cambio, se enfocó en la misericordia y la soberanía de Dios sobre su vida y avanzó hacia un disfrute más íntimo del Señor. Esa fue la clave que le permitió perdonar a sus hermanos.

Estas verdades bíblicas nos humillan y nos motivan. El perdón no solo es difícil o complicado en nuestras fuerzas, sino que es imposible. Perdonar es humanamente imposible. Solo es posible por la gracia que imparte el Espíritu Santo en nuestro corazón. Perdonar es una manera evidente de expresar que dependemos por completo de Dios.

Finalmente, la clave para identificar la bendición en la dinámica del perdón es visualizar que Dios está inmerso en la tarea de conformarnos cada día más a la imagen de Jesús. Una parte esencial de ese proceso de santificación progresiva es que podamos crecer en amor mediante la práctica de recibir y otorgar el perdón. Recordemos una vez más las palabras del Maestro:

Y perdónanos nuestras deudas, como también nosotros hemos perdonado a nuestros deudores. (Mat. 6:12)

Dios nos perdona continuamente y así debemos hacer nosotros con los demás.

7

Tu preocupación y tu libertad son incompatibles

Por nada estén afanosos; antes bien, en todo,
mediante oración y súplica con acción de gracias,
sean dadas a conocer sus peticiones delante de Dios.
Y la paz de Dios, que sobrepasa todo entendimiento,
guardará sus corazones y sus mentes en Cristo Jesús.
(Fil. 4:6-7)

No recordamos cuándo fue la última vez que pasó un día sin que nos hayamos encontrado con alguien que nos dijera que estaba preocupado por alguna razón. Es posible que la preocupación sea la experiencia emocional más común en todos los individuos. Las estadísticas evidencian esta realidad. Los índices de depresión, ansiedad, consumo de tranquilizantes, drogas ilícitas, alcohol e incluso suicidios son alarmantes en la actualidad. Además, el avance tecnológico no necesariamente ha llevado a bajar estos índices. Las siguientes estadísticas proviene de *Our World in Data:*[47]

- El consumo de drogas es directa e indirectamente responsable de 11,8 millones de muertes cada año.
- El consumo de tabaco, alcohol y drogas es un factor de riesgo importante de muerte prematura: 11,4 millones mueren prematuramente como resultado cada año.

---

[47] https://ourworldindata.org/drug-use, consultado el 16 de agosto de 2022.

- Más de 350 000 personas mueren por sobredosis (trastornos por consumo de alcohol y drogas ilícitas) cada año.
- Los trastornos por uso de estupefacientes son mucho más comunes en los hombres.
- Más de la mitad de los que mueren por sobredosis de alcohol o drogas son menores de 50 años.
- El 1,5 % de la carga mundial de morbilidad se debe a la adicción al alcohol y las drogas ilícitas; en algunos países supera el 5 %.

No hay duda de que nuestro mundo es más complejo, las familias están cada vez menos estructuradas, más divididas y sus miembros más distantes como para brindarse apoyo mutuamente.

El deterioro emocional es también una consecuencia del deterioro moral de los países y, a su vez, es una consecuencia de lo lejos que están estas naciones del Dios que las formó. Nuestro nivel de preocupación hoy día va en aumento y está directamente relacionado con nuestra lejanía de Dios.

Es obvio que algunas personas viven mucho más preocupadas que otras. Esto podría deberse a que ciertas personalidades son más inclinadas a la preocupación. En otros casos, el grado de preocupación está relacionado con el grado de confianza en Dios que las personas han logrado desarrollar. También la preocupación está relacionada con la capacidad de responder emocional y económicamente a los desafíos que presenta esta generación. Personas que no tienen ningún apoyo emocional —de un cónyuge, la familia o la iglesia— se van a preocupar más que los demás. Asimismo, las personas que no tienen reservas para responder ante las amenazas son más vulnerables a la preocupación.

Ahora, después de dos años[48] de la pandemia causada por el COVID-19, nos encontramos con una población mucho más preocupada debido a todas las disfunciones que trajo consigo la pandemia y porque, aun hoy, el futuro de la sociedad parece ser más imprevisible.

---

[48] Año 2022.

Como dijimos al principio, vivimos en tiempos en los que todo el mundo parece vivir preocupado:

- Algunos se preocupan porque están preocupados y no pueden enfocarse.
- Puede sonar paradójico, pero otros se preocupan porque no están preocupados.
- Muchos se preocupan por lo que no debería preocuparles.
- Otros no se preocupan por lo que sí debería causarles preocupación.

Definición de la preocupación

Diferentes personas y profesionales definen la preocupación de manera distinta. El Centro para el Control y la Prevención de Enfermedades (CDC) de Estados Unidos define la preocupación como «una emoción frecuente que surge cuando sentimos dudas sobre el futuro».[49] Melanie Greenberg, psicóloga clínica de Mill Valley, California, y autora del libro *The Stress-Proof Brain* (El cerebro a prueba de estrés, 2017), escribió: «La preocupación suele consistir en pensamientos repetitivos y obsesivos». La preocupación puede ser causada por algo tan sencillo como llegar tarde a una actividad importante o por algo tan cotidiano como derramar leche sobre una alfombra costosa en alguna casa ajena.

La ansiedad y los ataques de pánico se diferencian de la preocupación general que experimenta la mayoría de las personas en el día a día. El DSM-5 (Manual Diagnóstico y Estadístico de los Trastornos Mentales)[50] define el trastorno de ansiedad con las siguientes características:[51]

---

[49] https://www.cdc.gov/howrightnow/espanol/emocion/preocupacion/index.html

[50] DSM-5 es la clasificación estándar de los trastornos mentales utilizada por los profesionales de la salud mental en los Estados Unidos.

[51] http://images.pearsonclinical.com/images/assets/basc-3/basc3resources/DSM5_Diagnostic Criteria_GeneralizedAnxietyDisorder.pdf

a. Preocupación excesiva que ocurre la mayoría de los días durante al menos seis meses sobre una serie de eventos o actividades (como el desempeño laboral o escolar).

b. A la persona le resulta difícil controlar la preocupación.

c. La ansiedad y la preocupación están asociadas con tres (o más) de los siguientes seis síntomas (y algunos síntomas han estado presentes durante más días de los que han estado ausentes en los últimos seis meses):

1. Inquietud, sensación de nerviosismo o nerviosismo.
2. Cansancio fácil.
3. Dificultad para concentrarse o la mente se queda en blanco.
4. Irritabilidad.
5. Tensión muscular.
6. Alteración del sueño (dificultad para conciliar el sueño o permanecer dormido, o sueño inquieto e insatisfactorio).

En este capítulo, nos estaremos refiriendo a la preocupación cotidiana que experimenta la mayoría de los individuos, y no necesariamente a un trastorno de ansiedad con las características que acabamos de mencionar.

La palabra «preocupación» en el griego del Nuevo Testamento es *merimnao* que significa estar ansioso, distraído o tener una mente distraída. Este vocablo representa una palabra compuesta formada por las palabras *merizo* (dividir) y *nous* (mente).

Si pensamos en una mente dividida, esta representación puede darnos una idea de cómo se entiende la preocupación en nuestra vida. Por ejemplo, muchos pueden preocuparse porque no saben qué decisión tomar, y eso «divide» sus mentes. A algunos les puede preocupar la posibilidad de padecer una enfermedad en particular, y eso también «divide» la mente, porque tienen que pensar en las decisiones que deben tomar en el presente y, al mismo tiempo, están pensando en la posibilidad de estar enfermos y quizás imaginan que la enfermedad es grave. En estos casos, lo que divide la mente es una amenaza percibida.

Otras veces, la amenaza está relacionada con un familiar cercano o un amigo muy querido. En otras ocasiones, la amenaza es a nuestras finanzas o nuestro hogar, por lo que nuestra seguridad física está en juego. En otras palabras, la preocupación es un estado de inquietud interna que ocurre como resultado de vacilar respecto a un curso de acción o algún tipo de amenaza percibida relacionada con uno mismo o con los seres queridos. Cuando estamos preocupados, nuestra mente está dividida entre el problema en sí, la carga emocional que llevamos y las responsabilidades del día a día. En consecuencia, nuestra capacidad para discernir y decidir se ve afectada. La realidad es que la vida es más grande que nosotros; solo Dios es más grande que la vida.

POSIBLES EFECTOS FÍSICOS SECUNDARIOS PRODUCTO DE LA PREOCUPACIÓN Y LA ANSIEDAD

El ser humano fue diseñado de tal manera que forma un todo integrado y, por lo tanto, aquellas cosas que lo afectan emocionalmente tienen un efecto sobre su cuerpo. Entre los síntomas reportados por personas ansiosas se encuentran:

Dificultad para tragar	Mareos	Boca seca	Taquicardias	Fatiga
Dolor de cabeza	Incapacidad para concentrarse	Irritabilidad		
Dolores musculares	Tensión muscular	Náuseas	Sudoración	
Respiración rápida	Dificultad para respirar	Temblores		

Como hemos podido observar en la práctica, la preocupación puede empeorar, convirtiéndose en un trastorno de ansiedad con mayores consecuencias.

Un análisis de la preocupación

La preocupación es futurista y es desobediencia. Jesús enseñó grandes verdades en el Sermón del Monte. Una de Sus enseñanzas tenía que ver con aprender a no preocuparnos:

> A Sus discípulos Jesús les dijo: «Por eso les digo que no se preocupen por su vida, qué comerán; ni por su cuerpo, qué vestirán. Porque la vida es más que el alimento, y el cuerpo más que la ropa. Consideren los cuervos, que ni siembran ni siegan; no tienen bodega ni granero, y sin embargo, Dios los alimenta. ¡Cuánto más valen ustedes que las aves! ¿Quién de ustedes, por ansioso que esté, puede añadir una hora al curso de su vida? Si ustedes, pues, no pueden hacer algo tan pequeño, ¿por qué se preocupan por lo demás?». (Luc. 12:22-26)

Al leer el Sermón del Monte completo en ambas versiones (Mateo y Lucas), nos percatamos de que la razón para no preocuparnos es la relación padre-hijo que tenemos con el Padre celestial. Jesús estaba enseñando a Sus discípulos que el Padre gobierna el futuro y, en Su providencia, ha pensado en nuestras necesidades para cuando llegue ese tiempo. El texto de Mateo que acabamos de citar aparece en modo imperativo, es decir, se trata de un mandato divino. Esto nos permite ver que lo que Jesús dejó plasmado como enseñanza para nosotros es que estamos desobedeciendo cuando nos preocupamos. Si no controlamos el futuro y no podemos hacer hoy lo que tendríamos que hacer en el futuro, entonces ¿por qué preocuparnos hoy por el día de mañana? Recuerda que vivimos sujetos al tiempo y al espacio. Ni siquiera sabemos si mañana amaneceremos con vida.

La preocupación es especulativa y pecaminosa. En una de las muchas parábolas de Jesús, el Maestro habla de un hombre rico que tenía muchos graneros, pero deseaba construir otros más grandes para asegurar su futuro. Veremos cómo la enseñanza de Jesús demuestra que la preocupación es especulativa y pecaminosa porque desplaza a Dios como nuestro centro de confianza y nos lleva a confiar en nosotros mismos:

Entonces dijo: «Esto haré: derribaré mis graneros y edificaré otros más grandes, y allí almacenaré todo mi grano y mis bienes. Y diré a mi alma: alma, tienes muchos bienes depositados para muchos años; descansa, come, bebe, diviértete». Pero Dios le dijo: «¡Necio! Esta misma noche te reclaman el alma; y ahora, ¿para quién será lo que has provisto?». Así es el que acumula tesoro para sí, y no es rico para con Dios. (Luc. 12:18-21)

Queremos «asegurar» nuestro futuro material cuando ni siquiera podemos garantizar el mañana para nuestras vidas. Más aún, considera que este hombre decidió confiar en sus graneros en lugar de confiar en Dios.

La preocupación desplaza la confianza en el poder suficiente de Cristo frente a la insuficiencia humana y disminuye nuestro testimonio, ya que Cristo nos capacitó para disfrutar de una paz que el mundo no puede darnos. Por eso Jesús dijo: «La paz les dejo, Mi paz les doy; no se la doy a ustedes como el mundo la da. No se turbe su corazón ni tenga miedo» (Juan 14:27). La persona que pronunció esas palabras es la misma que dijo: «Toda autoridad me ha sido dada en el cielo y en la tierra» (Mat. 28:18). Jesús afirmó que toda la creación ha quedado bajo Su señorío y control absoluto y, por lo tanto, no habrá enfermedades, calamidades, guerras o cualquier otra cosa que deba preocuparnos porque todo está sujeto a Su autoridad total.

Cuando nuestra confianza es puesta en cualquier otra cosa que no sean las promesas y la provisión de Dios para nuestra vida, la preocupación desviará nuestro corazón del Señor. Nuestra confianza suprema está en el Señor. No debemos olvidar las palabras de Jeremías: «Así dice el Señor: "Maldito el hombre que en el hombre confía, y hace de la carne su fortaleza, y del Señor se aparta su corazón"» (Jer. 17:5).

La preocupación es destructiva y olvidadiza. Damos evidencia de que hemos olvidado las múltiples promesas de Dios cuando nos preocupamos por el futuro. Esa preocupación hace que vivamos como si Dios no nos hubiera hablado del mañana ni tampoco de que Él, como buen Padre celestial, siempre cuidará de los suyos. Observa cómo el autor de Proverbios habla del efecto de la preocupación: «La ansiedad en el corazón del hombre lo deprime, pero la buena palabra lo alegra» (Prov. 12:25). La preocupación destruye nuestro entusiasmo, nuestra paz interior y aun nuestra inspiración.

CAUSAS COMUNES DE PREOCUPACIÓN

Son múltiples las razones que llevan a las personas a la preocupación. Aunque al final podríamos terminar diciendo que la preocupación es simplemente falta de fe, lo cierto es que hay causas humanas que preocupan a ciertas personas en determinadas circunstancias que no son motivo de preocupación para otras. Un padre con un hijo de ocho años que padece de leucemia podría pasar toda una noche preocupado porque su hijo tiene fiebre alta y luce muy enfermo. Las mujeres que han tenido un padre verbal o físicamente abusivo pueden preocuparse —incluso en grado extremo— durante el noviazgo al pensar que su futuro esposo podría comportarse de la misma manera. Lo mismo puede ocurrir con alguien que ha sido abusado sexualmente.

Esas y muchas otras experiencias llevan a las personas a preocuparse y por eso requieren de nuestra comprensión y empatía. Decirle a alguien con historias similares que su preocupación es simplemente falta de fe es reduccionista e insensible. Por supuesto que estas personas necesitan tener fe en la providencia de Dios, pero alguien necesita caminar con ellas ese trecho doloroso que les causa tanta preocupación.

También hay personas que fueron altamente criticadas durante su infancia y adolescencia. Esas personas tienden a crecer con grandes inseguridades que terminan con sentimientos de preocupación constantes. Las personas que han crecido con estas inseguridades suelen terminar siendo muy controladoras y perfeccionistas, porque el control es la única forma de sentirse «seguras». Su sanidad vendrá cuando encuentren su seguridad en Cristo, pero la solución no será tan simple como darles un par de versículos que hablen de nuestra garantía en Cristo Jesús. Decimos que Dios tiene el control, pero queremos ayudarlo a controlar lo que percibimos fuera de control. Para soltar el control, tenemos que confiar y para confiar tenemos que conocer a Cristo íntimamente. Conocerlo de esa manera lleva cierto tiempo. Recordemos las palabras de Pablo a los tesalonicenses:

> Les exhortamos, hermanos, a que amonesten a los indisciplinados, animen a los desalentados, sostengan a los débiles y **sean pacientes con todos**. (1 Tes. 5:14, énfasis añadido)

Las mismas inseguridades mencionadas anteriormente hacen que otros vivan preocupados ante la posibilidad de desarrollar ciertas enfermedades en el futuro. Los padres hipocondríacos tienden a criar hijos con rasgos similares. La forma en que a veces el médico comunica la información al paciente sobre su enfermedad lo llena de preocupación. Pero otras veces es la manera en que el paciente inseguro percibe la información recibida. Eso hace que aumente el nivel de preocupación.

Algunos padres se preocupan cuando sus hijos salen de la casa para estudiar en una universidad en otro país porque entienden que sus hijos no tienen la madurez ni la experiencia para vivir solos. Con frecuencia, su temor es válido. Obviamente, confiar en la soberanía de Dios los va a ayudar a no preocuparse, pero les aconsejamos que no sean reduccionistas al tratar a estas personas en todos estos casos y que no sean insensibles ante la preocupación que otros puedan estar sintiendo.

Vivimos en una sociedad intoxicada por el éxito y, por lo tanto, existe una preocupación en grado extremo ante la posibilidad del fracaso. Deseamos éxito porque el éxito nos garantiza el aplauso de los demás, y en eso nos parecemos a los fariseos de quienes Juan dice que «amaban más el reconocimiento de los hombres que el reconocimiento de Dios» (Juan 12:43). Nos preocupa el fracaso y nos preocupa la aprobación humana porque queremos sentirnos valorados por los demás. Esa búsqueda de aprobación es tan antigua como la existencia de la humanidad. Hemos llegado a pensar: «Mis logros me dan significado», «Mi profesión me da importancia», «Mis posesiones hablan de quién soy».

Hay personas que viven preocupadas porque quieren agradar a todo el mundo, y a eso le dedican mucho tiempo y energía. Es muy probable que se trate de una respuesta a algún miedo o inseguridad porque, de una u otra forma, viven preocupados para lograrlo. En cambio, el apóstol Pablo tenía bien claro a quién debía agradar:

Porque ¿busco ahora el favor de los hombres o el de Dios? ¿O me esfuerzo por agradar a los hombres? Si yo todavía estuviera tratando de agradar a los hombres, no sería siervo de Cristo. (Gál. 1:10)

Uno de los mayores temores y productores de ansiedad es el temor a los demás, porque necesitamos sentirnos aprobados por ellos. Pero el apóstol Pablo testifica que una vez que comenzó a andar en los caminos de Dios, ya no buscaba el favor de los hombres, pues estaría tranquilo mientras contara con el favor de Dios.

TU PREOCUPACIÓN Y EL CARÁCTER DE DIOS

Luego de haber analizado los casos anteriores, es apropiado que podamos examinar teológicamente cómo se relacionan nuestras preocupaciones con el carácter de Dios.

Jesús reprendió en varias ocasiones a Sus discípulos cuando los veía atribulados y les decía: «hombres de poca fe». Jesús relacionó su temor con su falta de confianza en el carácter de Dios. No podemos verlo así cuando estamos preocupados, pero esa es la realidad. Nuestra preocupación revela con frecuencia nuestra incredulidad. De hecho, podemos decir que la preocupación cuestiona el carácter de Dios de múltiples maneras. De una u otra forma, todos los atributos de Dios guardan relación, en mayor o menor grado, con nuestra preocupación. Por ejemplo, nuestra preocupación cuestiona Su...

Soberanía	Omnipresencia	Amor	Omnipotencia	Misericordia
Fidelidad	Omnisciencia	Gracia	Providencia	

Nuestro trasfondo familiar podría explicar muchas de nuestras inseguridades y preocupaciones, pero al final es Dios quien trae nuestra sanidad. Jesús sanó a muchas personas físicamente enfermas, pero ha sanado a muchas más que estaban enfermas emocional y espiritualmente. Debemos reconocer que nuestra preocupación cuestiona:

- **Su soberanía,** porque Dios lo gobierna todo.
- **Su omnipresencia,** porque Él nunca nos ha dejado solos.
- **Su amor,** porque si nos dio a Su Hijo cuando éramos Sus enemigos, «¿cómo no nos dará también junto con Él todas las cosas?» (Rom. 8:32b).
- **Su omnipotencia,** porque no hay nada que Él no pueda hacer.
- **Su gracia,** porque si por gracia dio a Su Hijo por nosotros, ¿cómo no pensar que también por gracia hará el resto por nosotros?
- **Su fidelidad,** porque Dios ha prometido cuidar de nosotros más de lo que cuida a la naturaleza y Él no puede negarse a sí mismo.
- **Su omnisciencia,** porque Dios lo conoce todo y gobierna sobre todo, incluso nuestras dificultades reales y potenciales.
- **Su misericordia,** porque Dios se duele con nosotros y ha enviado Su Espíritu a morar en nosotros para ayudarnos.
- **Su providencia,** porque Él gobierna todos los eventos de la naturaleza para llevar a cabo Sus propósitos.

La Palabra afirma que Dios es fiel aun cuando nosotros somos infieles (2 Tim. 2:13), pero la capacidad de Dios para permanecer fiel a nosotros está relacionada con cada uno de los atributos mencionados anteriormente.

Por último, lo cierto es que si somos seguidores de Cristo y vivimos preocupados, entonces esa preocupación disminuye nuestro testimonio ante los demás. Si el cristiano se preocupa de la misma manera y con la misma intensidad que el incrédulo, ¿qué diferencia hace Cristo en su vida? Cuando vivimos preocupados, los demás pueden cuestionar nuestra fe y aun la naturaleza del Dios en quien hemos creído y que parece no ser capaz de aquietar a Sus hijos. Cuanto mayor sea la madurez espiritual de la persona, mayor será su fe. Cuanto mayor sea su fe, mayor será su confianza en el Dios que puede resolver el problema. Cuanto mayor sea su confianza, menor será su preocupación.

¿ES LA PREOCUPACIÓN UN PECADO?

La respuesta es *sí* en la mayoría de las circunstancias. Si nos preocupa que el perro de la casa que estamos visitando nos pueda morder porque tiene antecedentes de haber mordido a otras personas y sus dueños lo tienen suelto, es natural que en este caso tengamos una preocupación no pecaminosa. El apóstol Pablo, por ejemplo, expresó su preocupación en más de una ocasión:

> Además de tales cosas externas, está sobre mí la presión cotidiana de **la preocupación** por todas las iglesias. (2 Cor. 11:28, énfasis añadido)
> ¿Quién es débil sin que yo sea débil? ¿A quién se le hace pecar sin que yo no me **preocupe** intensamente? (2 Cor. 11:29, énfasis añadido)

Pero en muchos casos, la ansiedad que experimentamos es una falta de fe o un reflejo de prioridades invertidas. La inversión de nuestras prioridades termina con frecuencia en preocupación, tal como lo vemos en este encuentro de Jesús con dos hermanas:

> Mientras iban ellos de camino, Jesús entró en cierta aldea; y una mujer llamada Marta lo recibió en su casa. Ella tenía una hermana que se llamaba María, que sentada a los pies del Señor, escuchaba Su palabra. Pero Marta se preocupaba con todos los preparativos. Y acercándose a Él, le dijo: «Señor, ¿no te importa que mi hermana me deje servir sola? Dile, pues, que me ayude». El Señor le respondió: «Marta, Marta, tú estás

preocupada y molesta por tantas cosas; pero una sola cosa es necesaria y María ha escogido la parte buena, la cual no le será quitada». (Luc. 10:38-42)

Considera cómo Marta estaba preocupada por todos los preparativos relacionados con la visita del Señor Jesús. De hecho, Jesús señala que Marta no solo estaba preocupada, sino también molesta (Luc. 10:41). No debemos pasar esto por alto, porque la preocupación a menudo nos pone en un estado de ánimo airado, lo que nos lleva a pecar con cierta regularidad. En efecto, la forma en que Marta se dirigió al Señor Jesús fue totalmente irreverente, sobre todo porque se trataba de Dios encarnado y porque ella era una mujer en el primer siglo. Marta pareciera estar orientada a las tareas y María al crecimiento espiritual, y por eso la vemos sentada adorando y aprendiendo a los pies del Maestro. Uno de los grandes errores del cristiano nacido de nuevo es que, tan pronto entra a la familia de Dios, quiere empezar a servir cuando, en realidad, debería dedicar su tiempo inicial a crecer. Por lo tanto, el Señor le enseña a Marta que María había escogido la mejor parte, «la cual no le será quitada» (Luc. 10:42b). Su crecimiento espiritual a los pies del Maestro permanecería con ella por siempre.

JESÚS NOS MOTIVA A TENER LAS PRIORIDADES EN ORDEN PARA DISMINUIR LA PREOCUPACIÓN

En el Sermón del Monte también encontramos otra enseñanza de Jesús que nos insta a ordenar nuestras prioridades para evitar la preocupación:

Pero busquen primero Su reino y Su justicia, y todas estas cosas les serán añadidas. Por tanto, no se preocupen por el día de mañana; porque el día de mañana se cuidará de sí mismo. Bástenle a cada día sus propios problemas. (Mat. 6:33-34)

Jesús no nos está enseñando que no es necesario planificar ni ser tan responsables; tampoco estaba dando a entender que debemos esperar pasivamente todos los días para ver qué ocurre mañana. ¡Claro que no! El mismo Pablo enseñó que es necesario ser sabios, «aprovechando bien el tiempo, porque los días son malos» (Ef. 5:16). Lo que Jesús estaba haciendo era animar a Sus discípulos a vivir una vida enfocada en el reino de los cielos, en lugar de vivir preocupados por las cosas de este mundo material. Por otro lado, Jesús estaba insinuando que, cuando tenemos el reino de Dios en el lugar correcto, Dios se encarga de proveer «las añadiduras». Muchas veces, lo que buscamos de manera primaria son las añadiduras con la esperanza de que Dios nos regalará el reino como premio, pero en realidad es todo lo opuesto.

Con cierta regularidad, la preocupación es un reflejo de nuestro enfoque en lo material, en el «aquí y ahora», a expensas de una verdadera búsqueda de Dios. El apóstol Pedro nos deja ver por qué no debemos preocuparnos y cómo podemos calmar la ansiedad:

> … echando toda su ansiedad sobre Él,
> porque Él tiene cuidado de ustedes.
> (1 Ped. 5:7)

¿Puedes darte cuenta de cuál es la razón para no preocuparnos? La razón es que Dios cuida de nosotros. El Dios que nos salvó cuidará de nosotros para que no nos perdamos en el camino. El Dios que nos entretejió en el vientre de nuestras madres se encargará de alimentarnos. El Dios soberano planificó nuestro día de entrada a este mundo y nuestro día de salida. Por eso, Jesús enseñó que ninguno de nosotros puede agregar una sola hora a su vida (Mat. 6:27).

También solemos permanecer preocupados porque no aplicamos las enseñanzas de la Palabra de Dios, aun cuando recordamos los versículos. Presta atención al consejo de Pablo a los filipenses:

> Por nada estén afanosos; antes bien, en todo, mediante oración
> y súplica con acción de gracias, sean dadas a conocer sus peti-
> ciones delante de Dios. Y la paz de Dios, que sobrepasa todo

entendimiento, guardará sus corazones y sus mentes en Cristo Jesús. (Fil. 4:6-7)

HE AQUÍ LA FÓRMULA PARA LA AUSENCIA DE PREOCUPACIÓN

Oración y súplica +
acciones de gracia +
acudir al trono de Dios =
Paz que sobrepasa
todo entendimiento.

Dicha paz, a su vez, guardará nuestro corazón de tribulación y nuestra mente para no abrazar mentiras. Para que esa mente pueda cultivar esa paz, Pablo concluye la idea de cómo vivir en paz y sin preocupaciones y nos enseña a pensar correctamente, porque la mente es la torre de control que gobierna nuestras acciones.

Por lo demás, hermanos, todo lo que es verdadero, todo lo digno, todo lo justo, todo lo puro, todo lo amable, todo lo honorable, si hay alguna virtud o algo que merece elogio, en esto mediten. (Fil. 4:8)

Esta forma de pensar o meditar nos impedirá especular, algo muy necesario para vivir en paz porque la especulación crea «falsas realidades» en nuestra mente que nos atormentan. De igual manera, lo que es indigno, impuro y todo lo que no es virtuoso son pensamientos que nos alejan de Dios y nos llenan de ansiedad.

HABLÉMONOS VERDAD A NOSOTROS MISMOS

Necesitamos hablarnos verdad a nosotros mismos cuando estamos preocupados, ya sea leyendo la Palabra de Dios o recordándola para que nuestras mentes puedan reenfocarse. Prestemos atención a las palabras de Isaías:

«¡Tú guardarás en perfecta paz a todos los que confían en ti, a todos los que concentran en ti sus pensamientos!». (Isa. 26:3, NTV)

La paz es ausencia de preocupación y es el resultado de confiar (fe) en Dios y enfocar nuestros pensamientos en la dirección de Dios. Todos los pensamientos enfocados en Dios eliminan la ansiedad y la preocupación. Se dice que lo que le da potencia al rayo láser es que todos sus fotones están dirigidos en una sola dirección. En cambio, la luz ordinaria tiene sus fotones dispersos. Nuestras ideas serán como un «rayo láser» si logramos enfocar todos nuestros pensamientos en dirección de Dios.

También es cierto que muchos viven preocupados al ver a la maldad triunfar (Hab. 1:1-4) y al impío progresar (Ecl. 7:15; 8:14). Cuando nos encontremos en una situación similar, recordemos que «nuestro Dios está en los cielos; Él hace lo que le place» (Sal. 115:3). Dios sabe lo que hace y no hace, lo que permite y no permite, y por qué no lo permite. Tenemos que hablarnos la verdad continuamente.

«El Señor mira desde los cielos; Él ve a todos los hijos de los hombres. Desde el lugar de su morada Él observa a todos los habitantes de la tierra» (Sal. 33:13-14). A Dios no se le escapa nada, Él lo ve todo y, a Su tiempo, todo será juzgado. De una cosa debemos estar seguros: «No se dejen engañar, de Dios nadie se burla; pues todo lo que el hombre siembre, eso también segará» (Gál. 6:7).

PREOCUPARSE VERSUS OCUPARSE

La palabra «preocuparse» está formada por dos vocablos: «pre» (antes de) y «ocuparse», es decir, llevar a cabo una responsabilidad. Por lo tanto, la preocupación implica tratar de hacer algo antes de realmente poder hacerlo. Por ejemplo, pensemos en alguien que va a hacer un viaje al día siguiente, pero desde la mañana del día anterior está preocupado por la posibilidad de perder el vuelo. No hay nada que esa persona pueda hacer, excepto prepararse con tiempo. Sin embargo, muchas son las personas que, aun después de estar listas el día anterior, siguen con la misma preocupación. A continuación, tienes un cuadro que te ayudará a ver la diferencia entre ocuparse y preocuparse.

PREOCUPARSE	OCUPARSE
Disminuye la creatividad	Aumenta la creatividad
Paraliza	Aumenta la actividad / motivación
Causa ansiedad	Produce paz
Intenta controlar el futuro	Intenta mejorar el futuro
Actitud negativa	Actitud positiva
Distrae la mente	Enfoca la mente

LA PREOCUPACIÓN EN PERSPECTIVA: NI LÓGICA NI BÍBLICA

LA PREOCUPACIÓN ES MALA TEOLOGÍA. Dios podría abandonarnos. Dios nos salvó cuando éramos Sus enemigos, pero ¿no cuidará de nosotros ahora que somos Sus hijos?

LA PREOCUPACIÓN ES ILÓGICA. Arreglar las cosas en la mente no garantiza el resultado. La garantía está en el Señor, quien tiene control sobre todas las cosas en el universo.

LA PREOCUPACIÓN ES MALA APLICACIÓN. Nos preocupa lo que no controlamos, pero no hay nada que controlemos. Solo nos autoengañamos al creer que tenemos el control.

LA PREOCUPACIÓN ES RESPONSABILIDAD FUERA DE FOCO. A menudo, nos preocupamos porque pensamos que es nuestro deber asegurar esto o aquello, cuando no siempre es así.

LA PREOCUPACIÓN TIENE UNA MALA CRONOLOGÍA. La preocupación nos hace vivir en el pasado o en el futuro.

LA PREOCUPACIÓN ES EMOCIONAL HASTA EL PAROXISMO: Domina nuestros pensamientos y emociones y finalmente termina dominando nuestras decisiones y nuestra vida.

APLICACIONES PRÁCTICAS

En nuestra experiencia como médico y como pastor (Miguel), he podido observar que una de las mayores preocupaciones de las personas es el temor a la muerte. Algunos dicen temer a lo desconocido, otros temen al dolor y otros ni siquiera saben a qué temen con relación a la muerte. El Señor Jesús nos enseñó que el día de nuestra muerte es algo que Dios controla y no hay manera de extender nuestro tiempo aquí debajo por más que nos preocupemos, como mencionamos anteriormente:

¿Quién de ustedes, por ansioso que esté, puede añadir una hora al curso de su vida? Si ustedes, pues, no pueden hacer algo tan pequeño, ¿por qué se preocupan por lo demás? (Luc. 12:25-26)

Esto no quiere decir que podamos actuar de forma irresponsable en el cuidado de nuestra salud porque pensamos que de todos modos moriremos el día señalado, ya sea que cuidemos o no de nuestra salud. Como hemos podido observar, hay personas que son irresponsables con su salud y terminan acortando su tiempo de vida, pero el Dios omnisciente conocía de antemano que estas personas no cuidarían de sí mismas y, por lo tanto, su falta de cuidado estuvo «contabilizado» en los propósitos de Dios.

A otros les preocupa la posibilidad de que en un futuro cercano se desate una persecución de cristianos en países donde hoy disfrutamos de libertad para ejercer nuestra fe. Esa es una experiencia que muchos de nuestros hermanos están atravesando en este momento en muchos lugares del mundo. Sin embargo, muchos de ellos han testificado que, llegado el momento, el Señor se hizo presente y suplió la gracia suficiente para soportar las peores tribulaciones. Dios está tan pendiente de nosotros que Jesús les dijo a Sus discípulos que no debían preocuparse cuando fueran llevados para testificar delante las autoridades porque Dios estaría allí con ellos:

«Cuando los lleven a las sinagogas y ante los gobernantes y las autoridades, no se preocupen de cómo o de qué hablarán en defensa propia, o qué van a decir; porque el Espíritu Santo en esa misma hora les enseñará lo que deben decir». (Luc. 12:11-12)

El pueblo de Dios tiene que distinguirse del resto de la población incluso en la forma en que se ocupa de las cosas cotidianas de la vida. Si nos preocupamos de la misma manera que lo hacen los demás, entonces el incrédulo tiene el derecho de cuestionar cuál es la diferencia que hace Cristo en nosotros. Prestemos atención nuevamente a las palabras de Jesús:

Y si Dios viste así la hierba del campo, que hoy es y mañana es echada al horno, ¡cuánto más hará por ustedes, hombres de poca fe! Ustedes, pues no busquen qué han de comer, ni qué han de beber, y no estén preocupados. Porque los pueblos del mundo buscan ansiosamente todas estas cosas; pero el Padre de ustedes sabe que necesitan estas cosas. Pero busquen Su reino, y estas cosas les serán añadidas. No temas, rebaño pequeño, porque el Padre de ustedes ha decidido darles el reino. (Luc. 12:28-32)

Ahora presta una atención especial a estas frases particulares del texto:

«… **¡cuánto más hará por ustedes, hombres de poca fe!**». Nuestra preocupación demuestra nuestra incredulidad.

«… **y no estén preocupados**». Nuestro temor contradice a Jesús y nos hace perder tiempo y energía.

«… **los pueblos del mundo buscan ansiosamente todas estas cosas**». Nuestra preocupación nos asemeja al mundo.

«… **el Padre de ustedes sabe que necesitan estas cosas**». Dios nos cuida mejor que un padre terrenal. Él es más capaz y tiene mejor corazón.

«**No temas, rebaño pequeño, porque el Padre de ustedes ha decidido darles el reino**». Nuestro temor no tiene razón bíblica; es solo una consecuencia de nuestra humanidad caída. Cuando nos preocupamos estamos pensando más en lo terrenal y no estamos considerando nuestra herencia en Cristo.

En el mismo sentido, la frase «no temas» aparece en la Biblia más de 300 veces en sus diferentes formas. Por ejemplo, el salmista dice: «Busqué al Señor, y Él me respondió, y me libró de todos mis temores» (Sal. 34:4). Ten en cuenta cómo el salmista relaciona la liberación de sus temores —y, por ende, de la ansiedad que experimentaba— con su búsqueda del Señor. Es por esto que es importante en la consejería bíblica que se explore cómo anda la vida espiritual del aconsejado y su relación con Dios, porque, sin duda alguna, un alejamiento de la presencia de Dios resultará en un aumento de las ansiedades y los temores, porque la vida es mucho más compleja de lo que podemos manejar y solamente Dios puede darnos sabiduría y paz en medio de las tormentas. Por eso, el profeta Isaías, inspirado por Dios, escribió:

No temas, porque Yo estoy contigo; no te desalientes, porque Yo soy tu Dios. Te fortaleceré, ciertamente te ayudaré, sí, te sostendré con la diestra de Mi justicia. (Isa. 41:10)

PREGUNTAS DE INTROSPECCIÓN

¿Te preocupa lo que el otro piense de ti?

¿Te abruma el futuro?

¿Te deprimes con noticias desagradables?

¿Te preocupa la muerte?

¿Quisieras huir de los problemas?

¿Tienes dificultad para dormir?

¿Estás con falta de apetito?

¿Te preocupa tu apariencia a medida que pasan los años?

¿Te preocupa más cómo luces por fuera que la manera en que luces por dentro?

¿Te preocupa no pasar tiempo con Dios?

¿Te preocupa tu falta de integración al cuerpo de Cristo?

Las respuestas a estas preguntas pueden revelar tu grado de preocupación o las cosas que te preocupan, ya sean terrenales o celestiales.

LA CURA FINAL A NUESTRAS PREOCUPACIONES

La paz interior viene de la mano de una rendición absoluta a la voluntad de Dios. Necesitas allegarte a una quietud sencilla de espíritu que proviene de entregarlo todo a Dios [...]. La razón por la que te sientes tan agitado es que no aceptas todo lo que te ocurre con una completa confianza en Dios. En el momento en que dejas de desear que las cosas acaten tus formas, te verás libre de mucha preocupación e inquietud.[52]

---

[52] François Fenelon, *El anhelo del corazón*, edición para Kindle, pos. 161.

8

La santificación:
La meta de la consejería bíblica

Como hijos obedientes, no se conformen a los deseos que
antes tenían en su ignorancia, sino que así como Aquel
que los llamó es Santo, así también sean ustedes santos
en toda su manera de vivir. Porque escrito está:
«SEAN SANTOS, PORQUE YO SOY SANTO».
(1 Ped. 1:14-16)

Vivimos en una generación que experimenta una gran confusión debido a que una buena mayoría atraviesa por una gran crisis de identidad. A muchos les resulta difícil explicar el propósito de su existencia y, por lo tanto, sus vidas evidencian una desorientación vital o falta de significado y propósito. Este desconcierto ocasiona inestabilidad en la dirección de sus vidas, lo cual resulta en un gran esfuerzo para tratar de justificar la razón por la cual actúan de cierta manera.

Es lamentable que la iglesia no esté exenta de este mal. Algunos creyentes evidencian la misma confusión en sus vidas porque igualmente no han logrado entender y experimentar su verdadera identidad y llamado como hijos de Dios. Para algunos, la vida cristiana se ha convertido en un ciclo de actividades religiosas llevadas a cabo casi de manera rutinaria, pero sin entender con claridad cómo esas actividades se relacionan con el Dios que los creó y que les pide vivir exclusivamente para Su gloria. Uno de los efectos de esa confusión es que solemos estar más enfocados en lo que *hacemos* antes de entender lo que *somos*. El pastor Miguel Núñez, en su libro *Siervos para Su gloria*, lo explica con estas palabras: «Antes de servir a la familia de Dios, Él tiene que realizar un trabajo para ayudarnos a sanar y crecer, que es lo que la Biblia llama santificación».[53]

Por lo tanto, creo que es necesario revisar y refrescar la realidad de nuestra identidad como creyentes y nuestro verdadero llamado en Cristo. El apóstol Pablo nos enseña con claridad cuál era el propósito de Dios al crear a la humanidad:

> Y sabemos que para los que aman a Dios, todas las cosas cooperan para bien, esto es, para los que son llamados conforme a Su propósito. Porque a los que de antemano conoció, también los predestinó a **ser hechos conforme a la imagen de Su Hijo**, para que Él sea el primogénito entre muchos hermanos. (Rom. 8:28-29, énfasis añadido)

Más allá de las circunstancias y los caminos por los cuales transitemos, lo cierto es que Dios desea vernos cada día más parecidos a Su Hijo y menos a nosotros mismos. Esa es la realidad que nos dará una mejor oportunidad para disfrutar y desarrollar una vida de fe que glorifique más a Dios. Hacemos este énfasis porque la meta de la consejería bíblica debe ser ayudar al aconsejado a atravesar las circunstancias de su vida de tal manera que pueda terminar siendo conformado a la imagen de Cristo de la forma más bíblica posible. Este proceso de conformación a Su imagen se conoce como santificación progresiva. Por lo tanto, podemos afirmar que la santificación:

- No es legalismo.
- No es moralismo.
- No es activismo.

La santificación progresiva es crecer conforme a la imagen de Cristo por medio del Espíritu Santo. Lo que el Señor busca es cambiar nuestro patrón de pensamiento, actitudes, forma de ver la vida y

---

[53] Miguel Núñez, *Siervos para Su gloria* (Nashville, TN: B&H Publishers, 2018), 13.

nuestras conductas. En resumen, es cambiar nuestra manera de vivir. J. I. Packer solía decir que la santificación era como una revolución espiritual. Por todo esto, en este capítulo buscaremos fortalecer el entendimiento de la santidad del creyente para que en el siguiente capítulo prestemos atención especial a cómo deshacernos de hábitos y prácticas del «viejo hombre» y nos vistamos del «nuevo hombre».

La importancia de la santidad

Los creyentes debemos entender y abrazar el tema de la santidad como una de las verdades más importantes de la fe cristiana. Es probable que no haya un tema que afecte más nuestra identidad y llamado como cristianos que la santidad, porque tiene que ver directamente con nuestra relación con Dios. Él demanda que seamos santos porque Él es santo (1 Ped. 1:14-16). Jerry Bridges escribió sobre este tema:

> Este llamado a la vida santa se basa en el hecho de que Dios mismo es santo. Porque Dios es santo, exige que nosotros también seamos santos. Muchos cristianos tienen lo que podríamos llamar una «santidad cultural». Se adaptan al carácter y al esquema de comportamiento de los creyentes que los rodean. Si la cultura cristiana que los rodea es más o menos santa, dichas personas son más o menos santas también. Pero Dios no nos ha llamado a ser como los que nos rodean. Nos ha llamado a ser como Él mismo es. La santidad consiste en nada menos que la conformidad con el carácter de Dios.[54]

En ese sentido, el llamado principal de Dios es que podamos ser transformados a la imagen de Jesús y, dentro de este proceso, la consejería bíblica tiene como principal objetivo ayudarnos a alcanzar ese propósito de santificación. Cada circunstancia de nuestra vida

---

[54] Jerry Bridges, *En pos de la santidad* (Graham, NC: Publicaciones Faro de Gracia, 2019), 21-22.

debe ser procesada a la luz de la Palabra de Dios con el propósito de ser transformados a imagen de Jesús y que se complete el proceso de crecimiento y santificación en nosotros. ¡Aconsejar es ayudar a crecer! Sobre este proceso estaremos hablando en este capítulo y en el próximo.

¿QUÉ ES LA SANTIDAD?

Alguien dijo que la santificación es la obra espiritual interna que el Señor Jesús obra a través del Espíritu Santo en la persona que ha sido llamada a ser un verdadero creyente.[55]

En sentido general, la palabra hebrea para «santo» podría traducirse como «dedicarse a algo o dedicar algo». Por lo tanto, el entendimiento de la palabra «santo» tiene como punto de partida la exclusividad y la dedicación a algo o a alguien. Ahora podemos entender por qué Dios le ordena a Israel que se santifique para Él, es decir, que se dedique de forma exclusiva al Señor. En Levítico, encontramos esta afirmación: «Santifíquense, pues, y sean santos, porque Yo soy el Señor su Dios» (20:7). El Pastor Kevin De Young explica su significado: «No se puede entender la Biblia sin entender que Dios es santo y que este Dios santo tiene la intención de hacer un pueblo santo para vivir con él para siempre en un cielo santo».[56]

La palabra «santo» en el Nuevo Testamento se aplica a los creyentes elegidos por la gracia de Dios para ser su pueblo. Todos los que están en una relación de pacto con Él a través del arrepentimiento y la fe en Su Hijo son considerados santos. En primer lugar, los santos son, entonces, el pueblo distintivo y escogido de Dios que le pertenece de forma exclusiva. En segundo lugar, los hijos de Dios están separados de toda contaminación y del pecado, y son partícipes de la santidad de Dios. Por lo tanto, a los santos, los creyentes que han sido comprados por la sangre de Cristo, se les urge a vivir vidas

---

[55] J. C. Ryle, *El secreto de la vida cristiana* (Edinburgh, Reino Unido: Banner of Truth, 1977), 80.

[56] Kevin De Young, *The Hole in Our Holiness: Filling the Gap between Gospel Passion and the Pursuit of Godliness* (Wheaton, IL: Crossway, 31 de enero de 2014), 31.

que vayan de acuerdo con su posición. Sin embargo, es necesario clarificar que no estamos hablando de un proceso mecánico donde se realizan chequeos rutinarios de moralidad. Así lo aclara el pastor De Young: «La santidad es más que moralidad. Una lista de tareas no toma en cuenta los ídolos del corazón, y quizás no tiene ni siquiera el evangelio».[57]

Lo primero que deseamos enfatizar es que la santidad no es una opción solo para algunos cristianos. El autor de Hebreos afirma con absoluta claridad: «Busquen la paz con todos, y la santidad, sin la cual nadie verá al Señor» (Heb. 12:14). Todos nosotros, sin excepción, debemos reconocernos santos por ser propiedad exclusiva de Dios y debemos buscar y experimentar ese proceso gradual de santificación a través del crecimiento a la imagen de Cristo. Sin embargo, estamos hablando de un acto de obediencia que descansa totalmente en la obra de Cristo a nuestro favor. Jesús pagó totalmente la pena por nuestros pecados y aplacó la ira de Dios hacia nosotros. En Hebreos, leemos que Cristo vino a hacer la voluntad del Padre (10:5-7) y luego se agrega: «Por esa voluntad hemos sido santificados mediante la ofrenda del cuerpo de Jesucristo ofrecida una vez para siempre» (Heb. 10:10). Por lo tanto, nuestra santidad delante de Dios depende totalmente de la obra de Jesucristo por nosotros.

En términos teológicos, se habla tanto de una santidad posicional como de una santidad progresiva. La primera la obtenemos en Cristo delante de Dios desde el momento en que nacemos de nuevo. La segunda es la santidad progresiva personal que requiere de nuestro esfuerzo, pero que está amparada en la obra de Cristo y es empoderada por el Espíritu Santo. Estos dos aspectos de la santidad se complementan, porque nuestra salvación es una salvación a la santidad: «Porque Dios no nos ha llamado a impureza, sino a santificación» (1 Tes. 4:7). Pablo también escribió: «A la iglesia de Dios que está en Corinto, a los que han sido santificados en Cristo Jesús, llamados a ser santos» (1 Cor. 1:2). Uno de los énfasis a lo largo de toda la Biblia es la santificación del creyente. Esto es tan importante que se

---

[57] *Ibid.*

ha llegado a decir que si no hay santificación, entonces nunca hubo justificación.

Como hemos dicho, el autor de Hebreos nos reta a que tomemos con seriedad la santidad práctica personal que se espera de nosotros como creyentes. El pastor Núñez lo explica diciendo: «Para caminar con Dios debemos apartarnos porque no podemos caminar con Dios y seguir en la misma dirección por donde transitábamos».[58] El Espíritu Santo viene con el propósito de hacernos santos en la práctica desde el momento en que entra en nuestras vidas el día de nuestra salvación. Ese deseo creciente de ser más como Jesucristo es una de las evidencias más contundentes de la autenticidad de nuestra salvación.

EL VEREDICTO DE LA BIBLIA SOBRE LA SANTIDAD

Como hemos dicho, el llamado a la santidad corre por todas las páginas de las Escrituras. Dios desea que entendamos que este llamado no es una opción y que nuestra relación con Él está íntimamente relacionada con que nuestras vidas se conformen a Su carácter y la vida de Jesucristo se manifieste en nosotros. Aquí exponemos algunos de los pasajes más relevantes del tema.

> «Como hijos obedientes, no se conformen a los deseos que antes tenían en su ignorancia, sino que así como Aquel que los llamó es Santo, así también sean ustedes santos en toda su manera de vivir. Porque escrito está: «SEAN SANTOS, PORQUE YO SOY SANTO». (1 Ped. 1:14-16)

El desafío que Pedro plantea es rechazar una vida de comodidad enfocada en las cosas temporales y abrazar la santidad o separación del mundo para enfocarnos en vivir la voluntad de Dios como un llamado prioritario. Quisiéramos reafirmar que el significado primario de la palabra *santo* en hebreo es «separado», sobre todo en

---

[58] Miguel Núñez, *Siervos para Su gloria,* 71.

relación con Dios, quien es totalmente distinto o diferente al resto de la creación.

> Busquen la paz con todos, y la santidad, sin la cual nadie verá al Señor. (Heb. 12:14)

Esta es una declaración corta y contundente en donde se nos demuestra que la falta de santidad es un obstáculo crítico para una relación íntima con Dios y no puede ser considerada una opción dentro de la vida cristiana. El problema es que la generación actual dentro de muchas iglesias ha reducido la seriedad de esta declaración. Aunque proclamamos y recitamos esa verdad, en la práctica vivimos como si esta declaración fuera relativa y opcional. Sin embargo, un Dios santo no puede estar en una relación de intimidad con ningún corazón que abrace el pecado. Eso sería una contradicción.

> Porque esta es la voluntad de Dios: su santificación; es decir, que se abstengan de inmoralidad sexual […]. Porque Dios no nos ha llamado a impureza, sino a santificación. (1 Tes. 4:3, 7)

Pablo impartió estas instrucciones en medio de una cultura romana del primer siglo que estaba marcada por la inmoralidad sexual, en donde la castidad y la pureza sexual eran virtudes casi desconocidas. Sin embargo, los cristianos debían tomar sus estándares de moralidad sexual de la Palabra Dios y no de la cultura circundante. Pablo dejó bastante claro cuál era la voluntad de Dios para el cristiano. Como hemos dicho, la idea detrás de la santificación es ser *apartado,* y Dios quiere que también seamos *apartados* de una cultura impía y su inmoralidad sexual. Si nuestra conducta sexual no es diferente a la de los gentiles que no conocen a Dios, entonces no estamos santificados —apartados— a la manera en que Dios quiere.

Esta declaración nos confronta en nuestro afán de intentar «adivinar» la voluntad de Dios en términos de nuestras comodidades y preferencias. No tenemos que emplear tanto tiempo tratando de descubrir la voluntad de Dios en términos de nuestra relación con Él. ¡Su deseo es que nos apartemos del pecado!

Pero ahora, habiendo sido libertados del pecado y hechos siervos de Dios, tienen por su fruto la santificación, y como resultado la vida eterna. (Rom. 6:22)

Pablo nos ilustra el proceso y el objetivo de la salvación en nuestras vidas. Por naturaleza éramos esclavos del pecado, literalmente gobernados por una voluntad orientada hacia el mal. Sin embargo, por la obra redentora de Cristo, somos sellados con el Espíritu Santo de la promesa y eso trae como efecto que nuestra voluntad sea rendida de forma progresiva para amar más a Dios.

Por tanto, amados, teniendo estas promesas, limpiémonos de toda inmundicia de la carne y del espíritu, perfeccionando la santidad en el temor de Dios. (2 Cor. 7:1)

Esta es la conclusión natural de Pablo luego de lo que expuso en los párrafos anteriores (2 Cor. 6:14-18). Pablo escribió sobre la necesidad de separarse de la influencia del mundo para que podamos vivir en cercanía con Dios. Se nos promete una relación más cercana con Dios si nos separamos de la forma de pensar y de actuar del mundo.

La expresión «limpiémonos de toda contaminación» subraya la decisión personal de apartarnos del pecado que nos envuelve con tanta facilidad. Hay una limpieza que únicamente Dios puede hacer en nuestras vidas, pero también hay una limpieza que Dios quiere hacer en colaboración con nosotros. Pablo no está simplemente hablando sobre una limpieza que Dios realiza en nosotros mientras nos sentamos pasivamente a esperar Su obra. La exhortación es a una limpieza en la que nos ocupamos para intimidad con Dios, la cual va más allá de una limpieza general del pecado. Hay un aspecto principal de la limpieza que viene a nosotros cuando confiamos en Jesús y en Su obra por nuestra parte. Nosotros buscamos limpiarnos, pero es en realidad a través de la obra de Dios en nosotros y no solo nuestra obra.

Sin embargo, hay otro aspecto de limpieza que Dios busca que nosotros hagamos con la participación de nuestra propia voluntad y esfuerzo. Una vez más, recalcamos que no se trata de una obra que hagamos aparte de Dios, pero sí que es una obra que espera de la participación de nuestra voluntad y nuestro esfuerzo. Es un imperativo, es decir, un mandato a nosotros para limpiarnos. Este aspecto de limpieza está mayormente conectado con la intimidad con Dios y nuestra utilidad para el servicio.

Santifícalos en la verdad; Tu palabra es verdad. (Juan 17:17)

Estas palabras forman parte de la oración sacerdotal de Jesús horas antes de Su muerte. El Señor no dejó a los discípulos para que se santificaran a sí mismos, sino que oró por su santificación. La preservación y la santificación de Sus discípulos no queda librada a sus propios recursos, sino que es una obra de Dios en nosotros y a través de nosotros. Lo más importante es que la dinámica detrás de la santificación es la verdad. La Palabra de Dios leída, escuchada, comprendida y aplicada.

LA NECESIDAD DE ENTENDER LA DINÁMICA DEL PECADO

El pecado simplemente definido es transgresión de la ley de Dios. Esta definición es un comienzo importante. Pero el funcionamiento del pecado tiene toda una dinámica. Es evidente que la práctica de un pecado refuerza otro pecado y, a su vez, los pecados se conectan en sus raíces. Por ejemplo, podemos decir que el pecado de la ira está conectado con el pecado del resentimiento, y ambos están conectados con el pecado del orgullo. Esa interconexión lleva a la formación de lo que se conoce como fortalezas; es decir, patrones de conducta que resultan extremadamente difíciles de romper y eliminar. El consejero bíblico debe ayudar al aconsejado a ver estos pecados individuales y sus interconexiones para que puedan reconocer la dificultad y la complejidad que él experimenta cuando trata de salir a una vida de libertad. Sin embargo, esto no es tan simple. No basta con señalar al aconsejado cuál es el versículo bíblico que habla sobre su patrón pecaminoso, pedirle que lo memorice y que simplemente lo obedezca de ahora en adelante. El aconsejado tiene que hacer todo lo anterior, pero el problema está en el reduccionismo en que incurrimos cuando creemos que la consejería solo se trata de algo así. Los consejeros necesitamos ser pacientes porque hace falta tiempo para llevar al aconsejado a una vida de libertad. El consejo de Pablo es muy pertinente:

> Les exhortamos, hermanos, a que amonesten a los indisciplinados, animen a los desalentados, sostengan a los débiles y **sean pacientes con todos**. (1 Tes. 5:14, énfasis añadido)

El proceso de cambio requerirá:

- – Discernir la maldad detrás del pecado.
- – Desear encontrar perdón y volver a una vida que complazca a Dios.
- – Pedir el poder de Dios para lograr el cambio.
- – Abrir el corazón y disponerse a que Dios trate con uno.
- – Mostrar finalmente la evidencia del cambio.

LA IMPORTANCIA DE LA SANTIDAD

Aunque la santidad progresiva no es necesaria como requisito para la salvación, porque eso sería salvación por obras, sigue siendo todavía importante como una evidencia de la salvación que hemos recibido por la fe en Cristo. Hablando sobre esta realidad en la vida del creyente, el pastor De Young dice: «En Cristo, cada creyente tiene una santidad posicional de una vez por todas, y desde esta nueva identidad se le ordena a cada cristiano crecer en el proceso continuo de santidad para toda su vida».[59]

---

[59]Kevin De Young, *The Hole in Our Holiness*, 33.

Hay varias razones por las cuales necesitamos cultivar esa vida de santidad personal.

La santidad personal es necesaria para tener comunión íntima con Dios. David hizo esta pregunta: «Señor, ¿quién habitará en Tu tabernáculo? ¿Quién morará en Tu santo monte?» (Sal. 15:1). La pregunta podría también expresarse así: «Señor, ¿quién puede vivir en comunión contigo?». La respuesta dada en los siguientes versículos se puede resumir como: «el que lleva una vida santa». En ese sentido, el verdadero creyente debe negarse a sí mismo, realizar una obra de mortificación, es decir, hacer morir el pecado para poder experimentar cada vez más cercanía con Dios.

La oración es una parte vital de nuestra comunión con Dios. Sin embargo, el salmista dijo: «Si observo iniquidad en mi corazón, el Señor no me escuchará» (Sal. 66:18). Permanecer en la práctica de la iniquidad es acariciar algún pecado y amarlo hasta el punto en que no estoy dispuesto a renunciar a él. Dios no requiere una vida perfecta o sin pecado para tener comunión con nosotros, pero sí requiere que tomemos con seriedad la santidad, que nos lamentemos por el pecado en nuestras vidas en vez justificarlo y que sinceramente busquemos la santidad como una forma de vida.

Cada vez que Dios nos habla por medio de Su Palabra, el Espíritu Santo está presente en nosotros para obrar con poder y para que cultivemos un mayor amor por lo eterno y celestial y, simultáneamente, un mayor desprecio por lo temporal y mundanal. El pastor John Piper expresa lo siguiente: «Una persona cuyo amor hacia Dios no se despierte por medio de la verdad de Jesús, no está adorando "en espíritu y en verdad"».[60] El Espíritu usa la Palabra para cultivar en nosotros el fruto del Espíritu y también nuestra relación con Dios.

La santidad personal es necesaria como evidencia de nuestra salvación. Como ya hemos dicho, la santificación es el fruto inevitable de la justificación. El apóstol Pablo lo explica así a los corintios:

---

[60]John Piper, *Lo que Jesús exige del mundo* (Grand Rapids, MI: Editorial Portavoz, 2006), 105.

Y esto eran algunos de ustedes; pero fueron lavados, pero fueron santificados, pero fueron justificados en el nombre del Señor Jesucristo y en el Espíritu de nuestro Dios. (1 Cor. 6:11)

Puede diferenciarse la santificación de la justificación, pero nunca pueden separarse porque Dios mismo las ha enlazado. La justificación es entendida como lo que Jesús hizo en la cruz por nosotros y está conectada orgánicamente con la santificación, pues el nuevo nacimiento resulta de forma indefectible en una vida nueva que se caracteriza por una nueva forma de pensar y vivir. Esta evidencia de gracia consiste en amar la voluntad de Dios antes que el pecado, lo cual traerá mucha paz al corazón cuando nos asalten las dudas de nuestra salvación. En ese sentido, el proceso de santificación progresiva confirmará de manera innegable que estamos vivos espiritualmente y que somos realmente hijos de Dios.

La santidad personal es necesaria para una vida de bendición. La Escritura dice: «PORQUE EL SEÑOR AL QUE AMA, DISCIPLINA, Y AZOTA A TODO EL QUE RECIBE POR HIJO» (Heb 12:6). Dios nos disciplina porque necesitamos ser instruidos y formados para alejarnos del mal. Persistir en la desobediencia es aumentar nuestra necesidad de ser disciplinados. Por ejemplo, algunos de los cristianos de Corinto persistieron en su desobediencia hasta el punto de que Dios tuviera que quitarles la vida (1 Cor. 11:30). El texto de Hebreos, que acabamos de citar, continúa diciendo: «Al presente ninguna disciplina parece ser causa de gozo, sino de tristeza. Sin embargo, a los que han sido ejercitados por medio de ella, después les da **fruto apacible de justicia**» (Heb. 12:11, énfasis añadido). Esta justicia no es otra cosa que el carácter moral o santo cultivado en nosotros.

La santidad aumenta nuestro bienestar espiritual. Dios nos asegura que «nada bueno niega a los que andan en integridad» (Sal. 84:11). Como ya lo vimos en capítulos anteriores, David describió así su experiencia de estar bajo la disciplina del Señor: «Mientras callé mi pecado, mi cuerpo se consumió con mi gemir durante todo el día. Porque día y noche Tu mano pesaba sobre mí; mi vitalidad se desvanecía con el calor del verano» (Sal. 32:3-4). Nuestra felicidad en este mundo es directamente proporcional a caminar en la voluntad de Dios. Mientras abracemos el pecado, no habrá paz en el corazón.

Muchas veces nos estamos refugiando de forma inconsciente en las promesas temporales del pecado. Aun dentro del pueblo de Dios estamos usando la palabra «bendición» con mucha simpleza, como queriendo dar a entender: «agrado de Dios». Esa es parte de la tragedia de nuestros días. Algunos le llaman «bendición» a ser promovidos a un mejor trabajo, aunque eso conlleve no poder congregarse regularmente para adorar al Señor. Algunos llaman «bendición» a la prosperidad económica que los enfría y vuelve insignificante su vida de oración y estudio de la Palabra. Algunos llaman «bendición» a situaciones que los exponen a tentaciones y generan serias dificultades en la batalla espiritual a la que hemos sido llamados. En realidad, la verdadera «bendición» es simplemente caminar cerca de Dios.

La santidad personal es necesaria para un servicio efectivo a Dios. Pablo escribió a Timoteo: «Por tanto, si alguien se limpia de estas cosas, será un vaso para honra, santificado, útil para el Señor, preparado para toda buena obra» (2 Tim. 2:21). La santidad y efectividad en el servicio están unidas entre sí. No podemos llevar nuestro servicio a Dios en un recipiente sucio.

El Espíritu Santo es quien hace eficaz nuestro servicio y nos da el poder para hacer las cosas de una manera que agrada a Dios. Pero cuando nos entregamos a nuestra naturaleza pecaminosa y habitamos en una falta de santidad, el Espíritu de Dios se entristece (Ef. 4:30) y no va a prosperar nuestro servicio. Una vez más, esta es otra de las áreas donde la iglesia de Cristo experimenta una gran confusión, porque hemos confundido carisma con carácter. Muchos líderes parecen alcanzar un gran éxito en popularidad, pero más tarde se evidencia una gran ausencia de santidad. Hemos sido testigos de muchas caídas dolorosas de hombres que sí fueron usados por Dios, pero que se enfocaron más en la apariencia que en la esencia. La verdad es esta: ¡no hay real bendición de Dios si no contamos con Su aprobación!

OBSTÁCULOS PARA CRECER EN SANTIDAD

Vivir para el agrado de Dios no es la regla sino la excepción en este mundo caído. Esta no es una realidad que se observa en la sociedad en general, sino que tristemente, aun en la comunidad cristiana, se evidencia una pronunciada decadencia en la búsqueda de alcanzar este llamado trascendental.

Debemos ser conscientes de que, si deseamos acercarnos más a Dios, estaremos nadando contracorriente. Nos enfrentamos tanto a una resistencia externa como a una resistencia interna. El proceso de consejería debe cultivar esa sensibilidad de que tanto los consejeros como también los aconsejados deben vivir en una lucha real contra el pecado, el cual debe ser combatido con discernimiento y voluntad. Se trata de una lucha que continuará hasta el final, pero que debe ir mermando en intensidad con el proceso de santificación. Una vez más, subrayamos que la consejería bíblica debe apoyar el crecimiento, y por eso debe estar atenta a todos los obstáculos que lo impidan. Entre los impedimentos para el avance del crecimiento, podemos mencionar:

Nuestra propia inclinación natural por el pecado que nos lleva a desear el mundo. Esa descomposición moral tan alarmante que experimenta nuestra generación no pasa inadvertida en nuestros corazones. Somos influenciados por la mundanalidad de nuestro alrededor y necesitamos cultivar una mayor sensibilidad hacia el pecado. Por lo tanto, debemos aprender a combatir la influencia del pecado con más intencionalidad. Nuestro llamado es a sacrificar nuestros deseos para que podamos preservarnos limpios para adorar a nuestro Dios. El pastor DeYoung afirma:

Convertirse en un sacrificio vivo, santo y aceptable para Dios, requiere que resistas al mundo que quiere presionarte conforme a su molde. [...] el mundo no proporciona animadores en el camino a la piedad.[61]

---

[61] Kevin D. Young, *The Hole in Our Holiness*, 38.

En una generación tan dominada por el pecado, buscar la santidad lucirá como algo raro y poco atractivo. Creo que debemos reconocer que hay mucha indiferencia e insensibilidad con muchas cosas que claramente son contrarias a la voluntad de Dios. Aunque somos conscientes de que el legalismo no es la solución, creemos que hemos cruzado una línea muy delicada al ser muy permisivos con mucho de lo que vemos y leemos, con aquello que escuchamos y con las conversaciones que sostenemos. Podríamos afirmar que nuestras actitudes validan la declaración bíblica de que hemos muerto al pecado. Es posible que estemos dando lugar a sospechar que estamos demasiados vivos a nosotros mismos en lugar de vivir para Cristo. Debemos preguntarnos: ¿cuáles son las evidencias objetivas de nuestra negación al pecado? ¿Cuáles son los ídolos que estoy acariciado en mi corazón? Los ídolos son con frecuencia cosas legítimas o ilegítimas que están ocupando un lugar más alto que Dios en mi corazón.

Una mala comprensión de la lucha espiritual. La advertencia que el apóstol Pablo escribe a la iglesia en Éfeso es realmente alarmante:

Porque nuestra lucha no es contra sangre y carne, sino contra principados, contra potestades, contra los poderes de este mundo de tinieblas, contra las fuerzas espirituales de maldad en las regiones celestes. (Ef. 6:12)

Esta advertencia debe generar en nosotros una mayor sensibilidad para entender la dimensión de la lucha en la que estamos embarcados. Es poco sabio subestimar el poder de las fuerzas del mal. Parte del problema es que vivimos muy confiados pensando que la realidad que vemos es la única amenaza, cuando, en realidad, no vemos la maldad en nuestro interior ni las huestes de maldad que luchan contra los propósitos de Dios.

Debido a la condición en la que nos encontramos, deberíamos ser más vigilantes y estar más atentos porque no somos tan fuertes ni tan sabios como imaginamos. La estrategia que se aplica en la lucha del mal demanda una respuesta más consistente y contundente. Necesitamos aprender a identificar nuestras áreas de lucha y buscar toda la ayuda necesaria para procurar protección espiritual. Aunque tenemos la victoria garantizada en Jesús, eso no significa que vamos a vivir indiferentes ante el poder del enemigo. Como ya hemos dicho en reiteradas ocasiones, aunque ningún verdadero creyente que está en Cristo puede perder su salvación porque está garantizada por el sacrificio perfecto en la cruz, sí podemos perder el gozo de la salvación que nos regaló Cristo. Esa sí que es una condición penosa y triste porque las promesas de Dios no podrán traer esperanza verdadera a nuestro corazón. ¡Para vivir bien debemos luchar bien! Necesitamos un entendimiento más completo de la naturaleza de esta lucha espiritual y sus implicaciones.

Por lo tanto, en medio de una generación que exhibe una crisis de identidad, los creyentes podemos exhibir una vida con un propósito peculiar que descansa en la obra de gracia que Jesús completó en la cruz. Ese propósito será claramente evidenciado en una vida de santidad progresiva que testifica del poder del Espíritu Santo en nosotros. La santidad personal no es una opción, sino una imperiosa necesidad. Dios nos ayude a glorificarlo viviendo en busca de la santidad.

Finalmente, quisiera mencionar que hemos dedicado todo un capítulo a la santificación porque, por un lado, en esto consiste el ser *Transformados a Su imagen,* que es el título del libro que tienes en tus manos. En segundo lugar, porque la consejería bíblica es una ayuda más que la iglesia local debe ofrecer a sus miembros para ayudarlos a seguir creciendo a la imagen de Cristo mientras ellos van luchando para vencer las tentaciones de su propia carne y las tentaciones que el mundo les ofrece continuamente.

9

El quebrantamiento: Un proceso necesario

Porque tú nos has probado, oh Dios; nos has refinado como
se refina la plata. Nos metiste en la red; carga pesada pusiste
sobre nuestros lomos. Hiciste cabalgar hombres sobre
nuestras cabezas; pasamos por el fuego y por el agua,
pero tú nos sacaste a un lugar de abundancia.
(Sal. 66:10-12)

El título de este libro es «Transformados a Su imagen» y el subtítulo es «Tu santificación a través de tus circunstancias». El objetivo del libro es descubrir que es necesario ser cambiados de cómo somos a cómo es Cristo. Este cambio es producido por el Espíritu Santo mientras aplica la Palabra de Dios en medio de las distintas circunstancias de la vida. Cuando dichas circunstancias resultan ser difíciles y a veces de larga duración, muchos terminan experimentando un proceso que llamamos quebrantamiento. Otros han sido transformados a través de un proceso que es posible que haya sido menos intenso, en la medida en que ellos de forma voluntaria fueron dejando a un lado sus voluntades para abrazar los propósitos de Dios. Cuanto mayor sea la resistencia que ofrezcamos, mayor será la dificultad de dicho proceso. Pocos reconocen la necesidad del quebrantamiento y muchos menos dan la bienvenida a lo que finalmente produciría un cambio radical y duradero en nosotros.

UNA DEFINICIÓN DEL QUEBRANTAMIENTO

Podemos definir el quebrantamiento de la siguiente manera:

…es una condición donde nuestra voluntad es llevada a la sumisión completa al señorío de Cristo de manera que cuando Él habla, no ofrecemos argumentos, no racionalizamos, no ofrecemos excusas y no culpamos; sino que instantáneamente obedecemos la dirección del Espíritu Santo.[62]

Idealmente, no deberíamos necesitar pasar por un proceso doloroso que nos lleve a someter nuestra voluntad a Dios. Sin embargo, con frecuencia es la única forma para alcanzar lo que Dios se propone con nosotros. El quebrantamiento produce en nosotros exactamente lo que requerimos para experimentar la plenitud de la vida cristiana de la que Cristo habla: «[…] Yo he venido para que tengan vida, y para que la tengan **en abundancia**» (Juan 10:10b, énfasis añadido).

CÓMO LUCE UNA PERSONA NO QUEBRANTADA

Cristo enseñó que su yugo es fácil y su carga ligera (Mat. 11:30). Sin embargo, muchos de los hijos de Dios han sentido que el llamado cristiano es restrictivo y pesado. En consecuencia, han seguido a Jesús por temor a las consecuencias más que por amor a Él. La realidad es que el yugo y la carga que Cristo describe son ligeros y livianos para aquellos que han sabido morir a sí mismos (a sus propósitos) para abrazar los del Señor. Si no morimos a nosotros mismos, permanecemos con un «yo» grande y demandante que dificulta el proceso de alcanzar los propósitos de Dios por completo. Es por eso por lo que el creyente suele parecerse más al «viejo hombre» que al «nuevo hombre» en su vida.

---

[62] Charles Stanley, *The Blessings of Brokenness* (Grand Rapids, MI: Zondervan Publishing House, 1997) 48.

La persona no quebrantada tiende a desafiar la voluntad de Dios, sus propósitos e incluso su autoridad o cualquier otra autoridad sobre ella. Después que Caín mató a su hermano Abel, considera la manera en que respondió a la pregunta que Dios le hizo: «Entonces el Señor dijo a Caín: "¿Dónde está tu hermano Abel?". Y él respondió: "No sé. ¿Soy yo acaso guardián de mi hermano?". Y el Señor le dijo: "¿Qué has hecho?"» (Gén. 4:9-10a). Dios cuestiona a Caín y él, a su vez, cuestiona a Dios como si fueran dos personas iguales, al mismo nivel y de la misma envergadura. La persona que se encuentra en esa posición no está lista para servir a Dios ni tampoco vivir para el propósito para el cual fue creada.

Otro personaje bastante conocido que después aparece en la narración bíblica es Jonás. Dios lo había escogido para llevar el mensaje de arrepentimiento y salvación a la ciudad de Nínive, pero él se negó porque entendía que los ninivitas, un pueblo conocido por su crueldad, merecían ser condenados. La misericordia de Dios irritó a Jonás cuando el Señor decidió derramar su favor sobre los ninivitas y llevarlos al arrepentimiento. Jonás nos da otro ejemplo del comportamiento de una persona no quebrantada: «Pero esto [el perdón de Dios] desagradó a Jonás en gran manera, y se enojó» (Jon. 4:1).

Caín se comportó como un rebelde y Jonás lució justo ante sus propios ojos. Estas son las personas que necesitan ser quebrantadas para ver la realidad de sus corazones. Hasta que no seamos quebrantados tenderemos a ver la paja en el ojo ajeno, mientras la viga permanece en el nuestro (Mat. 7:1-4).

Características de una persona no quebrantada. Entender cómo luce una persona no quebrantada nos ayuda a entender la necesidad del quebrantamiento y nos prepara para su aceptación. En general, podemos decir que una persona no quebrantada se caracteriza por ser:

Orgullosa / No enseñable (3 Jn. 9). El orgulloso se resiste a aprender y, por lo tanto, rechaza las correcciones de Dios y las de otros. Por lo tanto, es una persona que se opone al cambio, creyendo todo el tiempo que los demás y las circunstancias son los que necesitan cambiar. Estas personas son incorregibles y cuando intentas corregirlas, la persona se ofende con facilidad y luego perdona con dificultad. Pero Dios rechaza el orgullo en nosotros, como lo demuestran estos pasajes de las Escrituras:

Abominación al Señor es todo el que es altivo de corazón... (Prov. 16:5a)

...El orgullo, la arrogancia, el mal camino y la boca perversa, yo aborrezco. (Prov. 8:13b)

Egocéntrica (Dan. 4:28-30). El egocentrismo siempre va de la mano con el orgullo. La persona egocéntrica ve toda la vida girando a su alrededor y, por lo tanto, entiende que aun Dios debiera cambiar Sus propósitos eternos para ajustarse a su cosmovisión limitada. La persona egocéntrica no lo expresa de esta manera, pero vive su vida bajo esa perspectiva.

Rebelde (Núm. 20:10). El libro de Números nos habla sobre la rebeldía del pueblo de Dios y las consecuencias impuestas por Dios sobre ellos para poder quebrantar su gran terquedad (Ex. 33:3-5). Una persona rebelde resiste la autoridad, el consejo, cualquier grado de disciplina y aun las reglas ya establecidas. La rebeldía es el pecado común de todos los seres humanos y tiene que ver con una disposición interna que nos lleva con frecuencia a violentar los mandatos de Dios.

Autosuficiente / independiente (1 Sam. 15). Esta fue la actitud constante del rey Saúl. Siempre actuó independiente del Señor y esto se evidenció en su permanente independencia de Samuel, el profeta de Dios, quien era la persona enviada por Dios para ungir y dirigir a Saúl. Esta actitud de autosuficiencia puede apreciarse con frecuencia a muy temprana edad, porque desde entonces vemos cómo los niños se rehúsan, por ejemplo, a que sus padres les ayuden a amarrarse sus zapatos, a pesar de que ellos aún no tienen la habilidad para hacerlo.

Insensible (Hech. 8:1; 9:1-2; 1 Cor. 15:9;). Antes de su conversión, Saulo era un perseguidor de la Iglesia sin sensibilidad humana hacia aquellos que seguían a Cristo Jesús. Así fue hasta que Jesús lo interceptó, lo derrumbó y lo dejó ciego por tres días. Pablo fue transformado en una persona diferente solo después de que fue humillado y quebrantado. Posteriormente, él mismo testificó de cómo supo derramar lágrimas por aquellos a quienes ministraba.

Insatisfecho (Núm. 14). El pueblo judío se quejó contra Moisés y contra Dios durante cuarenta años en el desierto. Esto llevó a Dios a tratar de quebrantarlos para acabar con ese espíritu de murmuración. Pero el pueblo se resistió al quebrantamiento y permaneció en ese estado hasta el día que entró en la tierra prometida y no se enmendó aun después. Por eso sus pruebas y dificultades nunca cesaron.

LA NECESIDAD DEL QUEBRANTAMIENTO

Alguien podría preguntar si Dios puede trabajar en una persona sin quebrantarla. La respuesta sería que el quebrantamiento representa el mejor trabajo de Dios para producir el mejor resultado. No solo Dios es glorificado cuando hay quebrantamiento, sino que también la persona es liberada de conductas pecaminosas que traen a su vida consecuencias que involucran dolor, pérdida y limitaciones de diferente índole. Una persona que no pasa por un proceso de quebrantamiento:

- No tiene una relación con Dios.
- Empaña la imagen de Dios.
- Entorpece los planes de Dios.
- Da una mala reputación a la fe cristiana.
- Daña a los demás.
- Carece de fortaleza espiritual a pesar de su voluntad férrea.
- Lo peor es que sufre consecuencias que, en muchos casos, podrían perdurar por años.

El ejemplo de Israel es bastante clarificador. Las consecuencias cosechadas por la nación de Israel fueron incontables, llegando incluso a sufrir el exilio y la destrucción de Jerusalén y del templo tan amado por el pueblo. Ahora bien, es importante tener en cuenta que la razón del quebrantamiento no es punitiva para el transgresor, sino reformadora. Dios desea eliminar de nosotros todo lo que nos aleja de Él, incluyendo el pecado.

LA SOBERANÍA DE DIOS Y NUESTRO QUEBRANTAMIENTO

El Dios soberano elige la forma en que quebrantará a Sus hijos. En el caso de Jonás se necesitó una tormenta y que lo tragara un gran pez para ser quebrantado. Aun así, permaneció airado gran parte del tiempo. Jonás nos muestra una actitud que claramente evidenciaba que aún resistía la mano de Dios. Por otro lado, se necesitaron siete años de comer hierba con los animales para quebrantar a Nabucodonosor. De manera similar, el hijo pródigo tuvo que comer algarrobas con los cerdos para que volviera en sí y regresara a casa humillado. Pedro también tuvo que pasar por la experiencia de negar a Jesús tres veces para aprender humildad y poder pastorear ovejas. Pablo fue derribado al suelo y quedó ciego para ser transformado de perseguidor de la Iglesia en apóstol de Jesucristo.

Dios es soberano y tiene la prerrogativa y por eso cuando quebranta:

- Él elige cómo, cuándo, dónde y por qué.
- Él determina el momento preciso.
- Él elige los instrumentos.
- Él elige la duración e intensidad del proceso.

Sin embargo, hombres y mujeres se resisten al obrar de Dios y, lamentablemente, la resistencia prolonga el proceso de quebrantamiento.

LA EXPERIENCIA DEL QUEBRANTAMIENTO

Sufrir a consecuencia de nuestro pecado, aun si es por largo tiempo, no implica necesariamente un quebrantamiento, como lo ilustra la historia del pueblo de Israel y de muchos de sus líderes. En cambio, la persona que está siendo quebrantada experimenta una serie de emociones y sentimientos que son evidencia de que está siendo transformada. No sabemos qué experimentó Saulo de Tarso durante los tres días que estuvo ciego posterior a su encuentro con Jesús camino a Damasco. Pero podemos suponer que Pablo probablemente tuvo recuerdos de su pasado, de cómo perseguía y arrastraba a los cristianos hasta los tribunales. Quizás recordó cuando aprobó la muerte de Esteban a pedradas (Hech. 7:58-8:1). Mencionamos esto porque hemos notado que una persona quebrantada podría pasar por las siguientes experiencias:

- Un sentimiento de estar perdido al no saber qué hacer en esta nueva fase de su vida.
- Un dolor emocional y una profunda tristeza por haber causado tanto daño a su propia vida y a la vida de los demás.
- Un deseo de pedir perdón y de perdonar.
- Un sentido amargo de culpa por haber reaccionado de la manera que lo hizo en su momento.
- Un sentimiento de arrepentimiento... de querer dar la vuelta y caminar en dirección contraria a cómo lo había estado haciendo hasta ese momento.

Estas son algunas señales evidentes que muestran que Dios ha quebrantado el orgullo, la rebeldía, la insensibilidad y la ingratitud de la persona que antes no había sido quebrantada. Hace poco mencionamos el caso del rey Nabucodonosor y cómo se enorgullecía de la Babilonia que había levantado:

Doce meses después, paseándose por la azotea del palacio real de Babilonia, el rey reflexionó, y dijo: «¿No es esta la gran Babilonia que yo he edificado como residencia real con la fuerza de mi poder y para gloria de mi majestad?». Aún estaba la palabra en la boca del rey, cuando una voz vino del cielo: «Rey Nabucodonosor, a ti se te declara: El reino te ha sido quitado, y serás echado de entre los hombres, y tu morada estará con las bestias del campo. Te darán hierba para comer como al ganado, y siete años pasarán sobre ti, hasta que reconozcas que el Altísimo domina sobre el reino de los hombres, y que lo da a quien le place». (Dan. 4:29-32)

Siete años de humillación para lograr quebrar a un hombre que parecía estar en la cima del éxito y del poder. Comparemos las palabras pronunciadas antes de su quebrantamiento con las palabras posteriores a la experiencia descrita más arriba:

Pero al fin de los días, yo, Nabucodonosor, alcé mis ojos al cielo, y recobré mi razón, y bendije al Altísimo y alabé y glorifiqué al que vive para siempre. Porque Su dominio es un dominio eterno, y Su reino permanece de generación en generación. Todos los habitantes de la tierra son considerados como nada, mas Él actúa conforme a Su voluntad en el ejército del cielo y entre los habitantes de la tierra. Nadie puede detener Su mano, ni decirle: «¿Qué has hecho?». (Dan. 4:34-35)

No podemos concluir que Nabucodonosor recibió salvación producto de estas declaraciones, pero algo sí quedó claro y es que el hombre engrandecido en su orgullo fue quebrantado profundamente y la evidencia notable es el cambio de su vocabulario y la manera como siguió tratando posteriormente a Daniel.

Una persona quebrantada está dispuesta a seguir la instrucción de Dios. Hasta ese momento anterior al quebranto, Nabucodonosor solo era una persona que confiaba en sí misma para dirigir su vida.

EL QUEBRANTAMIENTO ES BENEFICIOSO, PERO DOLOROSO

Dios desea nuestra libertad, nuestro gozo y nuestra paz, pero muchas cosas tendrán que desaparecer de nuestras vidas para llevarnos hasta esa posición. Estamos hablando de todo aquello en lo que usualmente hemos confiado para nuestra seguridad, identidad y comodidad. Es importante señalar que no es el deseo de Dios hacernos sufrir, pero las experiencias de dolor son las que nos despegan de aquellas cosas que nos servían de «salvavidas», pero que jamás evitarían nuestros naufragios en la vida. Solemos tener nuestras manos bien cerradas porque nos aferramos a los sueños que entendemos que necesitamos. Por eso, cuando Dios comienza a abrir nuestras manos para que soltemos las cosas que eventualmente nos harán fracasar, experimentamos el dolor al abrir los dedos que han estado cerrados por tanto tiempo. Necesitamos ser desarraigados de lo que amábamos para aprender a amar lo que no apreciábamos. Nuestros ídolos necesitan ser destruidos porque compiten con nuestro amor y entrega a Dios y nos hacen confiar en «algo» o «alguien» que no ofrece ninguna garantía, pero que nos tiene engañados.

El quebrantamiento usualmente ocurre en la soledad del desierto, la carencia o la escasez, donde nada ni nadie nos puede ayudar y solo podemos acudir a Dios. En ese lugar descubrimos que ciertamente su poder se perfecciona en la debilidad (2 Cor. 12:10). Nada como el desierto para demoler nuestras fortalezas carnales, autosuficiencia, orgullo y para mostrar los límites de nuestra sabiduría. En un sentido, el desierto es cruel, impersonal, no discrimina y, por lo tanto, nos afecta a todos por igual. El desierto no es un bálsamo ni un masaje, pero es un gran maestro que aporta lecciones poderosas y claras para vivir apegados a Dios. El tiempo que podríamos permanecer en el desierto está determinado por nuestra sumisión o rebelión al Señor. Como mencionamos, el quebrantamiento es doloroso, pero necesario para que lo que éramos pueda ser convertido en lo que debemos ser: hijos de Dios, hechos a la imagen de Cristo y que reflejan el carácter manso y humilde de su Señor y Salvador.

DIOS ILUSTRA NUESTRO QUEBRANTAMIENTO

El Señor usó al profeta Jeremías para ilustrar de qué manera Él procuraría el quebrantamiento de la nación de Israel:

Palabra que vino a Jeremías de parte del Señor: «Levántate y desciende a la casa del alfarero, y allí te anunciaré Mis palabras». Entonces descendí a la casa del alfarero, y allí estaba él, haciendo un trabajo sobre la rueda. Y la vasija de barro que estaba haciendo se echó a perder en la mano del alfarero; así que volvió a hacer de ella otra vasija, según le pareció mejor al alfarero hacerla. (Jer. 18:1-4)

Dios estaba usando la ilustración del alfarero que confecciona una vasija de barro para enseñar que Él es soberano para actuar sobre Israel o cualquier otra nación hasta producir arrepentimiento en sus habitantes y llevarlos a creer y vivir de manera distinta conforme a Sus principios y ordenanzas. Nadie puede cuestionar el accionar de Dios, pues como el alfarero, Él hace lo que le place con lo que le pertenece (Sal. 115:3). Pero imaginemos por un momento que la vasija mencionada en el pasaje anterior hubiese tenido la habilidad de experimentar dolor. El grado de dolor o sufrimiento de esta vasija hubiese sido inmenso. De forma similar, a menudo necesitamos atravesar por desiertos u otras experiencias dolorosas para que Dios pueda transformarnos a la imagen de Su Hijo y finalmente llevarnos a la condición deseada. A este proceso, del que ya hemos hablado en el capítulo anterior, lo llamamos santificación; un proceso a través del cual el Espíritu de Dios nos ayuda a deshacernos del «viejo hombre» para vestirnos del «nuevo hombre» (Ef. 4:22-24).

PODEMOS SUFRIR HASTA SER HUMILLADOS Y NO SER QUEBRANTADOS

Hemos oído con frecuencia la frase «él o ella está siendo quebrantado por Dios». Por lo general, la hemos oído en el contexto de alguien que está pasando por una experiencia dolorosa. Sin embargo, a lo largo de los años hemos podido comprobar que hay muchas personas que sufren sin realmente llegar a ser quebrantadas. La necedad obstinada del ser humano hace que sea capaz de resistir la mano poderosa de nuestro Dios. Esto se puede evidenciar a lo largo de la historia bíblica, así como en la historia de la Iglesia y la historia secular. Quizás el primer ejemplo y el más claro que podemos citar es la reacción del faraón en los tiempos de Moisés. Las diez plagas de Egipto y aun la muerte de su hijo y de todos los primogénitos de la nación egipcia (décima plaga), no fueron suficientes para producir el quebrantamiento de Faraón:

> Entonces el Señor dijo a Moisés: «Faraón no los escuchará, para que Mis maravillas se multipliquen en la tierra de Egipto». Moisés y Aarón hicieron todas estas maravillas en presencia de Faraón. Con todo, el Señor endureció el corazón de Faraón, y este no dejó salir de su tierra a los israelitas. (Ex. 11:9-10)

La Palabra menciona que Dios endurece el corazón de alguien para referirse a que Dios retiró su gracia de dicha persona y, por lo tanto, lo dejó libre para que ejerza su voluntad sin restricción. Esa es la peor consecuencia que podríamos sufrir producto de nuestra rebeldía y obstinación. Las plagas debieron producir un quebrantamiento en Faraón, pero no lo hicieron:

> Cuando le anunciaron al rey de Egipto que el pueblo había huido, Faraón y sus siervos cambiaron de actitud hacia el pueblo, y dijeron: «¿Qué es esto que hemos hecho, que hemos permitido que Israel se fuera y dejaran de servirnos?». Faraón preparó su carro y tomó consigo a su gente». (Ex. 14:5-6)

La criatura se resiste a la voluntad de Dios, el Creador, porque muchas veces prefiere perder con la voluntad no quebrantada que ganar habiendo sido quebrantado. Esto sucede porque muchos aman su libertad hasta el punto de idolatrarla. La historia de las diez plagas enfatiza que el relato bíblico muestra claramente cómo fue endureciéndose el corazón de Faraón.

OBSTÁCULOS PARA EL QUEBRANTAMIENTO

Es indudable que los seres humanos exhibimos diferentes grados de rebelión. Por lo tanto, vale la pena preguntarnos qué factores inciden para que algunas personas estén más prestas a recibir la corrección y someterse, mientras que otras parecen resistirse a todas las pruebas por las que atraviesan. A continuación, presentamos una lista de varias condiciones que establecen diferencias entre personas a la hora de resistirse o no la voluntad de Dios:

- La autosuficiencia/orgullo.
- La autojusticia (siempre tenemos la razón).
- El exceso de confianza en nuestros dones y talentos.
- El amar la buena imagen y la apariencia.
- El idolatrar la reputación.
- La necesidad de controlar a otros o las circunstancias.
- No reconocer nuestros pecados, faltas o errores, y seguir culpando a otros.
- La amargura.

Quizás está última (la amargura, ya tratada en un capítulo anterior) sorprenda a muchos y realmente no se nos hubiese ocurrido pensar en ella a menos que no la hubiéramos visto expresada en las palabras del salmista: «Cuando mi corazón se llenó de amargura, y en mi interior sentía punzadas, entonces era yo torpe y sin entendimiento; era como una bestia delante de Ti» (Sal. 73:21-22). La amargura, como se describe en este salmo, nos vuelve egocéntricos, nos hace perder la objetividad, nos lleva a pensar que todos están en nuestra contra, nos ciega a nuestros pecados e incluso a las consecuencias sufridas por causa del pecado.

EL QUEBRANTAMIENTO EN LA PRÁCTICA

Nuestro Dios tiene numerosas formas de obrar para formar la imagen de Cristo en cada uno de Sus hijos. No es común que esa imagen se forme en la abundancia o en los períodos donde todo parece estar en orden y bajo control. Al contrario, es más frecuente ver a Dios tallando su imagen en nosotros a lo largo de circunstancias como las que enumeramos a continuación:

Fracasos	Caídas Derrotas	Pérdidas	Depresión	Desilusión
Abandonos	Ataques del enemigo	Bancarrotas	Sueños irrealizados	

Situaciones como las que acabamos de mencionar suelen llevarnos a la introspección, la revisión de nuestro pasado, la examinación de nuestros hábitos y conductas y a la evaluación de las consecuencias sufridas. Son ese tipo de experiencias las que terminan quebrando nuestro orgullo y autosuficiencia y nos muestran que la imagen y la reputación no tienen ningún valor si no estamos bien con Dios. Estas circunstancias nos hacen volver a Dios y nos fuerzan a depender de Él. Por lo general, el ser humano tiende a justificar su pecado antes de pasar por este tipo de experiencias, pero una vez que experimenta las consecuencias que han caído sobre su vida producto del pecado, con cierta regularidad suele finalmente desplomarse y apropiarse de su pecado.

La Biblia habla más de la disciplina de Dios que del quebrantamiento, la cual Dios mismo califica como una expresión de Su amor por nosotros, a pesar de que cuando estamos en medio de una disciplina con frecuencia no experimentamos dicho amor. Veamos cómo lo expresa el autor de la epístola a los hebreos:

Porque **el Señor al que ama, disciplina, y azota a todo el que recibe por hijo»**. Es para su corrección que sufren. Dios los trata como a hijos; porque ¿qué hijo hay a quien su padre no discipline? Pero si están sin disciplina, de la cual todos han sido hechos participantes, entonces son hijos ilegítimos y no hijos verdaderos. Además, tuvimos padres terrenales para disciplinarnos, y los respetábamos, ¿con cuánta más razón no estaremos sujetos al Padre de nuestros espíritus, y viviremos? Porque ellos nos disciplinaban por pocos días como les parecía, pero Él nos disciplina para nuestro bien, para que participemos de su santidad. **Al presente ninguna disciplina parece ser causa de gozo, sino de tristeza.** Sin embargo, a los que han sido ejercitados por medio de ella, después les da fruto apacible de justicia. (Heb. 12:6-11, énfasis añadido)

El autor de Hebreos nos enseña con claridad cómo Dios ve Su disciplina:

- Una muestra de Su amor.
- Una evidencia de que somos Sus hijos.
- Un instrumento de santificación.

Al mismo tiempo, la persona que atraviesa el proceso disciplinario experimenta cierto grado de tristeza o dolor que le podría impedir percibir el beneficio del proceso. Pero si confía en la revelación de Dios, entonces podrá atravesarlo con esperanza porque creerá que el resultado final será un «fruto apacible de justicia» o de santificación, como leímos en el pasaje anterior. Ahora bien, esa tristeza tiene un beneficio incalculable según las palabras del apóstol Pablo en su primera carta a los corintios. El apóstol confronta a esta iglesia por su tolerancia al pecado de inmoralidad debido a que entre ellos había alguien que estaba conviviendo íntimamente con la esposa de su padre sin que nadie se lo reprochara. La confrontación de Pablo trajo la expulsión de dicha persona de en medio de ellos. La situación inicial produjo tristeza, pero luego las cosas cambiaron y en ese contexto es que Pablo vuelve a escribirles:

Porque si bien les causé tristeza con mi carta, no me pesa. Aun cuando me pesó, pues veo que **esa carta les causó tristeza, aunque solo por poco tiempo; pero ahora me regocijo, no de que fueron entristecidos, sino de que fueron entristecidos**

para arrepentimiento; porque fueron entristecidos conforme a la voluntad de Dios, para que no sufrieran pérdida alguna de parte nuestra. Porque la tristeza que es conforme a la voluntad de Dios produce un arrepentimiento que conduce a la salvación, sin dejar pesar; pero la tristeza del mundo produce muerte. Porque miren, ¡qué solicitud ha producido en ustedes esto, esta tristeza piadosa, qué vindicación de ustedes mismos, qué indignación, qué temor, qué gran afecto, qué celo, qué castigo del mal! (2 Cor. 7:8-11, énfasis añadido)

Recuerda: Lo más importante no es salir del problema, sino cómo salimos nosotros del problema: ¿cambiados, airados, resentidos, heridos o crecidos?

LA PERSONA QUEBRANTADA

Al inicio de este capítulo hablamos de cómo luce una persona no quebrantada. Hasta ahora hemos estado hablando sobre lo que es el quebrantamiento y las implicaciones de este proceso. Si hablamos de cómo luce una persona no quebrantada, es sabio que también hablemos de cómo luce una persona que ha pasado por el proceso de quebrantamiento y a quien Dios ha quebrantado.

La persona deja de justificar o racionalizar su pecado. El orgullo ha sido trabajado por Dios a través de las circunstancias vividas. La rebeldía ha dado paso a la sumisión y la sabiduría humana ha sido reemplazada, al menos parcialmente, por la sabiduría divina.

La persona comienza a apropiarse de sus fallas, errores y pecados. Cesa la proyección de sus problemas sobre los demás como los culpables. Incluso la persona llegaba a culpar a Dios de sus problemas, como lo hizo Adán con Eva cuando dijo: «La mujer que tú [Dios] me diste por compañera me dio del árbol, y yo comí» (Gén. 3:12, énfasis añadido).

El arrepentido no busca ser «entendido» al confesar. La persona quebrantada ha entendido que solo le toca apropiarse de su pecado, como lo ejemplificó el hijo pródigo del que habló Jesús en una de sus parábolas. Prestemos atención a las palabras de ese hijo al regresar a su padre:

> Entonces, volviendo en sí, dijo: «¡Cuántos de los trabajadores de mi padre tienen pan de sobra, pero yo aquí perezco de hambre! Me levantaré e iré a mi padre, y le diré: "Padre, he pecado contra el cielo y ante ti; ya no soy digno de ser llamado hijo tuyo; hazme como uno de tus trabajadores"». Levantándose, fue a su padre. Cuando todavía estaba lejos, su padre lo vio y sintió compasión por él, y corrió, se echó sobre su cuello y lo besó. Y el hijo le dijo: «Padre, he pecado contra el cielo y ante ti; ya no soy digno de ser llamado hijo tuyo». (Luc. 15:17-21)

La persona comienza a ver sus puntos ciegos. Todos nosotros tenemos áreas de nuestras vidas que no vemos y que no han sido completamente redimidas. Nuestra humanidad nos limita, nuestro pecado en general lo impide y nuestro egocentrismo no nos permite ver más allá de nuestro mundo personal.

La persona no necesita ganar, tener la razón o tener la última palabra. Solemos actuar así cuando nuestra inseguridad nos lleva a defender nuestra posición y creemos que, de ser encontrados en el error, nos sentiremos rechazados y desvalorizados. Esta forma de «sentir» desaparece cuando finalmente encontramos nuestra identidad en Cristo.

LA META DEL QUEBRANTAMIENTO

Si tuviéramos que definir qué debe hacer el quebrantamiento para que finalmente podamos disfrutar de la vida plena de la que Cristo habló, diríamos que este proceso que hemos estado describiendo necesita, en primer lugar, destruir nuestro ego con todo su mundo (egocentrismo) para dar paso a una cosmovisión y a una vida centrada en Dios. Por eso Jesús nos instruyó diciendo: «Si alguien quiere seguirme, niéguese a sí mismo, tome su cruz cada día y sígame» (Luc. 9:23). También dijo lo siguiente, «En verdad les digo que si el grano de trigo no cae en tierra y muere, se queda solo; pero si muere, produce mucho fruto» (Juan 12:24). En segundo lugar, el quebrantamiento necesita destruir los ídolos que controlan nuestras emociones y, por lo tanto, terminan controlando nuestras conductas. Nuestro egocentrismo crea nuestros conflictos externos e internos y junto con nuestros ídolos, contamina nuestra vida espiritual y nuestras relaciones.

La meta del quebrantamiento es un carácter humilde. La persona humilde tiene una idea grande del Dios majestuoso, Creador del cielo y de la tierra, una idea pequeña del ser humano como criatura caída en necesidad de redención y juzga a los demás como se juzga a sí misma. Ahora bien, es difícil y casi imposible que la criatura produzca humildad en sí misma. Más bien, desarrollamos el carácter humilde que Dios procura formar en nosotros al reconocer que la única razón por la que Él nos hace pasar por un proceso de quebrantamiento es para bendecirnos, para formar la imagen de Cristo en cada hijo suyo y para ayudarnos a disfrutar mayores beneficios de Él.

LAS BENDICIONES DEL QUEBRANTAMIENTO

La mayoría de las personas quebrantadas darían su aprobación al proceso si pudieran conocer y entender de antemano los beneficios y las bendiciones de ser quebrantados. El quebrantamiento nos lleva a tal libertad espiritual que finalmente entendemos que lo único que importa es Dios y su favor para con nosotros. Pablo nos deja ver cuán libre se sintió de todas las expectativas que alguna vez tuvo y que lo mantenían con un temor a los hombres y un deseo de complacerlos:

Si algún otro cree tener motivo para confiar en la carne, yo mucho más: circuncidado a los ocho días de nacer, del linaje de Israel, de la tribu de Benjamín, hebreo de hebreos; en cuanto a la ley, fariseo; en cuanto al celo, perseguidor de la iglesia; en cuanto a la justicia de la ley, hallado irreprensible. Pero todo lo que para mí era ganancia, lo he estimado como pérdida por amor de Cristo. Y aún más, yo estimo como pérdida todas las cosas en vista del incomparable valor de conocer a Cristo Jesús, mi Señor. Por Él lo he perdido todo, y lo considero como basura a fin de ganar a Cristo, y ser hallado en Él, no teniendo mi propia justicia derivada de la ley, sino la que es por la fe en Cristo, la justicia que procede de Dios sobre la base de la fe, y conocerlo a Él, el poder de Su resurrección y la participación en Sus padecimientos, llegando a ser como Él en Su muerte, a fin de llegar a la resurrección de entre los muertos. (Fil 3:4b-11)

Él pudo escribir a los gálatas después de ser liberado de todo lo que pesaba sobre él: «Porque ¿busco ahora el favor de los hombres o el de Dios? ¿O me esfuerzo por agradar a los hombres? Si yo todavía estuviera tratando de agradar a los hombres, no sería siervo de Cristo» (Gál. 1:10). Las bendiciones de ser quebrantados son enormes. A continuación, enlistamos algunas de ellas:

a. **Intimidad con Dios.** La persona no solo no tiene intimidad con Dios antes del quebrantamiento, sino que ni siquiera tiene una relación de calidad con Él porque su autosuficiencia no se lo permite.

b. **Paz interior.** La persona no quebrantada suele luchar con sentimientos de ira, falta de perdón, resentimiento y rebelión. Ninguna de estas actitudes le permiten vivir en paz consigo mismo.

c. **Gozo en medio de la aflicción** (Sant. 1:2-4). Si la persona no quebrantada no puede disfrutar de paz interior, mucho menos podrá tener gozo y sobre todo gozo en medio de la aflicción. Ese gozo es parte del fruto del Espíritu, pero no lo experimenta la persona que carece de la llenura del Espíritu.

d. **Ya no hay preocupación por la reputación, el estatus o cualquiera de las cosas que antes lo llenaban de ansiedad.** La humildad es fruto del proceso de quebrantamiento y cuando es producida por el Espíritu de Dios hace que viva en paz tratando de glorificar a su Dios.

e. **Deseo de servir a otros como quería el hijo pródigo servir a su padre.** Nuestro sentimiento de gozo proviene en parte de nuestro servicio a los demás. De hecho, inmediatamente después de lavar los pies de sus discípulos, el Señor Jesucristo pronunció estas palabras: «Porque les he dado ejemplo, para que como Yo les he hecho, también ustedes lo hagan. En verdad les digo, que un siervo no es mayor que su señor, ni un enviado es mayor que el que lo envió. Si saben esto, **serán felices si lo practican**» (Juan 13:15-17, énfasis añadido). Para experimentar la felicidad del ser humano se requiere de un espíritu humilde y la humildad suele ser el resultado del quebrantamiento.

f. **Dejamos de «lamer» nuestras heridas.** Nada peor que vivir lamiendo nuestras heridas del pasado, porque esa actitud no nos ayuda a crecer y tampoco nos ayuda a sanar. Más bien, nuestras heridas tienden a crecer con el paso del tiempo y cuanto mayor es la herida, mayor es el dolor.

g. **Un carácter manso y humilde.** Esta cualidad mejora nuestra relación con Dios y nuestra relación con los demás. El orgullo vive enemistado con muchas personas, ya sea a través de las palabras o simplemente en el silencio de las cosas no dichas.

h. **Actitud de gratitud.** El espíritu de gratitud agrada a Dios, «endulza» nuestras experiencias, mejora nuestras relaciones y nutre el gozo en las buenas y en las malas.

i. **El disfrute de una mayor gracia de parte de Dios.** Las mismas actitudes que estorban la experiencia de quebrantamiento son las que detienen el fluir de la gracia de Dios. En cambio, el libro de Proverbios dice que Dios «muestra su favor a los humildes» (Prov. 3:34, NVI).

En conclusión, si tuviéramos que mencionar una sola meta del proceso de quebrantamiento, sin duda diríamos que es la humildad del creyente. La humildad es la reina de las virtudes. Si pensáramos en la humildad como un tipo de terreno, toda clase de fruto pudiera cosecharse allí. William P. Farley hace la observación de que la humildad importa porque:[63]

«Primero, la humildad es necesaria para la conversión». Para recibir perdón de pecados necesitamos acercarnos a Cristo con el espíritu contrito y humillado, reconociendo nuestro pecado y pidiendo perdón en base a la sangre derramada por Jesús en la cruz, la cual fue respaldada por su resurrección.

«Segundo, la humildad es necesaria para la santificación». El autor añade que cada una de las virtudes mencionadas como parte del fruto del Espíritu presuponen la presencia de humildad en el creyente.

«Tercero, la humildad es necesaria para ver lo que Dios está haciendo». En ausencia de humildad, tendríamos la inclinación de atribuirnos el mérito de las cosas que están ocurriendo alrededor nuestro, cuando, en realidad, es Dios quien las hace a través de nosotros.

«Cuarto, el evangelio demuestra humildad y produce una fe que culmina en una humildad creciente». El evangelio es la antítesis del orgullo; de manera que, un cristiano orgulloso niega el evangelio en su vida frente a los demás. Esto sería terrible para la reputación del movimiento cristiano.

En conclusión, tal como se ha dicho antes: «Si ustedes oyen hoy Su voz, no endurezcan sus corazones» (Heb 4:7b). No te resistas al obrar de Dios en tu vida, pues las bendiciones del quebrantamiento siempre serán mayores que el dolor que pueda causarnos. No solo eso, sino que el dolor es temporal, pero las bendiciones de este proceso son eternas. No prolongues el dolor resistiéndote al quebrantamiento. ¡Deja a Dios obrar!

---

[63] William P. Farley, *Gospel Powered Humility* (Phillipsburg, NJ: P&R Publishing, 2011), 28-37.

10

¿Qué hacer cuando no sabemos que hacer?

*Oh Dios nuestro, ¿no los juzgarás? Porque no tenemos fuerza
alguna delante de esta gran multitud que viene
contra nosotros, y no sabemos qué hacer;
pero nuestros ojos están vueltos hacia Ti.
(2 Crón. 20:12)*

A los que hemos estado involucrados en consejería nos ha tocado lidiar con muchas parejas e individuos que se sienten frustrados y estancados por diferentes razones. Hemos escuchado innumerables expresiones como resultado de esas experiencias:

- «Estoy aquí por mi situación matrimonial… ya no sé qué hacer».
- «Mi cónyuge no quiere cambiar, ¿qué hago?».
- «Mis hijos no quieren saber y no quieren ir a la iglesia… ¿qué hago?».
- «Mi esposo no es líder en el hogar y ya no quiere ser el hombre de la casa… ¿qué puedo hacer».
- «Mi cónyuge no quiere ir a consejería… ¿cómo lo convenzo?».
- «Mi esposo está dañando a mis hijos… ¿cómo manejo esa situación?».
- «Usted es el quinto consejero que visito y ya estoy cansada… no sé qué más hacer».
- «No sé qué hacer porque he perdido tres trabajos en un año y necesito mantener a mi familia».

- «Nadie parece entenderme... podría ser más feliz si la gente cambiara».

Estos serían casos «terminales» de personas que parecen haber llegado a un callejón sin salida y ahora no saben qué hacer porque la única salida visible parecer ser el divorcio, en algunos casos, o en otros es simplemente renunciar a lo que anhelaban y buscaban. Otros también piensan que tendrán que resignarse a ser infelices por el resto de sus vidas.

La pregunta «¿qué hacer cuando no sabemos qué hacer?» requiere que vayamos por un momento a la historia de Israel cuando el pueblo no sabía qué hacer en una situación de gran peligro. La amenaza era real y la derrota casi segura. El pueblo estaba esperando un ataque inminente de parte de los amonitas y moabitas con un ejército monumental al que no podrían hacer frente. Por consiguiente, necesitaban rendirse o encontrar alguna otra salida. Ellos hicieron lo mejor que podemos hacer cuando nos encontramos en callejones sin salida. Preste atención a cómo el pueblo reaccionó:

> Oh Dios nuestro, ¿no los juzgarás? Porque no tenemos fuerza alguna delante de esta gran multitud que viene contra nosotros, y **no sabemos qué hacer**; pero nuestros ojos están vueltos hacia Ti. (2 Crón. 20:12, énfasis añadido)

El pueblo judío confesó su debilidad e incapacidad para lidiar con el problema de la invasión. Allí es donde necesitamos comenzar, buscando a Dios y confesando nuestra insuficiencia. Muchas veces buscamos variadas alternativas, cosas que corresponden más bien a nuestro propio entendimiento y no a la sabiduría de Dios. El pueblo no sabía qué hacer, pero supo hacer una cosa, volver sus ojos hacia el Señor. El pueblo oró y ayunó intensamente esperando una respuesta de parte de Dios ante el ataque inminente de sus enemigos. En nuestro caso, quizás tu cónyuge no esté interesado en mejorar el matrimonio, tal vez a tu hijo no le interesa ir a la iglesia, es posible que aún no tengas trabajo, pero hay algo que puedes hacer y es volver tus ojos a Dios.

Lo más probable es que no tengas que lidiar con un problema de seguridad nacional porque tu problema es más bien personal, de aquellos que vemos en consejería todo el tiempo. Volver nuestros ojos a Dios significa buscarlo intensamente, incluso con ayuno y oración. Son tiempos en los que necesitamos salirnos de la rutina y buscar la presencia de Dios de forma «extra-ordinaria». Ten en cuenta que esa palabra fue separada a propósito para señalar que esta búsqueda necesita ir más allá de lo habitual y ordinario.

Volvamos a la narración bíblica para considerar un caso que puede ayudarnos a saber qué hacer en situaciones personales drenantes y de larga duración. Marcos nos cuenta el siguiente acontecimiento durante el ministerio de Jesús:

Había una mujer que padecía de flujo de sangre por doce años. Había sufrido mucho a manos de muchos médicos, y había gastado todo lo que tenía sin provecho alguno, sino que al contrario, había empeorado. Cuando ella oyó hablar de Jesús, se llegó a Él por detrás entre la multitud y tocó Su manto. Porque decía: «Si tan solo toco Sus ropas, sanaré». Al instante la fuente de su sangre se secó, y sintió en su cuerpo que estaba curada de su aflicción. Enseguida Jesús, dándose cuenta de que había salido poder de Él, volviéndose entre la gente, dijo: «Quién ha tocado Mi ropa?» Y Sus discípulos le dijeron: «Ves que la multitud te oprime, y preguntas: "¿Quién me ha tocado?"». Pero Él miraba a su alrededor para ver a la mujer que lo había tocado. Entonces la mujer, temerosa y temblando, dándose cuenta de lo que le había sucedido, vino y se postró delante de Él y le dijo toda la verdad. «Hija, tu fe te ha sanado», le dijo Jesús; «vete en paz y queda sana de tu aflicción». (Mar. 5:25-34).

La mujer descrita anteriormente había llegado a un punto en el que ya no sabía qué hacer porque:

Padecía de flujo de sangre por doce años.

Había sufrido mucho a manos de muchos médicos.

Había gastado todo lo que tenía sin provecho alguno.

Había empeorado.

«¿Qué más puedo hacer? Porque ya no sé qué hacer», podría haber sido la reflexión y los cuestionamientos que tendría esta mujer en su interior. Ella pudo haber concluido, «¡ya todo está perdido!», y resignarse a un sangrado que tarde o temprano acabaría con su vida. Pero no lo hizo. Ella había oído hablar de este «profeta de Dios» con poder para sanar. Acercarse era un riesgo porque ella estaba sangrando y era considerada inmunda bajo la ley. Además, otros podrían enterarse de su condición y expulsarla.

Hay algo que esta mujer enferma hizo y debería ser la acción que todos deberíamos tomar. Ella decidió acercarse a Jesús sin saber realmente qué pasaría. Siempre hay algo que podemos y debemos hacer cuando nos encontramos en una calle sin salida. Cuando el creyente no sabe qué hacer, por lo menos sabe a quién acudir: debe acercarse a Dios. No importa cuán cerca esté, necesita acercarse más a Él. A veces las personas permiten que las actividades de la iglesia, los distintos programas, sus clases o las clases de sus hijos e incluso la participación en un ministerio, ocupen el lugar que solo debe tener Jesús. Ellos llegan a creer que su cercanía a la iglesia local es cercanía a Dios. Esa creencia es un grave error.

No sabemos lo que va a suceder cuando nos acercamos al Señor, tal como fue el caso de la mujer en la historia anterior. Sin embargo, hay algo que sí sabemos y es que cuando Jesús caminó sobre la tierra, las cosas buenas, los milagros y las bendiciones de Dios, sucedieron cerca de Él y no en la periferia de la multitud, como esta mujer pudo comprobar. No debemos esperar muchas cosas alejados de Él y hay muchos que viven cerca de la iglesia, pero lejos de Dios. Quizás no sabes qué hacer en la situación en la que te encuentras, pero al menos ya sabes una cosa: ¡Tienes que acercarte a Jesús!

El sangrado de esta mujer había empeorado después de haber comenzado doce años atrás. También solemos ver a alguien en el salón de consejería, cuya situación está peor hoy que hace años atrás. Además, producto del cansancio de muchos años de sufrimiento, las personas a menudo se encuentran exhaustas y, en ocasiones, ni siquiera quieren aplicar o siquiera escuchar un consejo nuevo. Muchas personas que han estado en consejería en diferentes períodos, como esta mujer que fue atendida por muchos médicos, acumulan sentimientos de inseguridad, rechazo, inconformidad e incluso ira, pero no se atreven a confesárselos a nadie. Esos son los casos que nos empujan a buscar de Dios.

Dios suele permitir circunstancias difíciles en nuestras vidas con la intención expresa de acercarnos más a Él. Ten en cuenta que esta mujer tuvo además que abrirse paso entre la multitud y probablemente tocar a varias personas mientras continuaba acercándose al Maestro. En esa época, se suponía que las mujeres no debían estar entre los hombres públicamente y ella necesitaba abrirse paso entre muchos de los hombres presentes en la multitud. Al mismo tiempo, resolver su situación requería fe, lo cual es evidente en sus palabras, «Si tan solo toco Sus ropas, sanaré» (Mar. 5:28). A través de su ejemplo podemos aprender que cuando no sabemos qué hacer necesitamos:

- Acercarnos al Maestro.
- Arriesgarnos a romper con nuestros temores para tener un encuentro diferente con Dios.
- Depositar nuestra fe en que Dios puede y quiere obrar a nuestro favor.

Considera que cuando Jesús pregunta, «¿Quién ha tocado mi ropa?», se describe a la mujer como «temerosa y temblando». En ese momento, ella no sabía si Jesús la sanaría o haría cualquier otra cosa. Aun así, ella fue y se postró delante de Jesús en señal de sumisión y «le dijo toda la verdad». Si queremos ver a Dios obrando a nuestro favor, tendremos que humillarnos ante Él. Al igual que esta mujer, tenemos que confesar toda la verdad y pedir perdón cuando sea necesario y, en otras ocasiones, expresar todo lo que nos preocupa y nos angustia. Quizás aún no te has acercado a Jesús porque piensas que tu pecado es tan grande que Él no te lo perdonaría, pero si te quedas en la periferia no podrás experimentar todo lo que sucede solo cerca de Él.

En las iglesias podemos encontrar personas que necesitan ser escuchadas y cuando ven venir al pastor o a uno de los líderes piensan: «Cuando esté frente a mí, se lo haré saber», pero el pastor pasa delante de ellos y la persona se llena de temor y no habla. ¿Tienes temor de abrirte paso entre la multitud de tu iglesia para buscar ayuda? Muchas veces la indisposición para buscar ayuda no es más que temor a lo que enfrentaremos.

Dudamos de que haya muchas personas que tengan doce años con un sangrado como el de esta mujer dados los avances de la medicina actual. Sin embargo, nos encontramos con frecuencia con personas que enfrentan situaciones de años sin resolver y que hoy se sienten cansadas y drenadas. Es usual que estas personas no se atrevan a hablar debido al temor de que alguien se entere de que algo anda mal en su matrimonio o en su familia. Temen que otros se enteren de situaciones que los avergüenzan o que pondrían en riesgo a su familia. Por eso prefieren el silencio antes que el riesgo de hablar, tal como fue el caso de esta mujer hasta que Jesús la hizo hablar. Pudiera tratarse de un adulterio que el cónyuge ha confesado y que no se ha atrevido a compartir; o tal vez la lucha con un hijo con problemas de inmoralidad o un hábito de abuso de sustancias. Quizá el solo hecho de pensar en hablar de esas cosas produce temor, dolor o ansiedad. Sentimientos similares a los que experimentó esta mujer, aunque por razones diferentes. Muchas veces, cuando oímos a alguien decir: «No sé qué hacer», lo que hay detrás de esa frase es algún tipo de temor que tiende a paralizar a las personas.

LAS PEORES ACTITUDES

Como resultado de situaciones de larga duración que han dejado heridas emocionales dolorosas, las personas tienden a adoptar actitudes que, si no son destruidas, no permitirán que la persona sane emocional y espiritualmente. Estas actitudes suelen expresarse a través de frases como estas:

«Nadie me entiende».
«Todo cambiaría si tan solo él/ella [...]».
«No es mi culpa».
«Si cambio de cónyuge, trabajo, iglesia, país... las cosas cambiarán».

Esos pensamientos distorsionados llevan a las personas por caminos errados. La realidad es que, si nadie lo entiende, lo más probable es que no se haya sincerado del todo para ver de qué manera ha contribuido, poco o mucho, a la situación en la que se encuentra. Cuando decimos, «Todo cambiaría si tan solo él o ella cambiara», ponemos todo el peso de la situación sobre los hombros de otra persona, lo que no nos ayudará a ver lo que necesitamos ver. Otros dicen: «No es mi culpa»; pero en un conflicto de dos o más personas, cada uno tiene algo que ha aportado al problema y que ha contribuido a aumentar el conflicto.

Decía alguien que hay dos tipos de personas en varias categorías diferentes:

- Los que obtienen lo que quieren y los que no
- Los perdedores y los ganadores
- Los que tienen y los que no tienen
- Los que asumen la responsabilidad de sus vidas y los que no la asumen
- Los que quieren sanar y los que no lo desean

La mujer de la historia...

- Quería sanar.
- Asumió la responsabilidad de su vida.
- Venció el temor.
- Se acercó a Jesús y sanó.

Podría sonar chocante, pero la verdad es que no todo el mundo quiere sanar. Juan nos narra la historia de un paralítico que llevaba muchos años en esa condición. Jesús le pregunta cuando va a su encuentro: «¿Quieres ser sano?» (Juan 5:6). La pregunta parece extraña para un paralítico... ¡Claro que querrá sanar! Pero resulta que hay muchas personas estancadas en una situación particular que prefieren decir: «¡No sé qué hacer! ¿Qué hago?». Es posible que existan personas que están pasando dificultades por mucho tiempo y no quieran cambiar la condición en la que se encuentran porque su situación, de alguna manera, produce algún tipo de ganancias secundarias que ellos utilizan a su favor. Por ejemplo, la esposa que se vale de sus «dolencias» para no acompañar a su esposo a un lugar adonde ella no quiere ir; o el esposo que habla de «responsabilidades» que debe cumplir porque no quiere acompañar a su esposa a alguna actividad. Ninguna de estas actitudes o conductas lleva a la sanidad.

LA NECESIDAD DE SER TRANSPARENTES

La mujer que tenía doce años sangrando tocó a Jesús, pero cuando Jesús pregunta quién lo hizo, ella no quiso revelar que fue ella y se quedó en silencio. Quizás tenía sus razones, como no ser condenada por otros o ser avergonzada frente a la multitud. Pero Jesús quería saber quién lo había tocado. Marcos dice: «Pero Él miraba a su alrededor para ver a la mujer que le había tocado. Entonces la mujer, temerosa y temblando, dándose cuenta de lo que le había sucedido, vino y se postró delante de Él» (Mar. 5:32-33). Asumir la responsabilidad de nuestras acciones nos puede hacer temblar, pero es la única manera de comenzar a sanar. La mujer se iba a retirar de allí sin dar testimonio de la obra de Dios, habiendo recibido una visitación especial de Su gracia.

No podemos olvidar que muchas veces Dios permite ciertas circunstancias en nuestra vida para llevarnos a conocerlo y, al mismo tiempo, desplegar su gloria, como ocurrió con la sanidad del ciego de nacimiento (Juan 9). No podemos quedarnos callados cuando Dios obra así, porque al responder de esa manera ocultamos Su gloria. Marcos continúa con la historia y nos cuenta que la mujer se postró ante Jesús y de rodillas se humilló y le dijo toda la verdad. Jesús le dijo: «Hija, tu fe te ha sanado; vete en paz y queda sana de tu aflicción» (Mar. 5:34). Ver a Dios obrando requiere humildad y transparencia de parte nuestra. En el contexto del pasaje, la verdad tenía que ver con su enfermedad y con el toque de Su manto.

A menudo nos encontramos con aconsejados que se encuentran en situaciones de pecado que revelan solo a medias, deseando obtener un consejo completo y sabio, pero solo aportando la mitad de la información. Esto suele ocurrir por temor, vergüenza o simplemente por orgullo. Decimos medias verdades y nos hacemos a la idea de que dijimos toda la verdad. Otras veces decimos que entregamos toda la verdad, pero lo cierto es que le agregamos elementos de mentira y nos hacemos a la idea de que no dijimos nada más que la verdad. A veces decimos la verdad y luego queremos retractarnos. Si quieres que Dios trabaje en tu vida, necesitas decir la verdad, toda la verdad y nada más que la verdad. Dios no obrará a nuestro favor cuando el enemigo está siendo honrado con la mentira. Debemos comenzar siendo honestos con Dios y contar toda la verdad.

LA RESISTENCIA AL CAMBIO

Parece contradictorio, pero muchos se rehúsan a cambiar a pesar de que el cambio es necesario para encontrar la solución a sus problemas y, en muchos casos, aun nuestra sanidad. Las razones para resistirse al cambio son muchas, algunas más obvias que otras. Solemos resistirnos porque si cambiáramos tememos perder la excusa para seguir acusando a otro de nuestro infortunio. Aquellos que no aceptan su contribución a la situación en la que se encuentran, continúan culpando a otros y se sienten justificados para vivir como lo están porque no quieren aceptar la culpa de su situación. Cambiar requiere asumir la total responsabilidad por nuestras acciones. Las excusas nunca podrán cambiar nuestra situación, pero con frecuencia podrían hacernos sentir mejor solo por un tiempo.

Otros no cambian porque tienen una noción idealista de cómo deberían ser las cosas y deciden permanecer en la misma posición con la esperanza de que las cosas cambien cuando se den todas las condiciones. Esta disposición idealista para la vida hace que vivamos frustrados. En cambio, las personas maduras lidian con la vida tal como es y no como debería o quisieran que sea. Nunca podemos olvidar que vivimos en un mundo caído desde que Dios pronunció estas palabras, «Maldita será la tierra por tu causa» (Gén. 3:17).

Algunos se rehúsan a cambiar porque esperan o condicionan su cambio a que su cónyuge cambie. Pero viven en una prisión aquellos que permanecen estancados esperando que otras personas cambien. Dios da el poder para crecer, madurar y vivir satisfactoriamente a pesar de las peores circunstancias. El testimonio de Pablo es muy oportuno:

Todo lo puedo en Cristo que me fortalece. (Fil. 4:13)

Esta afirmación no fue dada en un contexto en donde tenía todo lo que deseaba, sino, más bien, en un contexto de gran dificultad. Son todas aquellas circunstancias que llegan a nuestra vida como resultado de la providencia de Dios y que las podemos sobrellevar porque el mismo Dios que las permitió es el Dios que nos da la gracia para sobrellevarlas.

¿QUÉ REQUERIMOS PARA CAMBIAR?

En primer lugar, necesitamos cambiar nuestras expectativas sabiendo que de este lado de la eternidad todo es disfuncional. Debes tener presente que incluso las personas que amas harán cosas, sin querer, pero también intencionalmente, que te herirán. Debemos aceptar esta realidad y evitar la desilusión porque todo forma parte del crecimiento. Afronta las heridas con amor y madurez, pide perdón y perdona.

En segundo lugar, renuncia a la idea de que las cosas son como las piensas. Un hombre y una mujer no llegan a la misma conclusión después de haber visto o vivido una misma experiencia. Una persona de Norteamérica y otra de Latinoamérica no necesariamente ven e interpretan lo que oyen y lo que viven de la misma manera. Aun en una misma cultura, la persona colérica a menudo reacciona ante las circunstancias de una manera muy diferente a como lo haría una persona flemática. Además, recordemos que todo lo que evaluamos es interpretado a través de un corazón y una mente manchados por el pecado. En la medida en que esas ideas vividas permanecen en nuestra mente, nuestro propio pecado continúa aumentando, disminuyendo o distorsionando la interpretación de lo vivido.

En tercer lugar, necesitamos permitir que otros cuestionen nuestra percepción de la realidad para que quizás así podamos tener una idea más balanceada de las circunstancias a nuestro alrededor. Cuando no aceptamos que otros cuestionen nuestra percepción de los hechos, debemos aceptar que tenemos un problema de carácter. **Recuerda, no vemos las cosas como son, sino como nosotros somos.**

En cuarto lugar, necesitamos estar abiertos al consejo de otros con más sabiduría y más experiencia. La sabiduría viene de Dios y, por lo tanto, Dios ha dotado a algunas personas de un mayor don de sabiduría para que puedan ayudar a otras con menos experiencia y menos capacidad para analizar y reaccionar ante la vida.

En quinto lugar, necesitamos cultivar la humildad porque sin esta cualidad nada de lo anterior podrá ser hecho. La humildad es la reina de las virtudes porque es en ese terreno donde puede crecer el perdonar, el pedir perdón, el recibir consejos de otros, el aceptar que no siempre tenemos la razón y que muchas veces nosotros mismos hemos contribuido a las circunstancias difíciles en las que nos encontramos. Con humildad tenemos que aceptar que a menudo no solamente hemos sido víctimas, sino que también hemos sido victimarios. Eso nos ayudará a eliminar el complejo de víctima con el que muchos individuos viven y que usan para continuar culpando a otras personas de sus desventuras. Cuando estas situaciones en las que permanecen las personas se prolongan por mucho tiempo, es común que muchos terminen con ideas o pensamientos distorsionados de la realidad que tienden a perpetuar el problema.

ILUSTRACIONES DE PENSAMIENTOS DISTORSIONADOS O CATASTRÓFICOS

Las personas con distorsión cognitiva suelen hacer uso de expresiones hiperbólicas que creen con cierto grado de certeza. Los pensamientos distorsionados son patrones de pensamiento que llevan a las personas a ver la realidad de forma distorsionada. Esas personas a menudo creen que las cosas son de una manera, pero, por lo general, están equivocadas. A continuación, presentamos algunos ejemplos:

«Estoy donde estoy por mis padres». ¡Realmente no! Los padres pueden haber criado a uno o a todos sus hijos de tal forma que algunos quedaron profundamente marcados emocionalmente. Sin embargo, con el paso de los años y más aún cuando somos cristianos, hemos tenido tiempo de revisar nuestra vida, encontrar el origen de nuestros problemas y, por la gracia de Dios, poder salir de circunstancias pasadas. Nadie puede cambiar el pasado, pero podemos cambiar el efecto que tiene sobre nosotros en el presente.

«Si no fuera por él (ella), no reaccionara así». No es cierto. Es posible que la otra persona haya apretado un botón emocional en nosotros y eso nos hizo reaccionar de una u otra manera. Pero nuestra respuesta es completamente nuestra responsabilidad y de nadie más. Adán quiso culpar a Eva, ella quiso culpar a la serpiente, pero Dios no aceptó sus excusas. Aunque la serpiente jugó un papel importante en la caída de la primera pareja, aun así, pudieron y debieron haber resistido la tentación.

«Él me hizo ver esa película horrible». Un esposo pudiera insistir con mucha presión para que su esposa vea cierta película con él. Pero, salvo raras excepciones, pensamos que nadie coloca una pistola en la cabeza de otra persona para forzarla a ver una película. Quizás la persona no tuvo la valentía suficiente para decir que no. Sin embargo, en cualquier caso, cuando se viven experiencias así, la persona adulta tiene la oportunidad de buscar ayuda para saber cómo reaccionar la próxima vez.

«Cuando dijiste eso, el otro seguro pensó...». Esta frase representa una especulación sobre lo que la otra persona pudo haber pensado. Sin embargo, la realidad ha demostrado que con frecuencia no es el caso. Es más, a veces ni siquiera había tenido ningún pensamiento particular al respecto. En otras ocasiones, incluso nos hemos encontrado con individuos que estaban teniendo un buen pensamiento sobre otro y, sin embargo, fueron acusados de haber pensado algo horrible.

«No vale la pena porque él o ella no cambia y no cambiará». Si bien es cierto que hay personas que han decidido no cambiar en la vida, no es menos cierto que solemos menospreciar la capacidad de cambio del ser humano con el paso de los años y, peor aún, subestimamos el poder de Dios para producir cambios cuando deciden agradar a Dios y confiar en Él. Como dice el autor de Proverbios: «Cuando los caminos del hombre son agradables al Señor, aun a sus enemigos hace que estén en paz con él» (Prov. 16:7). Una sola persona puede cambiar las circunstancias más de lo que imaginamos.

«Lo he intentado todo y nada funciona». Cuando las personas suelen usar este tipo de frases, se están refiriendo a que trataron de hacer todo lo que querían hacer, pero no necesariamente todo lo que debieron y pudieron haber hecho. Muchas personas trazan una línea en la arena para limitar hasta dónde están dispuestas a cambiar, ceder o simplemente arriesgar para lograr un cambio, pero no más allá.

Cuando estas distorsiones cognitivas perduran en el tiempo, tienden a empeorar y dan lugar a pensamientos catastróficos. Personas con estas disfunciones tienden a pensar lo peor cuando se enfrentan a situaciones desconocidas. Estos pensamientos catastróficos pueden manifestarse en las siguientes expresiones:

«Acabo de tener una entrevista con una persona muy importante y me fue terriblemente mal. Acabo de arruinar mi carrera. Nunca más podré tener un buen trabajo». La conclusión a la que llega este individuo está divorciada de la realidad. Sin duda hay otras oportunidades de trabajo que no dependen de esa entrevista, pero muchos concluyen de manera catastrófica en medio del pánico.

«No puedo darme el lujo de perder al novio (o esposo) que tengo porque si pierdo a este excelente hombre, nunca encontraré a alguien como él y todos pensarán que conmigo no se puede vivir». Una vez más, vemos la conexión entre la inseguridad de la persona, el temor exagerado y el divorcio de la realidad. La persona que decidió no continuar la relación no es el estándar de medida de los demás, como para pensar que jamás podrá encontrar a un compañero similar.

Estas personas llegan regularmente a la conclusión de que no hay nada más que hacer; entienden que ya lo han intentado todo y ahora no saben qué hacer. En consecuencia, tienen pensamientos catastróficos.

¿POR DÓNDE COMENZAR CUANDO NO SABEMOS QUÉ HACER?

Muchas otras personas están involucradas cuando nos encontramos en circunstancias en las que no sabemos qué hacer. Podría tener que ver con uno de los dos cónyuges y, otras veces, tienen que ver con un hijo. La situación también podría estar relacionada con personas de nuestro entorno laboral. Podría tratarse de una situación que se ha vuelto insoportable debido a las condiciones en las que nos ha tocado vivir. Es aún peor cuando la circunstancia requiere que las personas involucradas cambien, pero nadie está tomando la decisión de hacerlo. Entonces, ¿qué hacemos? La respuesta es sencilla, pero más compleja de implementar: ¡Crezca usted!

Prestemos atención a cómo la Biblia nos estimula a comenzar por nosotros mismos, aunque obviamente el contexto de este versículo no es una consejería bíblica:

¡Hipócrita! Saca primero la viga de tu ojo, y entonces verás con claridad para sacar la mota del ojo de tu hermano. (Mat. 7:5)

Cristo enseñó que antes de fijarnos en la falta del otro, necesitamos ver la falta mayor en nosotros mismos. El mero hecho de ser egocéntricos desde el nacimiento hace que veamos nuestras faltas reducidas y las faltas de los demás agigantadas. Vernos como el Señor Jesús nos enseñó es más honesto, más bíblico, complacerá más a Dios y dará mejores resultados. Al encender la luz para examinarte a ti mismo, debes estar preparado para admitir tu inmadurez, tus errores y pecados. Luego decides cambiar (crecer). El cambio es un evento y es un proceso. La decisión se toma un día y el crecimiento ocurrirá con el paso del tiempo. Por esta misma razón, preferimos el término CRECER al término cambiar.

El primer paso para ayudar a una relación es la disposición de cada persona a examinarse a sí misma y luego someterse al escrutinio de otro (el consejero) para comenzar a ver sus propios problemas, heridas, inseguridades, faltas y temores. La mayoría de las personas no se percatan de que cada vez que alguien sana en una relación, esa persona agrega sanidad a la relación. En vez de dos personas emocionalmente afectadas, solamente hay una. Esto permite que la persona que ha madurado evalúe y reaccione ante las diferentes situaciones que se presenten de una forma mucho más equilibrada, lo que a su vez permitirá que el otro esté más dispuesto a ver la realidad tal como es y a lidiar con ella de una mejor manera al no sentirse amenazado por la actitud del primero.

Como han observado muchos consejeros, cuando uno sana, su capacidad de amar, de tener gracia, de comunicarse bien, de ser honesto y de resolver problemas aumenta de forma considerable. Es bastante evidente que una relación será tan sana como la sanidad de los individuos que la componen. Te sorprenderás de cuánto puedes impactar la vida de otra persona con tu cambio o crecimiento. El autor Gary Smalley llama a esto «*the power of one*» [el poder de uno o de una sola persona].[64] Observa cómo el libro de Proverbios habla sobre la forma en que la reacción de una sola persona puede influenciar positivamente al otro:

---

[64] Gary Smalley, *The DNA of Relationships* (Carol Stream, IL: Tyndale House Publishers, INC., 2004), cap. 4, *The Power of One: Personal Responsibility*.

«La suave respuesta aparta el furor, pero la palabra hiriente hace subir la ira» (Prov. 15:1). La respuesta piadosa de una sola persona puede hacer desaparecer la ira de otra. A su vez, la palabra hiriente de una sola persona es capaz de empeorar la ira del que escucha. «Hay quien habla sin tino como golpes de espada, pero la lengua de los sabios sana» (Prov. 12:18). La manera de hablar de los sabios tiene un efecto sanador en el otro. Pero el que habla sin cuidado tiende a herir y el que se siente herido reaccionará con ira.

Cuando una persona comienza a cambiar, necesita ser paciente consigo misma y con los demás. No esperes resultados instantáneos. Trabaja primero contigo y confía en Dios en la espera. Lo que hagas individualmente impactará tu relación con otros más de lo que piensas. Es un hecho comprobado que generalmente tu crecimiento estimula al otro a crecer. Este es un principio muy importante porque las relaciones que crecen están compuestas de personas en crecimiento.

EL PROCESO PARA EL CAMBIO

- Admite tu parte en el problema y luego emprende la reconciliación.
- Reconoce que quizás has culpado a otra persona por tu infelicidad cuando, en realidad, puedes ser feliz en Cristo a pesar de las circunstancias (Fil. 4:12-13).
- Considera que tal vez te cansaste muy pronto, cuando aún puedes y debes continuar (Jer. 12:5).
- Piensa que quizás no has sido claro sobre cómo te sientes y de lo que realmente necesitas.
- Acepta que es posible que hayas tenido temor de confrontar a tiempo lo que estaba mal.
- No te veas a ti mismo como una víctima. Reconoce que en ocasiones también has sido «victimario».
- Admite que es posible que no hayas visto tus propias faltas.
- Evalúa si llegaste a tolerar cosas que nunca debiste haber tolerado.
- Acércate a Dios con todo tu corazón, con toda tu mente y con todas tus fuerzas para que Él desarrolle en ti el fruto del

Espíritu: «amor, gozo, paz, paciencia, benignidad, bondad, fidelidad, mansedumbre y dominio propio; contra tales cosas no hay ley» (Gál. 5:22-23).

REFLEXIÓN FINAL

Las circunstancias y las personas a tu alrededor no son la causa de tu infelicidad, aunque pueden ser la causa de tu dolor emocional. Sin embargo, marcan una enorme diferencia nuestra actitud ante la vida y, más aún, nuestra disposición a aceptar las cosas permitidas por Dios y nuestra actitud de agradecimiento o de queja. Presta atención a la siguiente instrucción del apóstol Pablo:

Y no solo esto, sino que también nos gloriamos en las tribulaciones, sabiendo que la tribulación produce paciencia; y la paciencia, carácter probado; y el carácter probado, esperanza. Y la esperanza no desilusiona, porque el amor de Dios ha sido derramado en nuestros corazones por medio del Espíritu Santo que nos fue dado. (Rom. 5:3-5)

El carácter probado es el resultado de la tribulación. Cuando podemos ponernos de acuerdo con Dios, entonces entendemos las palabras del salmista: «Bueno es para mí ser afligido, para que aprenda Tus estatutos» (Sal. 119:71). Por otro lado, Salomón nos enseña la procedencia del gozo que disfrutamos en la vida. Viene de arriba y no de las circunstancias que nos rodean: «Porque a la persona **que le agrada**, Él le ha dado sabiduría, conocimiento y gozo...» (Ecl. 2:26, énfasis añadido). El gozo es parte del fruto del Espíritu en nosotros en la medida en que Él desarrolla la imagen de Cristo en nosotros.

Finalmente, el Señor Jesús enseñó a Sus discípulos que gran parte del gozo que experimentamos es el resultado de nuestra obediencia a su voluntad. Si hay un momento en el que la sumisión se hace necesaria es cuando las cosas no van bien en nuestra vida:

Si guardáis mis mandamientos, permaneceréis en mi amor, así como yo he guardado los mandamientos de mi Padre y permanezco en su amor. Estas cosas os he hablado, para que **mi gozo** esté en vosotros, y **vuestro gozo sea perfecto.** (Juan 15:10-11, énfasis añadido)

Recuerda, a menudo no podemos cambiar las circunstancias, como tampoco Cristo pudo cambiar la copa que iba a beber al sacrificarse a nuestro favor. Es entonces cuando necesitamos imitar a nuestro Señor y poder decir: «¡Hágase tu voluntad y no la mía!».

11

Si no creces, retrocedes

*Acerca de esto tenemos mucho que decir, y es difícil de
explicar, puesto que ustedes se han hecho tardos para oír.
Pues aunque ya debieran ser maestros, otra vez tienen
necesidad de que alguien les enseñe los principios
elementales de los oráculos de Dios, y han llegado
a tener necesidad de leche y no de alimento sólido.*
(Heb. 5:11-12)

L a vida del creyente puede ser definida en términos de crecimiento. Hemos sido llamados por Dios a una vida de transformación en la que somos cada vez más conformados a la imagen de
Jesús. Hemos sido redimidos con la meta de ser transformados.

Aunque Dios nos recibe tal y como somos en el momento de la
conversión, porque es un perdón incondicional, ahora que somos
Sus hijos, Él inicia un proceso de cambio y santificación que se
completará recién cuando nos encontremos en Su presencia. Desde
el momento que somos sellados con el Espíritu Santo se inicia un
proceso de cambio que va a ser una constante por el resto de nuestra
vida en este mundo.

Muchos cristianos emprenden este proceso de crecimiento de manera
pasiva y no quieren pagar el precio requerido para continuar con un
proceso de transformación que se inició el día en que nacieron de
nuevo. Lamentablemente, la mayoría no se percata de que nunca estamos estáticos, sino que no creceremos, nos estancaremos y eventualmente comenzaremos a retroceder. Eso es exactamente lo que parece

que ocurrió con ese grupo de creyentes a los que el autor de hebreos se refiere en el texto que citamos más arriba. Notemos como el autor menciona algunas verdades de lo acontecido en la vida de estas personas:

«... se han hecho tardos para oír». Es evidente que ellos habían progresado y luego retrocedieron en su caminar.

«...aunque ya debieran ser maestros...». Se estancaron y no avanzaron más allá de cierto punto.

«...otra vez tienen necesidad de que alguien les enseñe los principios elementales». La frase «otra vez» nos deja ver que ya una vez aprendieron esos principios elementales de la fe y luego tuvieron que aprenderlos de nuevo.

La meta de la consejería bíblica es ayudar al aconsejado a crecer a través de las circunstancias que está atravesando y proveerle las herramientas para seguir creciendo en el futuro. Este proceso de cambio que llamamos santificación en un capítulo anterior es lo que queremos ampliar en este nuevo capítulo para entender la obligatoriedad del cambio. El no cambiar no solo implica dejar de crecer y falta de santificación. Con el paso del tiempo comenzamos a retroceder a nuestra manera de vivir anterior. Los gálatas comenzaron creyendo el evangelio y viviendo por gracia y en algún momento retrocedieron a las obras y a vivir por la ley (Gál. 1). Pedro comenzó defendiendo el hecho de que Dios había quebrado la barrera que separaba judíos de gentiles y, con el paso del tiempo, terminó apartándose de los gentiles, al igual que Bernabé y otros por igual (Gál. 2). Estos eran líderes de la iglesia y, aun así, experimentaron cierto retroceso en sus creencias y estilos de vida. La consejería bíblica apunta al crecimiento continuo del aconsejado para que vaya en dirección de la imagen de Cristo... **¡Transformados a su imagen!**

LA NECESIDAD DEL CAMBIO

En el capítulo 4 de Efesios se inicia una nueva sesión de la carta. En los primeros tres capítulos leemos sobre todo lo que Dios ha hecho a favor nuestro y en los últimos tres capítulos leemos sobre aquellas cosas que nos tocan hacer como resultado de lo que ya Dios hizo o proveyó para nosotros. En esta última sección, Pablo nos habla sobre la forma en que debemos responder en obediencia a Dios. Aquí aparece una descripción maravillosa de la necesidad que tiene el creyente de cambiar. Revisaremos el texto en porciones breves para una mejor compresión:

> Esto digo, pues, y afirmo juntamente con el Señor: que ustedes ya no anden así como andan también los gentiles, en la vanidad de su mente. Ellos tienen entenebrecido su entendimiento, están excluidos de la vida de Dios por causa de la ignorancia que hay en ellos, por la dureza de su corazón. (Ef. 4:17-32)

Pablo proclama que el cambio no es una opción si es que hemos nacido de nuevo. De hecho, el cambio no es más que un reflejo de que realmente estamos vivos espiritualmente. Por lo tanto, se podría decir que el llamado de la fe cristiana es al cambio porque nacimos en Jesús para descubrir un estilo de vida que nunca habíamos conocido. Estábamos gobernados por la incredulidad y ahora debemos vivir por la fe. Jesús fue a la cruz no solo para comprar la salvación de nuestros pecados, sino para obtener para nosotros acceso a Dios y a Sus promesas que nos permitan dejar atrás toda nuestra manera de vivir anterior.

NUESTRA PRIMERA MANERA DE VIVIR

Antes de venir a Cristo vivíamos en la vanidad de la mente (Ef. 4:17). La palabra «vanidad» significa vacío, sin sentido o sin criterio. Una característica de las personas que no conocen a Dios es la vanidad en su mente. La mente está llena de cosas que no tienen sentido, no hay sustancia en lo que piensa, se les va el tiempo en cosas pasajeras y superficiales porque viven sujetos a lo externo y material. Por el contrario, ya que los cristianos somos morada del Espíritu Santo y somos guiados a toda verdad, entonces deberíamos reflejar un estilo de vida diferente que comienza primero por un cambio en la manera de pensar.

Pablo también nos dice que antes de venir a la fe teníamos el entendimiento entenebrecido (Ef. 4:18). No teníamos claridad con respecto a nosotros mismos ni la realidad a nuestro alrededor. La mente estaba embotada, prevalecía la ignorancia y era incapaz de discernir y apreciar la vida tal como es percibida desde el cielo. Es evidente que éramos incapaces de responder con sabiduría y discernimiento a los desafíos de la vida. El libro de Proverbios destaca esa vida sabia y la contrasta con una necia cuando dice:

> El prudente ve el mal y se esconde,
> Pero los simples siguen adelante
> y son castigados.
> (Prov. 22:3)

El entendimiento entenebrecido no toma decisiones acertadas para el alma. Por lo tanto, el cristiano tiene que aprender a pensar y por eso necesita aprender a emplear tiempo en la meditación y la reflexión.

El apóstol Pablo continúa con su descripción de una vida sin Dios y nos dice que estábamos, «excluidos de la vida de Dios» (Ef. 4:18b). La palabra «excluidos» es muy particular porque significa estar lejos, fuera de la influencia de alguien o algo. La idea es que vivíamos con Dios ajeno por completo a nuestros pensamientos, sin desearlo en Su totalidad ni disfrutar de Su presencia y sin entender ni percibir nada de las cosas de Dios (1 Cor. 2:14). Pablo continúa y explica la razón para esa completa apatía y lejanía: «por causa de la ignorancia que hay en ellos, por la dureza de su corazón» (Ef. 4:18c). En otras palabras, la persona ignora la voluntad de Dios revelada en Su palabra y, al mismo tiempo, tiene un corazón indispuesto para ceder y obedecerla, como consecuencia de un corazón insensible y orgulloso. El resultado de esa condición se describe después:

> Habiendo llegado a ser insensibles, se entregaron a la sensualidad para cometer con avidez toda clase de impurezas. (Ef. 4:19)

La conexión que encontramos entre la manera de pensar de una persona y su conducta no puede pasar inadvertida. Una mente vana, con el entendimiento cegado y lejos de Dios va a generar una vida de insensibilidad espiritual y muchos extravíos.

En resumen, estos son los efectos del pecado en la vida de todo ser humano que no ha conocido a Cristo. Por eso decimos que necesitamos cambiar para crecer. El pecado nos separó de Dios, cegó el entendimiento, endureció el corazón, esclavizó la voluntad y por todo lo anterior éramos más inclinados a la mentira que a la verdad y nuestra disposición natural es a reemplazar al Creador por la criatura. El resultado serán disfunciones serias que se expresan en temores, vergüenza, inseguridades, búsqueda equivocada de aceptación, manipulación, culpabilidad y estilos de vidas errantes. El cambio será entonces el resultado del proceso de santificación del que hablamos en el capítulo anterior y por eso dedicamos todo un capítulo a comprender la santificación posicional y progresiva. Por lo tanto, se trata del proceso de ser liberados de toda esa esclavitud, lo que puede resumirse en conocer, amar y servir a Dios.

El Proceso de Cambio

La consejería bíblica lleva a cabo el proceso de transformación o de crecimiento espiritual que la biblia describe como fruto de una santificación progresiva:

> … que en cuanto a la anterior manera de vivir, ustedes se despojen del viejo hombre, que se corrompe según los deseos engañosos, y que sean renovados en el espíritu de su mente, y se vistan del nuevo hombre, el cual, en la semejanza de Dios, ha sido creado en la justicia y santidad de la verdad. (Ef. 4:22-24)

Veamos algunos aspectos de la vida que exigen un cambio radical para lograr el crecimiento espiritual del creyente:

El cambio requiere despojarse de malos hábitos. Pablo nos llama a despojarnos del viejo hombre (Ef. 4:22). Esta frase describe cómo éramos antes de venir a Cristo, lo cual incluye nuestros hábitos de pensamientos y formas de conductas, nuestros valores y convicciones, y las emociones y sentimientos sin Dios.

De la misma manera que nos quitamos la ropa sucia antes de bañarnos, así necesitamos deshacernos de nuestras formas de vivir antiguas y sucias. El primer paso para lograrlo es aceptar que no podemos caminar con Dios y seguir siendo la misma persona que éramos antes de conocerlo. Por ejemplo, le decimos a un creyente en una sesión de consejería, «tú no puedes ser así con tu esposa, un hombre tan airado que da rienda suelta a todas esas palabras hirientes. Estás pecando contra tu esposa e hijos». Una respuesta bastante frecuente es: «No puedo hacer nada, yo soy así, esa es mi personalidad, ese soy yo». Sin embargo, lo que encontramos en la Biblia es que Jesús murió y resucitó para transformarnos a Su imagen y que «andemos en novedad de vida» (Rom. 6:4). Uno de los pasajes más famosos y esperanzadores del Nuevo Testamento dice:

> De modo que si alguno está en Cristo, nueva criatura es; las cosas viejas pasaron; ahora han sido hechas nuevas. (2 Cor. 5:17)

El cambio requiere una renovación de la mente. Para lograr el cambio tan ansiado se requiere de una transformación de la mente (Rom. 12:2). Es cierto que el crecimiento requiere despojarse de ciertos hábitos, pero no podemos olvidar que esos hábitos son el resultado de una forma de pensar. Por lo tanto ¡la mente tiene que cambiar! Pablo habla con mucha claridad y no deja dudas de esa necesidad cuando continúa diciendo: «y que sean renovados en el espíritu de su mente» (Ef. 4:23). Además de despojarnos de nuestros hábitos pecaminosos, es fundamental que aprendamos a pensar bíblicamente. Esto significa que debo tener una convicción fundamentada en las Escrituras que explique la razón para nuestros cambios. Si dejo de hacer algunas cosas, pero sin entender por qué las he dejado de hacer, ni tampoco la razón para la nueva práctica asumida, entonces eso que hemos dejado y lo que hemos asumido no será sostenible a largo plazo porque no tendrá fundamentos y, con el paso del tiempo, volveré a comportarme como el hombre viejo porque nuestros pensamientos preceden a nuestras acciones. Debemos entender las razones bíblicas por las que tengo que apartarme del camino por donde venía transitando y ser persuadido para crear una convicción bíblica que llene mi corazón y se convierta en la herramienta que más tarde me ayudará a seguir persistiendo en esa actitud y práctica nueva.

Una mente no transformada por convicciones bíblicas explica por qué muchos dejan algunos hábitos del «viejo hombre» por corto tiempo, pero no logran ser consistentes en sus resoluciones como «nuevo hombre». Es muy probable que sigan operando con las mismas convicciones y la mente no haya sido renovada bíblicamente para abrazar una nueva visión de las promesas de Dios. Hablaremos más ampliamente de esto más adelante.

El cambio requiere vestirse de nuevos hábitos. El argumento continúa y ahora Pablo dice: «y se vistan del nuevo hombre, el cual, en la semejanza de Dios, ha sido creado en la justicia y santidad de la verdad» (Ef. 4:24). Ahora explica la parte proactiva del cambio. Tenemos que abrazar de forma voluntaria los nuevos hábitos de gracia porque el corazón humano no tiene la habilidad para permanecer neutro, es decir, andamos en la luz o andamos en la oscuridad. El cambio requerirá una renovación de la mente a través de las Escrituras, a través de la cual aprenderemos a decir que no a los malos hábitos de incredulidad y a disponernos a abrazar los nuevos hábitos de gracia y fe.

El «viejo hombre» no es llamado así porque tiene mucha edad, sino porque está gobernado por deseos engañosos de larga data. Por un lado, deben abandonarse esos malos deseos que han creado malos hábitos por una práctica repetitiva en el tiempo. Por otro lado, cuando se habla del «nuevo hombre», lo que lo hace nuevo es que «ha sido creado en justicia y santidad de la verdad» (Ef. 4:24b). Ese hombre no existía antes, sino que es el resultado de la obra redentora de Jesús, la cual da lugar a nuevos estilos de vida que se caracterizan por buenas obras que resultan en la gloria de Dios.

Entonces, cambiar es dejar los deseos engañosos y abrazar convicciones bíblicas que me permitan abrazar hábitos de gracia que sirvan como sustento de mi vida nueva en Cristo. El apóstol Pablo continua su instrucción y ahora muestra como luce ese «nuevo hombre» en la práctica:

Por tanto, dejando a un lado la falsedad, hablen verdad cada cual con su prójimo, porque somos miembros los unos de los otros. Enójense, pero no pequen; no se ponga el sol sobre vuestro enojo, ni den oportunidad al diablo. El que roba, no robe más, sino más bien que trabaje, haciendo con sus manos lo que es bueno, a fin de que tenga qué compartir con el que tiene necesidad. No salga de la boca de ustedes ninguna palabra mala, sino solo la que sea buena para edificación, según la necesidad del momento, para que imparta gracia a los que escuchan. Y no entristezcan al Espíritu Santo de Dios, por el cual fueron sellados para el día de la redención. Sea quitada de ustedes toda amargura, enojo, ira, gritos, maledicencia, así como toda malicia. Sean más bien amables unos con otros, misericordiosos, perdonándoos unos a otros, así como también Dios os perdonó en Cristo. (Ef. 4:25-32)

Notemos los cambios:

- No más mentiras, pasamos a ser veraces (v. 25).
- No más ira prolongada que nos vuelve vulnerables (v. 26).
- No más robos, sino que pasamos a ser productivos (v. 28).
- Cambia la manera de hablar (v. 29).
- No pecamos hasta entristecer al Espíritu Santo (v. 30).
- La amargura y la malicia son detenidas (v. 31).
- Nos caracteriza la amabilidad, la misericordia y el perdón (v. 32).

Crecer es cambiar y lo mismo podemos decir de la santificación progresiva.

EL ROL DE LA MENTE EN EL CAMBIO

En un sentido práctico, la manera en que funcionamos por dentro es uniendo tres facultades que se van interconectando y aparecen en un orden secuencial establecido. Todos nosotros empezamos con lo que llamamos *un pensamiento*. La facultad intelectual de la mente entra en juego. En esencia, nosotros somos lo que pensamos.

> Pues como piensa dentro de sí,
> así es él.
> (Prov. 23:7)

Todos nuestros sentidos se combinan para crear un pensamiento en cada uno de nosotros. Por ejemplo, uno llega a un lugar que se encuentra un poco oscuro y solitario y se crea una percepción de disgusto, de temor o desagradado. Lo que veo, leo y escucho se conjuga para generar un pensamiento. Una vez que algo se ha convertido en un pensamiento, ya es un asunto de tiempo para que se convierta en un *sentimiento*. El orden es el siguiente: nuestros sentimientos existen porque existen nuestros pensamientos. Los sentimientos no están desligados de lo que yo pienso. La consejería bíblica hace mucho énfasis en cuidar y filtrar lo que vemos y escuchamos porque tiene un efecto profundo en lo que sentiremos.

Nos engañamos cuando pensamos que podremos pasar muchas horas del día expuestos a ciertas cosas y que no tendrán ningún efecto en mi condición emocional posterior. Todo lo que pensamos afecta nuestros sentimientos. El apóstol Pablo destacó la importancia de ser intencionales en cuidar la calidad de nuestros pensamientos:

> Por lo demás, hermanos, todo lo que es verdadero, todo lo digno, todo lo justo, todo lo puro, todo lo amable, todo lo honorable, si hay alguna virtud o algo que merece elogio, en esto mediten. (Fil. 4:8)

El proceso continúa y una vez que algo está a nivel del sentimiento, entonces es cuestión de tiempo para que se convierta en un acto de la *voluntad*. Los sentimientos afectan nuestra conducta. Esta es la cadena del proceso de cómo funcionamos: primero pienso, luego siento y finalmente actúo. Ese ciclo se repite de manera recurrente y la combinación de esas tres facultades ilustra el proceso de implementación del cambio. También debemos entender que no puedo iniciar el cambio producto de una acción o un sentimiento. La única posibilidad es que el cambio realmente nazca cuando yo aprenda a pensar. Esa es la fuente en donde se origina todo el proceso de cambio.

Solo cuando aprendo a cambiar mis pensamientos, entonces mis sentimientos van a ser afectados y, como resultado, mi conducta va a ser cambiada. La Palabra de Dios es de suma importancia en este proceso porque es la fuente de sabiduría divina que nos provee nuevos pensamientos y entendimiento de Dios, de nosotros y de la realidad circundante. Cuando la mente abraza la verdad de Dios, entonces de inmediato los sentimientos son afectados y la voluntad es transformada.

La única manera de cambiar de forma consistente es aprendiendo a pensar y la única manera de pensar correctamente es conociendo la Palabra de Dios a través de la guía iluminadora del Espíritu Santo. El apóstol Pablo exhortó a los hermanos en Roma a exhibir vidas diferentes como la respuesta natural a todo lo que Dios había hecho de antemano por ellos. Pablo dedica los primeros 11 capítulos de su epístola para describir todo lo que Dios ha hecho a favor del pecador y luego inicia la siguiente sección con estas palabras:

> Por tanto, hermanos, les ruego por las misericordias de Dios que presenten sus cuerpos como sacrificio vivo y santo, aceptable a Dios, que es el culto racional de ustedes. Y no se adapten a este mundo, sino transfórmense mediante la renovación de su mente, para que verifiquen cuál es la voluntad de Dios: lo que es bueno y aceptable y perfecto. (Rom. 12:1-2)

Por consiguiente, mi cambio requiere un alejamiento del mundo y una transformación de la mente que resultará en una vida tan diferente que, como ya hemos visto, Pablo la describe como el «nuevo hombre» en su carta a los efesios. La palabra de Dios tiene el poder para ayudarnos a renovar la mente y así ayudarnos a pensar. En términos prácticos, por ejemplo, nuestras decisiones diarias deben estar más arraigadas en la Palabra de Dios. El autor de la carta a los hebreos dijo lo siguiente cuando quiso enfatizar esta verdad:

Porque la palabra de Dios es viva y eficaz, y más cortante que cualquier espada de dos filos. Penetra hasta la división del alma y del espíritu, de las coyunturas y los tuétanos, y es poderosa para discernir los pensamientos y las intenciones del corazón. (Heb. 4:12)

En conclusión, el cambio bíblico se genera cuando yo aprendo a despojarme de malos hábitos y vestirme de otros nuevos. Eso está directamente relacionado con un proceso que requiere exposición, entendimiento y aplicación de la Palabra de Dios. Esto último es empoderado por la morada del Espíritu Santo que produce en nosotros tanto el querer como el hacer (Fil. 2:13). Como resultado, mi mente es cambiada, las emociones son transformadas y ambos cambios resultan en una conducta que es agradable a Dios. Es importante enfatizar que la meta es cultivar una mente bíblica. En ese sentido, todo cambio bíblico requiere primeramente una labor de ministración de la Palabra de Dios con el principal propósito de transformar la mente.

ILUSTRACIONES PRÁCTICAS DEL CAMBIO / CRECIMIENTO.

En la última parte de la exhortación de Pablo a los efesios que hemos estado estudiando, aparecen cinco aplicaciones prácticas.

Transformando el hábito de hablar. «Por tanto, dejando a un lado la falsedad, HABLEN VERDAD CADA CUAL CON SU PRÓJIMO, porque somos miembros los unos de los otros» (Ef 4:25). Noten que la frase empieza con un «por tanto». En otras palabras, lo que sigue es la consecuencia directa de los cambios operados en la persona del proceso que ya describimos. Uno de los problemas más grandes que enfrentamos en la vida está relacionado con nuestro hablar. Nuestra condición espiritual puede ser medida en gran manera por la manera en que hablamos: «El hombre bueno, del buen tesoro de su corazón saca lo que es bueno; y el hombre malo, del mal tesoro saca lo que es malo; porque de la abundancia del corazón habla su boca» (Luc. 6:45).

El cambio descrito por Pablo incluye dejar a un lado la *falsedad*. Los creyentes debemos hacer un esfuerzo intencional para que nuestro hablar sea lo más consistente con la realidad. Tendemos a decir a propósito la mitad de lo que está sucediendo y dejamos la otra mitad para ver cómo nos va. ¡Necesitamos ser veraces! El cambio incluye un andar en la *verdad*. A menudo hablamos con mucha seguridad, sin tener la base para decir las cosas que estamos afirmando, sobre todo en asuntos que envuelven a un tercero. Muchas de las afirmaciones son solo especulaciones. Por ejemplo, debemos ser sumamente cuidadosos porque cuando decimos algo incorrecto de alguien estamos afectando su reputación. También si prometemos algo que no cumplimos, estamos afectando las expectativas de alguien. Esto es muy importante también dentro de la iglesia porque «somos miembros los unos de los otros» (Ef. 4:25).

Pablo fortalece esta idea más adelante: «No salga de la boca de ustedes ninguna palabra mala, sino solo la que sea buena para edificación, según la necesidad del momento, para que imparta gracia a los que escuchan» (Ef. 4:29). Somos seres relacionales y la comunicación es uno de los aspectos más importantes en toda relación. La comunicación afecta todas las áreas de la vida.

Pablo presenta los tres elementos del cambio combinados. Primero debemos despojarnos de toda «palabra mala» y, en segundo lugar, debemos vestirnos e incorporar la palabra «buena». La forma en que hablamos nos puede hacer participar en una dinámica que puede producir dos resultados totalmente diferentes: edificar o destruir. Nuestras palabras contribuyen a que una persona se sienta dañada, avergonzada, culpable y desmotivada o, por el contrario, ayudamos a que la persona se sienta animada en la fe, esperanzada, fortalecida, liberada y estimulada al amor y las buenas obras. El texto dice que debemos aprender a hablar:

… solo la que sea buena para edificación, según la necesidad del momento, para que imparta gracia a los que escuchan. (Ef. 4:29)

Transformemos el hábito de la ira. Uno de los temas más relevantes que encontramos en la Biblia es la instrucción divina para manejar la ira o el enojo. Pablo dice: «ENÓJENSE, PERO NO PEQUEN; no se ponga el sol sobre su enojo, ni den oportunidad al diablo» (Ef. 4:26-27). Aquí están presentes una vez más los tres elementos del cambio combinados. Primero debemos despojarnos de la *ira pecaminosa*. Es interesante que Pablo pareciera enseñar que hay una ira que no es necesariamente pecaminosa. Por ejemplo, el Señor Jesucristo llegó al templo, encontró un negocio y se indignó grandemente. Pero Jesús nunca pecó. ¿Cómo podemos conciliar esta situación con lo que venimos diciendo? La solución es entender que ese enojo e indignación de Jesús estaba relacionado con la santidad de Dios. Esa gente había convertido en un negocio inaceptable una actividad que estaba más relacionada con la adoración del Dios santo. La indignación era correcta.

En un mundo caído bajo los estragos del pecado sería incorrecto no experimentar esa indignación santa que es un reflejo de la justicia de Dios. Por ejemplo, debe causar enojo santo cuando un padre, que se supone debe ser el mayor protector para una hija, abusa sexualmente de ella. Ante un caso así, sería incorrecto no enojarse.

El cristiano debe enojarse al observar el pecado y la destrucción de vidas y almas que produce. Si amamos la verdad, entonces aborreceremos el error. No seremos indiferentes ni hacia el pecado ni hacia la destrucción que causa. El problema con nuestro enojo es que no tiene nada que ver con la justicia de Dios, sino que todo es sobre nosotros mismos. Nos enojamos cuando nuestra comodidad está siendo afectada, mi egoísmo es estorbado o mi plan está siendo obstaculizado. La mayoría de las veces mi ira no se corresponde con la gloria de Dios, sino con nuestra gloria. Esa es una ira pecaminosa que debemos dejar atrás.

Por otro lado, el texto señala un hábito de gracia del cual debemos revestirnos: «no se ponga el sol sobre su enojo» (Ef. 4:26b). Esto es muy interesante porque sugiere que la contrapartida de la ira es una pronta reconciliación con Dios y con los demás.

Finalmente, el texto también exhorta a no dar lugar al diablo (Ef. 4:27). Cada vez que experimentamos sentimientos de enojo, debemos recordar que, si actuamos de acuerdo con el enojo, entonces estaremos abriendo las puertas a la influencia de Satanás. Si el enojo permanece en el corazón puede producir maldad y amargura. Si el enojo que sentimos es indignación justa, como la de Jesús, debemos decir lo que se debe decir o hacer lo que se debe hacer para luego terminar con el enojo.

Transformemos el hábito del engaño o del hurto. «El que roba, no robe más, sino más bien que trabaje, haciendo con sus manos lo que es bueno, a fin de que tenga qué compartir con el que tiene necesidad» (Ef. 4:28). No solo se aplica al ladrón, sino también a cualquiera que robe por medio de cualquier fraude u otro método, ya sea representar mal la mercancía, entregar un mal servicio o adulterar a través de medidas y pesos falsos (Prov. 11:1; 20:23). También tiene que ver con no pagar el salario debido a los obreros (Sant. 5:4), el no trabajar las horas indicadas según el contrato (Col. 3:22) y no pagar las deudas o los impuestos (Rom. 13:7-8).

Una de las áreas donde muchas veces tenemos problemas es la de honrar a Dios con nuestros bienes. Dios habla a través del profeta Malaquías y dice que su pueblo le robó con respecto a los diezmos y las ofrendas (Mal. 3:8). El Nuevo Testamento nos instruye a ofrendar según Dios nos haya prosperado (1 Cor. 16:1-2). Por otro lado, también debemos ofrendar según hayamos propuesto en nuestro corazón (2 Cor. 9:7). Tomando todo esto en consideración, las posibilidades de engañar son realmente considerables.

Por el contrario, hay un hábito de gracia del cual debemos revestirnos. El texto dice, «sino más bien que trabaje». En vez de alimentar un deseo insaciable por cosas que no me pertenecen, la exhortación es a enfocarme en trabajar y desarrollar habilidades productivas. Pablo añade, «a fin de que tenga qué compartir con el que tiene necesidad». Esto inyecta un propósito particular a esta dinámica de cambio. El apóstol sugiere que el problema de fondo con el robo y el engaño es el egoísmo. Estamos muy centrados en nosotros mismos. Yo creo que merezco todo lo que deseo. La exhortación bíblica se podría parafrasear con las siguientes palabras:

Vas a dejar de robar y engañar, vas a trabajar, y ahora con lo que consigas sobre la base de tu esfuerzo, lo vas a compartir, vas a practicar la generosidad y ese principio de generosidad te sanará del egoísmo.

Nosotros fuimos llamados a vivir vidas menos individualistas y más comunitarias. El problema de esta generación es que estamos demasiado enfocados en nosotros mismos y creemos merecerlo todo a cualquier precio y caiga quien caiga. Esa actitud es pecaminosa y, como vimos, es contraria al consejo bíblico. Es algo que debemos combatir y cambiar para la gloria de Dios.

Transformemos el hábito conflictivo. Podríamos pensar que tener un conflicto no es un hábito, pero algunas personas tienden a ser conflictivas producto de las disfunciones emocionales que desarrollaron a lo largo de sus vidas. Esa manera de reaccionar se convierte en un hábito con el tiempo.

Sea quitada de ustedes toda amargura, enojo, ira, gritos, insultos, así como toda malicia. Sean más bien amables unos con otros, misericordiosos, perdonándose unos a otros, así como también Dios los perdonó en Cristo. (Ef. 4:31-32)

Nosotros tratamos más extensamente el tema del perdón en un capítulo anterior. Así que nos vamos a limitar aquí a señalar los tres elementos del proceso de cambio. Por un lado, debemos despojarnos de «toda amargura, enojo, ira, gritos, maledicencia, así como toda malicia». Es una contradicción decir que somos cristianos y ser personas amargadas, enojadas e irritadas. Eso es contrario a lo que Dios nos llama a ser. Estas emociones son tóxicas y nos predisponen a la provocación de conflictos con otros. Por otro lado, hay hábitos de gracia que debemos procurar, «Sean más bien [...] misericordiosos, perdonándose unos a otros».

Para sanar de la amargura, el enojo, la ira y toda esa actitud conflictiva, lo que tengo que cultivar es la amabilidad, la misericordia y el perdón. En la vida de fe, no es una opción mantener esa conflictividad personal que es vista como uno de los índices más evidentes de inmadurez espiritual. Por el contrario, todo lo opuesto es una demostración de crecimiento espiritual y modelación a la imagen de Jesucristo.

Finalmente, el texto nos motiva para el cambio al observar lo que el Señor ha hecho por nosotros al eliminar el conflicto que teníamos con Dios por el pecado y ofrecernos Su salvación. Pablo dice que debemos perdonar, «así como también Dios los perdonó en Cristo». Lo cierto es que no podemos dar lo que no tenemos. Si yo no tengo fresco lo que es el perdón de Dios, si cada día no disfruto de la sonrisa de Dios y las evidencias de Su amor en mi propia vida, entonces será muy difícil poder exhibir una actitud de gracia. Tenemos que refrescar cada día esa experiencia maravillosa de haber sido perdonados para entonces ser capaces de bendecir a otros.

CONSECUENCIAS DE LA FALTA DE CAMBIO / CRECIMIENTO

¿Qué ocurre cuando nuestras vidas no cambian y continuamos en los patrones de conductas anteriores?: «Y no entristezcan al Espíritu Santo de Dios, por el cual fueron sellados para el día de la redención» (Ef. 4:30). El Espíritu Santo puede entristecerse por lo que hablamos, hacemos y los conflictos que generamos. Eso es significativo si consideramos el rol que juega el Espíritu Santo en nuestras vidas. Es la tercera persona de la Trinidad, habita en nosotros y junto con la Palabra son los agentes principales en nuestra santificación. Entre otras cosas, el Espíritu Santo nos consuela, nos da convicción de pecado, nos fortalece, nos guía a toda verdad y, más específicamente, nos ilumina para que podamos entender y conocer más del Padre según se revela en Su Palabra.

Sin embargo, es importante aclarar que el Espíritu Santo no se entristece de la misma manera que nosotros lo hacemos. Más bien, la tristeza del Espíritu hace referencia al hecho de que el Espíritu Santo ha decidido restringir la expresión de su poder en la vida del creyente como consecuencia de sus malas acciones. Es como si el Espíritu de Dios «se recogiera» mientras espera nuestro arrepentimiento. Nosotros también nos «recogemos» cuando estamos tristes, nuestro rostro es menos expresivo, no somos tan relacionables, nuestra habilidad y la efectividad para el trabajo disminuye en nuestras vidas.

Por lo tanto, la persona que entristece al Espíritu Santo vive en debilidad espiritual, no tiene consuelo, experimenta mucha confusión, lee la Biblia y le parece como si fuera oscura y difícil porque no la entiende. Se enfría su sensibilidad espiritual frente al pecado y al mismo tiempo se debilita su fe en las promesas de Dios. **Vive una vida de poco poder.** Esa es la razón por la que más adelante, aparece otro imperativo y se nos dice que debemos ser llenos del Espíritu Santo, es decir, ser controlados por completo por el Espíritu (Ef. 5:18).

El cambio que necesitamos es en nuestro ser interior y solamente Dios puede hacerlo. Necesitamos sanar para cambiar y recordar que cambiar es crecer. Necesitamos ejercer paciencia ante nuestra resistencia natural y de aquellos a quienes deseamos ayudar. El pastor Miguel Núñez enfatiza tres conceptos que deben ser cambiados para crecer:[65]

– **Nuestro concepto de Dios**, sobre todo reconociendo su control soberano en todo lo creado.

– **Nuestro concepto de nosotros mismos**, sobre todo a la luz de saber que somos pueblo adquirido por Dios (1 Ped. 2:9).

---

[65] Miguel Núñez, *Renueva tu mente* (Nashville, TN: Editorial Vida, 2020), 202-206.

- **Nuestro concepto de los demás**, al recordar que somos personas caídas y, por consiguiente, no debemos tener expectativas
  irreales de lo que otros puedan ofrecernos.

Para crecer es necesario cambiar la perspectiva errada de la vida.
Dios tiene que volver a ocupar el centro de nuestros corazones. Dios
no está para servirnos, sino que nosotros estamos para servirle a Él.
Nuestra meta principal no es nuestra felicidad, sino nuestra santidad.
Fuimos creados para conocerlo, amarlo, glorificarlo y reflejar Su
gloria. Cuando quitamos a Dios del primer lugar, entonces creamos
nuestros ídolos. La idolatría es amar a algo o alguien más que a
Dios. En las Escrituras encontramos estas declaraciones que explican
muchas de nuestras conductas:

Ezequiel 14:3: «Hijo de hombre, estos hombres han erigido
sus ídolos en su corazón, y han puesto delante de su rostro lo
que los hace caer en su iniquidad. ¿Me dejaré Yo consultar
por ellos?».
Jeremías 2:13: «Porque dos males ha hecho Mi pueblo: Me
han abandonado a Mí, fuente de aguas vivas, y han cavado
para sí cisternas, cisternas agrietadas que no retienen el agua».

Los ídolos del corazón explican y justifican en nuestras mentes
nuestros estilos de vida pecaminosos. El pecado engaña porque promete diversión, pero trae dolor y sufrimiento; promete libertad, pero
trae esclavitud y adicción; promete vida y satisfacción, pero trae
frustración, vacío y muerte; promete ganancia, pero trae pérdidas.

**Nuestra gran necesidad y la de nuestros aconsejados es alcanzar
sanación de los estragos que causa el engaño del pecado.**

SEGUNDA PARTE

La consejería bíblica

en la práctica

12

Un consejero bíblico usado por Dios

Donde no hay buen consejo, el pueblo cae,
Pero en la abundancia de consejeros está la victoria.
(Prov. 11:14)

En el primer capítulo, la consejería bíblica fue definida de la siguiente manera:

El proceso a través del cual un creyente maduro contribuye al crecimiento emocional y espiritual de un hijo de Dios por medio del poder del Espíritu Santo, bajo la autoridad de la Palabra y en el contexto de una comunidad cristiana; para que, a través de las circunstancias de la vida permitidas por Dios, esa persona pueda glorificar a Dios y crecer a la imagen de Cristo.

Habiendo trabajado la definición anterior desde diferentes ángulos, ahora nos proponemos revisar algunos aspectos específicos del «creyente maduro» que opera como consejero bíblico. Nos vamos a referir a las cualidades más importantes en un creyente que desea abrazar el llamado de Dios de aconsejar bíblicamente, especialmente en el contexto de la iglesia local o aún de aquellos que desean hacerlo de forma más informal o con menos frecuencia.

Quizás la manera más apropiada de iniciar este capítulo es afirmando que todo verdadero creyente, bajo la dirección del Espíritu Santo y acompañado por la Palabra inspirada por Dios, debiera ser capaz de aconsejar. En ese sentido, todo verdadero cristiano es un consejero. La pregunta no es si podemos aconsejar, sino cuán efectivamente podemos hacerlo.

Recuerdo que cuando era un pastor joven tenía una intención sincera de ayudar a mis aconsejados. Sin embargo, me entristecía percibir el estancamiento en que permanecían algunos de ellos. Si bien los escuchaba con atención, les compartía siempre algunos textos bíblicos y oraba por ellos y con ellos, en mi interior sabía que podía hacer un mejor trabajo. A veces no sabía que más hacer ni decir. Era obvio que había llegado a un límite en mi deseo sincero de ayudar y, aunque la realidad es que ese sentimiento de dependencia de Dios nunca debe desaparecer porque la real sanación viene de Él, la verdad es que recibir un entrenamiento adecuado, junto con la experiencia de muchas horas de práctica, ha sido de gran bendición para desarrollar el proceso de consejería con mayor efectividad. Por lo tanto, las cualificaciones que vamos a considerar aquí están enfocadas hacia el perfil de un creyente maduro al que Dios usa para la buena obra de aconsejar con eficacia.

Por otro lado, nosotros abrazamos la convicción de que primero la persona debe ser impactada por Dios en su interior antes de servir a Dios. El pastor Miguel Núñez destaca la necesidad de SER antes de HACER, y así establece una verdad que se ha convertido en una máxima para identificar al verdadero líder cristiano. Esta declaración puede ser resumida de la siguiente manera: «El carácter debe preceder al carisma». En tal sentido, siguiendo el mismo orden de esa frase, hablaremos primeramente de la visión del consejero bíblico y luego examinaremos las principales características de su carácter. Finalmente, hablaremos de los aspectos técnicos y prácticos que entendemos deben considerarse para realizar el proceso de consejería con mayor eficacia.

LA VISIÓN DEL CONSEJERO BÍBLICO

La visión viene a ser la meta que se quiere alcanzar a través del proceso de consejería. La visión bíblica para la consejería no es otra cosa que la santificación del creyente o la transformación a la imagen de

Cristo del hombre caído. En esencia, se busca un crecimiento espiritual y emocional del aconsejado, buscando que sus pensamientos queden impactados a desear cambiar en su interior. El consejero debe buscar lo siguiente en el aconsejado:

Acercarlo a Dios. Adán se separó inmediatamente de la presencia de Dios cuando cayó. Por lo tanto, la meta es estimular al aconsejado para que se acerque a Dios. Llevarlo a ver con asombro su necesidad de Jesús, quien es el real médico del alma y, de la misma manera, llevarlo a entender que la verdadera sanidad solamente se alcanzará acercándonos a Él. Jesús mostró esta necesidad cuando le dijo a sus discípulos:

> Yo soy la vid, ustedes los sarmientos; el que permanece en Mí y Yo en él, ese da mucho fruto, porque separados de Mí nada pueden hacer. (Juan 15:5)

Uno de los peligros de una relación de consejería es que se cree una falsa dependencia o codependencia entre el consejero y el aconsejado, es decir, que se establezca un vínculo disfuncional en donde se necesite más al consejero que al mismo Señor o, peor aún, que terminen necesitándose mutuamente. Sin embargo, si buscamos acercar al aconsejado al Señor de forma correcta, evitaremos esa dependencia incorrecta del aconsejado con el consejero.

Su transformación. La meta no es que el aconsejado se sienta cómodo, ni que solo experimente cambios conductuales, sino que sea cambiado de adentro hacia afuera para llevar una vida de mayor santidad. Aunque el proceso trae consigo la necesaria empatía y consideración para con la realidad del aconsejado, lo que deseamos es que haya crecimiento, sanidad y transformación. Estos dos elementos nos llevan a ser fieles a Dios ministrando con gracia y verdad. Quisiéramos recalcar que nuestra misión no es simplemente comunicar lo que el aconsejado desea escuchar para hacerlo sentir mejor, sino ayudarle a entender lo que realmente necesita para ser transformado o renovado a la imagen de Cristo.

Entender sus limitaciones. Dada nuestra condición caída, la única persona que puede cambiar el corazón humano es Dios, por medio de Su Espíritu y Su Palabra. Nosotros no podemos ocupar el lugar de Dios en la vida del aconsejado, ni tampoco nuestras palabras o consejos pueden ocupar el consejo transformador de la Palabra de Dios. Por lo tanto, todo lo que podemos hacer es ayudar al aconsejado a asumir una actitud de humildad y fe en medio de la situación en la cual se encuentra, de tal manera que dependa exclusivamente de Dios para que pueda recibir la ayuda oportuna. El aconsejado necesita de las circunstancias por las que atraviesa porque el Señor las utiliza para que pueda crecer y ser cambiado primeramente en su comunión personal con el Señor.

El carácter del consejero bíblico

La madurez del cristiano se hace visible a través de la forma en que la persona refleja los frutos del Espíritu en los aspectos prácticos de su vida. En otras palabras, un cristiano maduro muestra evidencias del proceso de santificación progresiva que el Espíritu de Dios está llevando a cabo para formar la imagen de Cristo en su vida. Esta es la realidad a la que el apóstol Pablo exhortó a los hermanos de la iglesia en Éfeso:

> Por tanto, tengan cuidado cómo andan; no como insensatos, sino como sabios, aprovechando bien el tiempo, porque los días son malos. Así pues, no sean necios, sino entiendan cuál es la voluntad del Señor. Y no se embriaguen con vino, en lo cual hay disolución, sino sean llenos del Espíritu. (Ef. 5:15-18)

La llenura del Espíritu es la que define en gran manera la madurez del discípulo de Cristo. Entre sus características podemos señalar las siguientes:

Fe. Un consejero usado por Dios es un creyente maduro que cultiva la gracia de creer y confiar en Dios en todas las circunstancias de su vida. El autor de la epístola a los hebreos definió así la fe:

«Ahora bien, la fe es la certeza de lo que se espera, la convicción de lo que no se ve» (Heb. 11:1). En otras palabras, la fe nos ayudará a creer lo que Dios ha prometido y la fe nos ayudará a confiar en esas promesas aun cuando no podamos verlas, porque transcienden la realidad física y material. El autor también hace aún más evidente las implicaciones de la fe, cuando añade: «Y sin fe es imposible agradar a Dios. Porque es necesario que el que se acerca a Dios crea que Él existe, y que recompensa a los que le buscan» (Heb. 11:6). La fe se convierte en un elemento imprescindible cuando intentamos vivir para la gloria de Dios. ¡Nota que no dice que agradar a Dios sin fe es complicado o difícil, sino imposible!

Además, esta enseñanza fundamental sobre la fe nos ofrece dos aspectos muy importantes que nos ayudarán a medir el grado de nuestra fe en la práctica: En primer lugar, la fe nos ayuda a creer primero que Dios existe y, en segundo lugar, que Él no deja de recompensar a los que lo buscan. De manera más sencilla, la fe nos ayuda a creer que Dios es real y que Dios es bueno y, en consecuencia, bendice a los que depositan su confianza en Él, no solo al inicio de su vida cristiana, sino a lo largo de toda su vida.

Todo lo anterior es extremadamente importante a la hora de aconsejar. La variedad de situaciones y las complejidades de los problemas que se presentan demandarán una gran fe. Hay situaciones donde, a simple vista, no hay una solución visible en el horizonte. Hay problemas relacionales que son superiores a nuestras capacidades humanas. La lucha espiritual que el enemigo lleva a cabo es lo suficientemente intensa para generar desánimo y desilusión. Por lo tanto, necesitaremos ejercer esa fe y creer que Dios está presente en el problema y que mostrará Su bondad en medio de la aflicción. Solamente la fe en Dios y Sus promesas nos capacitará para creer y brindar esperanza en medio de situaciones tan desafiantes. Por consiguiente, el consejero bíblico tiene que ser una persona de gran fe. Necesitará creerle a Dios y no a las circunstancias. Él va a creer, como dijo Pablo, «en esperanza contra esperanza» (Rom. 4:18).

Amor. Un consejero usado por Dios es alguien que ama a Dios y también a su prójimo. Ambos afectos están conectados y son el resultado de haber experimentado el amor maravilloso de Dios por nosotros en Cristo. Nuestra respuesta es amar a Dios y también a nuestro prójimo. Juan hace esta declaración con respecto a nuestro amor por Dios y el prójimo:

Nosotros amamos porque Él nos amó primero. Si alguien dice: «Yo amo a Dios», pero aborrece a su hermano, es un mentiroso. Porque el que no ama a su hermano, a quien ha visto, no puede amar a Dios a quien no ha visto. Y este mandamiento tenemos de Él: que el que ama a Dios, ame también a su hermano. (1 Jn. 4:19-21)

La motivación principal del consejero es reflejar el amor de Dios al comunicar la sabiduría del Señor. Si nosotros no amamos así, la tarea de aconsejar nos resultará incómoda, tediosa y poco disfrutable. El amor de Dios nos ayudará a ver una oportunidad donde otros ven un inconveniente y un problema. Desearemos ayudar al que está atravesando una necesidad particular porque lo amamos y disfrutaremos verlo crecer y glorificar a Dios en su vida. Aunque el amor es un fruto del Espíritu de Dios, el creyente debe procurar deliberadamente crecer en esta gracia. Debemos pedir continuamente a Dios que fortalezca ese amor en nosotros, de tal manera que nos ayude a servirle a Él y a los demás. Pidamos a Dios que ese amor se manifieste en empatía para identificarnos con la aflicción del otro. El que ama entrega su tiempo, oído, atención y oración con el principal propósito de ayudar al otro y glorificar a Dios.

Humildad. La persona humilde puede ser un instrumento de transformación en las manos de Dios porque reconoce que no tiene mérito alguno delante de Dios. No se cree superior o mejor ni tampoco que tiene privilegios especiales. De hecho, el consejero humilde no se percibe ni siquiera por encima del aconsejado. Un consejero bíblico usado por Dios es alguien que cultiva una profunda dependencia de Dios a lo largo de su vida. Acentuando esta gran realidad de dependencia y humildad delante de Dios, el Señor Jesucristo lo explicó así a sus discípulos:

Permanezcan en Mí, y Yo en ustedes. Como el sarmiento no puede dar fruto por sí mismo si no permanece en la vid, así tampoco ustedes si no permanecen en Mí. Yo soy la vid, ustedes los sarmientos; el que permanece en Mí y Yo en él, ese da mucho fruto, porque separados de Mí nada pueden hacer. (Juan 15:4-5)

Esa es una verdad que, de manera particular, encuentra una especial aplicación en la tarea de aconsejar. Un consejero bíblico necesita entender desde el mismo inicio que el poder de transformación del aconsejado no está en sus habilidades ni en su sabiduría. Somos instrumentos de barro en manos del Alfarero. La consejería nos obliga a rendirnos a la autoridad de un Dios soberano que gobierna desde Su trono todo lo creado y todo lo que ocurre en Su universo, incluyendo la consejería que damos a otros. Dios no nos necesita para llevar a cabo Sus propósitos de restauración, sino que somos simples instrumentos en Sus manos. Por lo tanto, no podemos gloriarnos ni tomar crédito de las cosas que Dios puede hacer a través de nosotros. La convicción de que la gloria es solamente para Él nos librará de dos extremos equivocados muy comunes en el proceso de consejería: Creer que podemos y creer que no podemos.

Si Dios es quien está en control soberano, entonces seremos motivados a confiar en Él y seremos advertidos de no confiar en nosotros mismos. Si estamos tentados a creernos muy capaces, entonces la humildad nos ayudará a recordar que solamente Dios tiene poder para cambiar los corazones. Si, por el contrario, somos tentados a sentirnos inseguros e incapaces, la humildad nos ayudará a descansar en Él, sabiendo que nada es imposible para Dios. ¡Él podrá llevar bendición a otros a pesar de nosotros! Dios nos libre del orgullo y la autosuficiencia.

Empatía. Un consejero usado por Dios es alguien que ha experimentado el amor de Dios en su propia vida y por eso se identifica y compadece fácilmente con las necesidades de otros. El Señor Jesucristo exhibía siempre un amor hacia el otro. Nuestro Señor Jesús mostró compasión cuando los discípulos mostraron indisposición hacia el prójimo. Él tenía una profunda empatía y compasión para con los necesitados siempre. Mateo lo observó y los describió de forma hermosa: «Al desembarcar, Jesús vio una gran multitud, y tuvo compasión de ellos, porque eran como ovejas sin pastor; y comenzó a enseñarles muchas cosas» (Mat. 6:34). La compasión de Jesús fue notoria en múltiples ocasiones y fue contrastada con la insensibilidad de Sus discípulos:

> Jesús recorría todas las ciudades y aldeas, enseñando en las sinagogas de ellos, proclamando el evangelio del reino y sanando toda enfermedad y toda dolencia. Y viendo las multitudes, tuvo compasión de ellas, porque estaban angustiadas y abatidas como ovejas que no tienen pastor. Entonces dijo a Sus discípulos: «La cosecha es mucha, pero los obreros pocos. Por tanto, pidan al Señor de la cosecha que envíe obreros a Su cosecha. (Mat. 9:35-38)

La empatía y la compasión del consejero producirá un sincero interés por la condición de su aconsejado. La manifestación evidente de amor e interés debe ser tan real que los otros pueden percibirlo rápidamente. Eso facilita en gran manera la posibilidad de ganar los afectos y la confianza del aconsejado. Necesitamos asegurar que lo amamos antes de intentar ayudar a cualquier persona.

Integridad. El pastor Miguel Núñez resume la integridad como el fundamento del carácter.[66] Uno de los efectos más poderosos de la integridad es que nos ayuda a ganar la confianza del otro. Esa integridad debe manifestarse claramente a través de lo que hablamos, hacemos y prometemos.

La integridad del consejero es sumamente importante porque está encargado de ayudar a personas que con toda probabilidad han sido afectadas por la falta de integridad o transparencia de otros. Por lo tanto, el consejero deberá mostrar una actitud diferente durante el proceso de consejería y debe ser un ejemplo que seguir. No solo

---

[66] Miguel Núñez, *Integridad y sabiduría*, (Nashville, TN: B&H español, 2016), pág. 28.

serán sus consejos, sino que probablemente su propia vida será un instrumento usado por Dios para lograr sanidad y restauración.

El consejero debe ser un discípulo de Cristo confiable, quien pueda inspirar a otros a volver a confiar a pesar de las circunstancias. Por ejemplo, el consejero mostrará integridad cuando se mueva con prudencia y discreción al manejar información confidencial sumamente sensible del aconsejado. Este manejo íntegro está íntimamente relacionado con la facilidad de apertura y tranquilidad del aconsejado. Cuando el consejero modela integridad, estará enseñando a su aconsejado a ser transparente y honesto en sus relaciones y en el proceso de consejería. No podemos mantener pecados ocultos si queremos contar con la gracia de Dios. La integridad del consejero motiva al aconsejado a ser honesto.

TRES DISCIPLINAS ESPIRITUALES EN LA VIDA DEL CONSEJERO BÍBLICO

Las disciplinas espirituales vienen a ser la aplicación continua de los medios de gracia que Dios nos ha dado para vivir vidas más centradas en Él. Dado el alcance de este libro, solo nos referimos a tres de ellas.

Estudio de la Palabra de Dios. El consejero bíblico debe conocer con precisión y profundidad la revelación especial de Dios. Es una persona que ha crecido en gracia, discernimiento y sabiduría como resultado del conocimiento de la Palabra de Dios. Las Escrituras son la fuente más importante en su proceso de santificación, crecimiento, fortaleza, estímulo y exhortación. El consejero bíblico debe ser una persona que cree en la Palabra de Dios como la guía segura y completa que puede ayudarnos en medio de los problemas y desafíos de esta vida.

El consejero conoce, ama, atesora, lee y medita continuamente las Escrituras, tanto en sus devocionales, como en sus estudios, conversaciones y en todos los momentos de su vida. La Palabra es su fuente de sabiduría y debe llegar a serlo también para el aconsejado. Además, la Palabra de Dios le da autoridad al consejero frente al aconsejado porque sus consejos carecen de valor si no pueden ampararse en la Biblia. Debemos recordar la exhortación de Pablo:

> Porque todo lo que fue escrito en tiempos pasados, para nuestra enseñanza se escribió, a fin de que por medio de la paciencia y del consuelo de las Escrituras tengamos esperanza. (Rom. 15:4)

Esa esperanza que necesitamos ministrar debe estar arraigada en una única fuente: ¡el consejo de Dios en Su Palabra! Por lo tanto, el consejero bíblico usado por Dios coloca la Palabra en el centro del proceso de la consejería. Por esa razón él:

- Refiere al aconsejado continuamente a Su Palabra.
- No da un consejo sin preguntarse primero cuál es el veredicto de la Palabra.
- Admite que en ocasiones no tiene las respuestas e invita a su aconsejado a confiar en Dios y buscar respuestas en Su Palabra.

Finalmente, la palabra de Dios es vital en el proceso de consejería porque la verdad de Dios es capaz de discernir realidades ocultas que, muchas veces, ni el mismo aconsejado conoce ni entiende. Este es el poder que solo lo tiene la Palabra de Dios:

> Porque la palabra de Dios es viva y eficaz, y más cortante que cualquier espada de dos filos. Penetra hasta la división del alma y del espíritu, de las coyunturas y los tuétanos, y es poderosa para discernir los pensamientos y las intenciones del corazón. (Heb. 4:12)

Las realidades ocultas del alma solamente pueden ser alcanzadas e impactadas por el poder de la Palabra del Creador.

Vida de oración. El consejero bíblico debe tener una relación muy íntima con Dios mediante su vida de oración. Es una persona que busca el rostro de su Dios continuamente porque necesita hablarle y necesita estar en Su presencia en todo tiempo.

El consejero bíblico habla a otros de un Dios que conoce y en el cual confía, porque camina muy cerca del Señor. Un consejero bíblico sabe en la práctica cómo transformar los motivos de preocupación en motivos de oración y debe modelar esta práctica al inicio y al final de cada consejería. La intercesión por el necesitado ministra a su alma, demuestra que su consejero cree en el poder de la oración y le enseña a orar en muchas ocasiones.

Creemos que gozaríamos de un gran bien y haríamos un gran bien aprendiendo a descansar más en la práctica de esta gracia. Muchas de las dificultades que enfrentamos en este mundo son parte de una lucha espiritual y la oración es parte de la armadura que Dios ha provisto para combatir de forma adecuada. Hay momentos en el proceso de consejería en que sencillamente reconocemos que Dios está invitándonos a cultivar su presencia. Hay momentos en que las cargas espirituales y emocionales necesitan ser tratadas directamente en oración. Por eso el salmista nos exhorta: «Echa sobre el Señor tu carga, y Él te sustentará; Él nunca permitirá que el justo sea sacudido» (Sal. 55:22).

Hay otros momentos donde simplemente carecemos de sabiduría y discernimiento. Orar es la respuesta más adecuada para mostrar nuestra humildad y dependencia de Dios. Muchas veces somos instruidos en las Escrituras acerca de esta debilidad que solo puede ser resuelta por el Señor:

Y si a alguno de ustedes le falta sabiduría, que se la pida a Dios, quien da a todos abundantemente y sin reproche, y le será dada. (Sant. 1:5)

En cierto sentido, los siervos de Dios debemos mostrar más dependencia del Señor en todo lo que hacemos y la oración debe ser realizada en todo tiempo al aconsejar y, en ocasiones, aún durante la entrevista misma. Experimentaremos ese sustento y apoyo que tantas veces anhelan nuestras almas cuando nos acerquemos en oración a Su trono de gracia.

La meditación. Meditar es pensar con detenimiento y profundidad sobre algún tema. Una buena práctica es meditar sobre los problemas de nuestros aconsejados en el contexto de la sabiduría de Dios revelada en Su palabra. Meditamos para recibir sabiduría de lo alto y poder aplicarla a los problemas de nuestros aconsejados. Una cosa es leer la Palabra de forma devocional o estudiarla de forma cuidadosa y otra es meditar en ella tratando de conectar las circunstancias con la sabiduría. El ejercicio de esa reflexión permitirá obtener el discernimiento de Dios necesario para aplicar y conectar la Palabra a la situación del aconsejado. A veces es un versículo bíblico que necesita ser enfatizado y obedecido en su vida, otras veces es una respuesta que encontramos en un personaje bíblico que podemos usar para incentivar el seguir ese ejemplo en el aconsejado. Sería de gran ayuda para el aconsejado si compartimos con ellos la forma en que meditamos y le enseñamos a poder hacerla por ellos mismos.

En esencia, el uso combinado de estas tres disciplinas espirituales va a capacitar al consejero bíblico para comunicar esperanza y paz en medio de la incertidumbre y confusión de sus propios conflictos y circunstancias difíciles.

La formación del consejero bíblico

El consejero bíblico también debe enfocarse en un proceso continuo de crecimiento que le ayudará a realizar esta tarea con mayor eficacia. Aunque estaremos desarrollando este tema más ampliamente en otros capítulos, nos gustaría, de manera general, mencionar algunos aspectos técnicos y prácticos que entendemos deben considerarse para realizar el proceso de consejería con mejor preparación.

Aprender a ministrar la Palabra de Dios. Debemos aprender a relacionar textos específicos con situaciones específicas. Cualquier texto bíblico no es necesariamente el más adecuado para toda situación. La misma Biblia habla de una dinámica especial del uso de la Palabra que está basada en la necesidad particular del corazón. El apóstol Pablo dice:

Les exhortamos, hermanos, a que amonesten a los indisciplinados, animen a los desalentados, sostengan a los débiles y sean pacientes con todos. (1 Tes. 5:14)

Por lo tanto, necesitamos entrenarnos en el uso adecuado de la Palabra de Dios para que seamos más certeros a la hora de elegir los textos bíblicos que vamos a citar para que estén de acuerdo y sean una respuesta a la necesitad particular del aconsejado. Por otro lado, nosotros creemos que la consejería es también un «tipo» de predicación. La diferencia con la predicación que usualmente tienen las iglesias en sus servicios es que, en el contexto de la consejería, la exposición bíblica es más personal y enfocada y, por lo tanto, puede ser aplicada de manera más específica. Pero debemos ser capaces de ministrar la palabra con fidelidad y con poder. También debemos conocer con precisión esos textos para poder brindar aplicaciones poderosas que respondan con soluciones a la necesidad del aconsejado. Es una contradicción cuando se habla de consejería bíblica y no hay espacio para ministrar la Palabra. ¡Tiene que haber un momento cuando callemos y demos paso a que Dios hable! No podemos dejar de enfatizar que los consejeros debemos aplicarnos de manera intencional para conocer nuestra Biblia lo mejor que podamos porque es la principal herramienta y arma ofensiva que tenemos (Ef. 6:17). Los consejeros bíblicos debemos ser siervos que conocen, estudian, entienden y aplican la Palabra de Dios (Juan 5:39).

Aprender a llevar esperanza al aconsejado. Esta habilidad es especialmente importante en los casos donde existe sufrimiento. Nuestra principal labor es que, asistidos por el poder del Espíritu Santo, podamos traer valiosas promesas de la Palabra que puedan comunicar una esperanza real al aconsejado. Debemos hacer nuestro mayor esfuerzo para que el aconsejado salga de la reunión mejor equipado para enfrentar espiritualmente su realidad. La esperanza que brindamos está arraigada en el carácter de Dios:

Bendito sea el Dios y Padre de nuestro Señor Jesucristo, **Padre de misericordias y Dios de toda consolación**, el cual nos consuela en todas nuestras tribulaciones, para que también nosotros podamos consolar a los que están en cualquier aflicción con el consuelo con que nosotros mismos somos consolados por Dios. Porque así como los sufrimientos de Cristo son nuestros en abundancia, así también abunda nuestro consuelo por medio de Cristo. (2 Cor. 1:3-5, énfasis añadido)

El Dios soberano que permite las dificultades también tiene una fuente inagotable de recursos para nuestro consuelo. El sufrimiento del creyente no debe ser visto desligado de la soberanía de Dios. Por lo tanto, cuando ayudamos al aconsejado a tener una teología correcta de Dios, aprenderá a encontrar consuelo y esperanza en el carácter de Dios y en lo que Él ha prometido. Esa esperanza nos ayudará a confiar en Dios a pesar de un futuro incierto y en medio de tantas preguntas y peticiones todavía no respondidas. Esa esperanza nos ayudará a creer que el Señor:

- Sanará todo dolor y herida.
- Llenará mi soledad y mi vacío.
- Iluminará toda esta oscuridad.
- Restaurará el gozo en mi vida.
- Hablará verdad por medio de Su Palabra.
- Suplirá suficiente gracia y divino poder para enfrentar lo que vendrá.

Nuestra confianza radica en que el Señor ha afirmado que todas las cosas obran para bien y para conformarme más a la imagen de Cristo (Rom. 8:28-29).

Hacer buenas preguntas. Una de las metas de la consejería es conocer lo mejor posible la situación particular del aconsejado. Para alcanzar ese objetivo es necesario aprender a formular preguntas que inviten al aconsejado a ampliar y profundizar en sus explicaciones y también en el entendimiento de sus propios problemas. Mientras mejor conozcamos las raíces del problema del aconsejado, más efectivos seremos en presentar una propuesta bíblica. Desarrollar la habilidad de hacer buenas preguntas es una parte crucial del proceso de la consejería. Debemos entender la historia del aconsejado y procesarla junto con él o ella. Usualmente las preguntas que requieran una explicación extensa son las mejores. Por ejemplo: ¿Qué pasó? ¿Cuándo pasó? ¿Cómo pasó? ¿Por qué hiciste lo que hiciste? ¿Por qué piensas así? ¿Cómo te sentiste cuando pasó eso que me cuentas? Esas son preguntas abiertas. Evite hacer preguntas cerradas que predisponen al aconsejado a responder en cierta dirección: ¿Te sentiste mal? Imagino que esa experiencia fue horrible para ti, ¿cierto? ¿No pudiste haber pensado nada bueno cuando te dio esa respuesta?

No se trata de desarrollar preguntas técnicas, sino que debemos orar para tener un deseo sincero por conocer y ayudar al aconsejado de la mejor manera posible. Entender la problemática a cabalidad tomará tiempo y es muy probable que serán necesarias varias sesiones de trabajo, por lo que se requiere de una dosis de paciencia, mucho discernimiento y evaluación y organización de las respuestas. Además, las preguntas del consejero confirman en el aconsejado el interés real por conocer a fondo la situación. Las preguntas son una manera de involucrarnos en el caso y caminar junto a la persona mientras consideramos sus circunstancias juntos.

Aprender a escuchar. Si somos buenos formulando preguntas, entonces necesitamos estar listos para escuchar con la mayor atención. Eso incluye no solo prestar atención a las palabras mismas, sino también al tono de la voz, la cadencia, la forma en que se dicen las cosas y todo lo que se conoce como el lenguaje corporal durante la comunicación. Debemos ser capaces de escuchar todo mensaje que la persona comunique de cualquier manera. No podremos ofrecer respuestas buenas si no escuchamos y prestamos atención a todo el lenguaje corporal del aconsejado: Nos referimos a las realidades detrás de las palabras.

El que responde antes de escuchar,
Cosecha necedad y vergüenza.
(Prov. 18:13)

Un consejero usado por Dios no solo hace buenas preguntas y presta atención a todo el lenguaje corporal, sino que realiza un esfuerzo intencional que lo lleva a colocarse en el lugar del aconsejado para entender su realidad desde ese punto de vista particular. Además, esta actitud evidencia un sincero deseo por comprender, en primer lugar, la problemática presentada antes de intentar emitir un consejo.

Yo (Luis) recuerdo que hace unos años, siendo aún muy joven en el ministerio, fui amonestado por una hermana de la iglesia a quien respetaba como una madre espiritual. Cuando ya me disponía a compartirle mi prescripción del caso, ella tuvo mucha gracia al confrontarme con estas palabras, «Pastor, pero yo todavía no le he dicho cuál es el problema». Era obvio que ella quedó un poco sorprendida por mi interpretación rápida del problema. Mi precipitación en escuchar y diagnosticar el caso, en vez de causar una gran impresión, lo que generó fue una preocupación legítima. Fue una lección valiosa que marcó mi vida ministerial y que ha resultado de gran provecho en mi práctica de consejería.

Desarrollar un proceso que sirva de guía. Si las circunstancias tratadas demandan un seguimiento y si se necesitaran varias reuniones, debemos ser capaces de establecer un sistema de administración que nos sirva de soporte en el proceso. Hablamos entre otras cosas de notas de referencia, tareas asignadas y agenda de reuniones.

Pedir consejos a otros. Como en cualquier otra área de la vida, siempre habrá otros que van delante de nosotros. En el caso de la consejería, siempre habrá pastores, líderes y hermanos que están mejor capacitados para temas y prácticas particulares, por lo que siempre deben ser un recurso de ayuda al que acudir. Es sabio buscar consejo, especialmente en el contexto de la iglesia local.

En conclusión, el consejero bíblico usado por Dios es aquel que es motivado por una visión bíblica al considerar los problemas y circunstancias del aconsejado. Además, es un discípulo de Cristo que exhibe un carácter piadoso que se manifiesta de forma evidente a través del fruto del Espíritu en su vida. También está en un proceso de educación continua que lo lleva a aprender todos los aspectos técnicos y prácticos necesarios que le ayudarán a realizar el proceso de consejería con mayor eficacia y para la gloria de Dios.

Dios nos conceda Su gracia todo suficiente para que podamos responder con eficacia al llamado de servir aconsejando a aquellos que están en necesidad a nuestro alrededor.

13

Un abordaje de gracia y esperanza: La entrevista inicial

Esto traigo a mi corazón, por esto tengo esperanza:
Que las misericordias del Señor jamás terminan,
pues nunca fallan Sus bondades; son nuevas cada
mañana; ¡Grande es Tu fidelidad! «El Señor es mi
porción», dice mi alma, «Por tanto en Él espero».
(Lam. 3:21-24)

Cada vez que una persona desconocida entra a mi oficina (Luis) para una entrevista de consejería, no sé quién está más inquieto, si esa persona o yo. Con frecuencia me asaltan dudas y me pregunto, ¿Qué me va a decir? ¿Sabré yo responder? ¿Qué textos voy a usar? ¿Conoceré la respuesta correcta? Todas esas dudas son para mí un recordatorio necesario de que necesito de la gracia del Señor para poder servir con gracia y ofrecer esperanza.

Uno de los principales objetivos de la consejería durante la primera sesión es ofrecer esperanza a alguien que probablemente se encuentra muy desesperanzado. La esperanza que ofrecemos no consiste en afirmar de forma superficial que las cosas mejorarán, sino darle la oportunidad al aconsejado para que pueda ver a Dios y sus promesas en medio de su situación y de que pueda tener la confianza para poder acercarse en busca de Su ayuda.

Finalmente, lo que nos sostendrá en medio de una dificultad es un encuentro con Dios. Más allá de la situación por la que se esté atravesando, el diagnóstico no podrá ser correcto si no somos capaces de ver a Dios presente en medio de las circunstancias. El salmista lo dice de esta manera:

> Levantaré mis ojos a los montes;
> ¿De dónde vendrá mi socorro?
> Mi ayuda viene del SEÑOR,
> Que hizo los cielos y la tierra.
> (Sal. 121:1-2)

La consejería tiene como propósito primario llevarnos a Dios, ya sea para confiarle nuestros momentos de aflicción o para temerle en momentos de desobediencia. Dios es nuestra porción y nuestra alma no será sanada hasta que nos acerquemos a Él. El consuelo no vendrá cuando el problema que causó la aflicción esté resuelto, sino cuando seamos capaces de ver la mano de Dios en medio del problema. En otras palabras, es ajustar la visión para confiar en la soberanía de Dios en medio de la situación en la que se encuentre el aconsejado.

LA FUENTE DE NUESTRA ESPERANZA

El apóstol Pablo escribió a la iglesia en Roma sobre la esperanza bajo inspiración del Espíritu de Dios:

> Y el Dios de la esperanza los llene de todo gozo y paz en el creer, para que abunden en esperanza por el poder del Espíritu Santo. (Rom. 15:13)

Dios es la fuente y el fundamento de nuestra esperanza. No tenemos garantías de que las cosas mejorarán en cada situación, sin embargo, oramos para que puedan mejorar o cambiar. Pero también sabemos que nuestro Señor Jesucristo es capaz de usar las tribulaciones para cumplir sus planes en la vida de aquellos que confían en Él. **Evitemos una falsa esperanza.** Es importante enfatizar que la esperanza a la cual nos referimos es una esperanza bíblica basada en las promesas de Dios y es muy diferente a la esperanza meramente humana y temporal. La esperanza del mundo es un sentimiento basado en un anhelo o en la confianza sin mayor fundamento de que algo que deseamos pueda suceder. Se basa en nuestros propios deseos, sueños, habilidades, conocimientos y esfuerzos para tratar de hacer que las cosas sucedan como queremos. Esta esperanza también puede basarse en las habilidades, el conocimiento, los buenos deseos y los esfuerzos de otras personas o de lo que ellas pueden hacer por nosotros. En ese contexto, no hay ninguna garantía real de poder satisfacer nuestras expectativas. Ese tipo de esperanza humana puede llegar a ser muy desgastante e incierta y también, incluso producir mucho desconsuelo.

Además, esa es una esperanza sin respaldo divino porque suele demandar que hagamos algo por nosotros mismos para poder alcanzar lo que buscamos. Usualmente ese tipo de esperanza nos llega con una alta posibilidad de esfumarse en el momento en el que las dificultades son más grandes que nuestras fuerzas. Todos buscamos la esperanza en diferentes lugares, personas o circunstancias y esto, más que ser un ancla firme para nuestras almas, es como estar moviéndonos en medio de olas confusas de incertidumbre.

Promovamos una esperanza bíblica. La esperanza del creyente es una expectativa segura porque se basa en las promesas de Dios en Su Palabra. El origen de esa esperanza es externo a nosotros y es un regalo de Dios. Esta esperanza tiene como fundamento una persona y un Salvador reales: ¡Jesucristo el Hijo de Dios! La esperanza cristiana no surge de nuestras posibilidades, sino que se basa en la fidelidad de Dios.

Existe la garantía de que nuestras expectativas basadas en las promesas de Dios se cumplirán de alguna manera en algún momento. El autor de la epístola a los hebreos lo explica con estas palabras: «Tenemos como ancla del alma, una esperanza segura y firme, y que penetra hasta detrás del velo» (Heb. 6:19). Decimos que nuestra esperanza es firme porque el cumplimiento de estas promesas se basa en el carácter mismo de Dios. La garantía que viene de Dios es absoluta, tal como lo afirmó el Señor Jesucristo:

Porque en verdad les digo que hasta que pasen el cielo y la tierra, no se perderá ni la letra más pequeña ni una tilde de la ley hasta que toda se cumpla. (Mat. 5:18)

La esperanza correcta hará que aun la demora de la solución nos acerque a Dios en lugar de llevarnos al desaliento o la desesperación como ocurre con la esperanza falsa. Nuestra confianza está en Dios y en Su capacidad para librarnos de nuestra situación o de intervenir a nuestro favor en medio de ella (Sal. 31:24; 33:18; 34:1-8, 17-18). Tenemos confianza en que Dios nos escucha y nos responde cuando le pedimos ayuda. Esa esperanza nos da el poder para afrontar todas las situaciones difíciles de nuestra vida, porque sabemos que todo lo podemos por medio de Aquel que nos fortalece (Fil. 4:13). Se produce un efecto único en el alma cuando Dios nos habla por medio de Su Palabra. Este efecto puede generar la esperanza necesaria para experimentar gozo y paz en medio de las dificultades.

Matthew Henry comentó sobre la importancia de que mientras oremos nos aferremos a los nombres, títulos y atributos de Dios que sean más apropiados a la situación en la que nos encontremos y que sirvan mejor para reanimar nuestra fe. Este es su comentario sobre Romanos 15:13:

Dios es el Dios de la esperanza. Él es el cimiento sobre el cual se construye nuestra esperanza, y Él es el constructor que trabaja para levantarla: Él es a la vez, el objeto de nuestra esperanza, y el autor de la misma.[67]

Debemos conocer a Dios para descansar en Él con confianza. Es esencial que durante el proceso de consejería anheles que la persona vea la vida desde la perspectiva de Dios. Eso significa que tanto el consejero como el aconsejado necesitarán acercarse de forma apropiada a las Escrituras. La Palabra de Dios habla sobre todos los

---

[67]Matthew Henry, *Matthew Henry's Commentary on the Whole Bible: Complete and Unabridged in One Volume* (Carol Stream, IL: Hendrickson, 1994).

problemas humanos conectados a nuestra relación con Dios y los demás. Su relevancia, autoridad y suficiencia implica que lo que la Biblia enfatiza como importante para la vida humana, nosotros también lo enfatizaremos de la misma manera. Por lo tanto, queremos que una persona deprimida pueda vencer su depresión, pero nuestro principal objetivo será que esa depresión sea una oportunidad para que pueda redefinir su perspectiva de la vida y se enfoque en acercarse a Dios y obtener esperanza eterna. Estamos hablando de una esperanza eterna que redefinirá la perspectiva en relación con su vida actual.

Por lo tanto, debemos ofrecer esperanza utilizando las promesas de las Escrituras para establecer una visión de la vida del aconsejado a la luz de la gloria que ha de venir prometida por nuestro Rey y Señor. Finalmente, toda esperanza descansa en la obra consumada de Jesucristo, por lo que debemos estar muy familiarizados con los textos básicos que reflejan esta esperanza transformadora de vida (Rom. 15:13; Ef. 1:18-19; Col. 1:21-23; 1 Tim. 4:10; Tito 3:5-7; 1 Ped. 1:3-5). Además, debemos enfocarnos en aspectos específicos de la esperanza bíblica que quizá se adapten a la situación específica que el aconsejado está atravesando. A continuación, algunas ilustraciones:

- La esperanza de una creación redimida en situaciones de gran sufrimiento (Rom. 8:18-25).
- La esperanza en el Dios de toda consolación en situaciones de aflicción (2 Cor. 1:3).
- La esperanza de la presencia eterna de Dios para experiencias de dolor (Apoc. 21:1-5).
- La esperanza de la paz de Dios en medio de los conflictos (Ef. 2:14-18).
- La esperanza de que el Señor recibirá expresiones sinceras de fe en situaciones cuando hay falta de confianza en Dios (Lam. 3:21-25).

Jeremías nos presenta una maravillosa ilustración de un alma que pudo lograr hacer la transición del desconsuelo a una esperanza viva.

Luego de narrar uno de los cuadros más desconsoladores en la Biblia, encontramos esta declaración:

Esto traigo a mi corazón, por esto tengo esperanza: Que las misericordias del Señor jamás terminan, pues nunca fallan sus bondades; son nuevas cada mañana; ¡grande es Tu fidelidad! «El Señor es mi porción», dice mi alma, «por tanto en Él espero». Bueno es el Señor para los que en Él esperan, para el alma que le busca. Bueno es esperar en silencio la salvación del Señor. (Lam. 3:21-26)

Necesitamos acercarnos a Dios en medio de nuestras angustias para alcanzar esa esperanza que da fuerzas suficientes para seguir esperando en Él.

Aunque la consejería no debe ser mecánica, ayuda mucho estudiar previamente (si conocemos anticipadamente cuál será el problema por tratar) algunos pasajes específicos, sobre todo para la primera sesión. Esta sugerencia se debe a que al comienzo del proceso es cuando el aconsejado suele venir más desanimado y necesitado. Este material se convierte en una especie de devocional para llevar a Dios a las almas necesitadas. Dios nos ha prometido la verdadera esperanza y nos ha dado a Jesús como el ancla de nuestra alma a través de toda la Biblia.

El proceso de la entrevista I

Lo que haremos ahora es descomponer el proceso de la sesión por etapas, con el objetivo de destacar los aspectos particulares que ameritan una atención especial.

Antes de la entrevista. A esta fase la llamamos fase de preparación. Así como cualquier otro deber de naturaleza espiritual, debemos asegurarnos de tener la mente y el corazón preparados para ministrar al aconsejado teniendo las siguientes consideraciones particulares:

a. Los aconsejados vienen con temores y sobre todo suelen atemorizarse del mismo consejero. Generalmente vienen nerviosos porque luchan con la idea de revelar sus problemas personales y muchas otras ideas que podrían traer a la sesión.

b. No inicies nunca sin orar. La oración nos recuerda que Dios es la persona que hace la obra de transformación y desarrolla confianza entre el consejero y su aconsejado y entre ellos y Dios. Se espera que las respuestas de Dios traigan vida. Debemos orar que Dios nos visite en la reunión con una doble porción de Su Santo Espíritu para traer una palabra fiel y con sabiduría que sea de provecho para el aconsejado y la gloria de Dios.

c. Las ovejas tienen un enorme valor a los ojos de Dios. Él entregó a Su Hijo en su lugar y pagó en la cruz por sus pecados, para salvarnos. No tratemos a esa alma con ligereza. No busquemos salir rápido de «esa tarea» porque tenemos otras cosas que hacer.

d. Es un gran privilegio y una responsabilidad aconsejar y cuidar las ovejas por las que Cristo pagó con Su propia sangre. Tratemos con sensibilidad ese corazón que está tomando riesgos como si fuera un cristal que te ha sido entregado en tus manos para cuidarlo sin dañarlo. Recordemos de forma intencional el sufrimiento o la incertidumbre en la que ya se encuentra el aconsejado.

e. Aunque no siempre es posible, en algunos casos, especialmente en el contexto de una iglesia local, lo ideal es que antes de tener la primera sesión podamos disponer de la mayor información posible del aconsejado. Algunas iglesias disponen de un formulario que el aconsejado deberá llenar antes de la cita, lo cual facilita mucho los preparativos. Obviamente no siempre esta dinámica es posible.

Durante la entrevista. Esta parte se denomina fase de desarrollo. El objetivo principal de la reunión inicial es comprender a la persona y sus mayores preocupaciones. Conocer a la persona y la manera en que responde a los desafíos de la vida, las cosas que más valora, cómo se relaciona con los demás y otros aspectos similares permitirán que mostremos un interés genuino por ella al poner en práctica el segundo gran mandamiento: amar al prójimo como a ti mismo. Debemos hacer preguntas que den oportunidad para entrar al corazón del aconsejado, tal como lo hablamos en el capítulo anterior. Pero esa dinámica requiere discernimiento. Usualmente usamos alrededor de una hora para realizar un levantamiento adecuado del caso. Si los dejamos hablar sobre lo que deseen y al ritmo que deseen, probablemente mencionarán algunas cosas útiles, pero también podrán extenderse en otras trivialidades u opiniones subjetivas que no necesariamente sean tan relevantes para la sesión. La clave radica en hacer preguntas de seguimiento que nos proporcionen información útil. Para lograr una reunión con límites saludables de conversación es necesario mostrarles ciertos términos saludables y limitantes, pero sin limitarlos demasiado. Una buena pregunta de seguimiento sería tanto para conocer la preocupación de una persona, como para dirigir la conversación hacia la información más útil para llegar al fondo del problema. Creemos que la efectividad del proceso dependerá mucho de la habilidad del consejero para hacer buenas preguntas.

Es bueno siempre proponernos tener una breve conversación inicial como parte del saludo de bienvenida. Preguntas como ¿cómo fue tu día? serán siempre útiles para romper el hielo. Otra opción podría ser comentar sobre las noticias o cualquier otra situación coyuntural general. Se trata de algo breve que facilite la conexión y que les ayude a entrar en confianza y disminuir el estrés. Esto también ayudará a que no esté demasiado enfocado en su problema.

Lo más importante es mostrar una actitud de gracia, misericordia, compasión, sensibilidad y cuidado. El consejero debe iniciar la sesión. Lo ideal es un comentario o pregunta general en caso de que sea la primera entrevista: «Aquí estoy para ayudarte. ¿Cómo puedo servirte?». La meta es ganar la confianza del aconsejado con humildad, sinceridad, empatía e interés genuino. Es algo que debe hacerse con naturalidad, aunque tome más tiempo. En caso de que sea una entrevista de seguimiento, podemos refrescar un poco algo de lo comentado en reuniones anteriores, preferiblemente alguna observación de las tareas asignadas.

ACTITUDES IMPORTANTES DE UN BUEN CONSEJERO

Sea un buen oidor sobre todo en la primera entrevista cuando aún no conocemos nada acerca del aconsejado. Como ya hemos dicho, escuchar es un arte que se debe aprender y practicar, pero es también un resultado de la gracia en nosotros que nos dispone para ayudar al otro. No creas que ya eres un buen oyente, siempre hay algo nuevo que aprender y maneras de mejorar. Se puede crecer en la tarea de escuchar los «murmullos del corazón» cada día más y mejor.

Debemos prestar atención tanto a lo que el aconsejado está tratando de comunicar, así como también a lo que podría estar tratando de ocultar. Escucha con detenimiento, trata de escuchar la historia completa antes de ofrecer cualquier opinión. El consejero no es ajeno al prejuicio, el orgullo y la autojusticia presentes en su corazón y por eso es llevado muchas veces a formularse ideas o sacar conclusiones a destiempo. A menudo el aconsejado lucha con la posibilidad de no sentirse escuchado o aceptado y por eso el consejero debe doblegar sus esfuerzos para dar a entender que está escuchando y está interesado en la historia del aconsejado y todos sus detalles.

Escuchemos con sabiduría y preocupándonos por el bienestar del aconsejado. Debemos aceptar a otros a través del amor, tal como Juan nos advirtió que amamos a Dios porque Él nos amó primero (1 Jn. 4:19). Debemos escuchar primero y analizar y hablar después para poder descubrir el corazón. Debemos reflexionar en cómo comprender a la persona y entender cuáles son sus preocupaciones. Pensemos en las siguientes consideraciones mientras escuchamos a nuestros aconsejados:

a. **El problema con frecuencia no es el problema.** La queja es usualmente un síntoma producido por un ídolo del corazón. Debes preguntarte ¿Qué es lo que esta persona ama tanto que es capaz de reaccionar de cierta manera?

b. Pide a Dios sabiduría al profundizar en temas delicados. Ora en silencio, pide ayuda si debes tratar o no con temas de adicción, drogas, alcohol o pensamientos suicidas. Las escrituras nos exhortan a buscar en Dios la sabiduría necesaria (Sant. 1:5). Te encontrarás con frecuencia sentado delante de personas con necesidades muy grandes. El consejero está llamado a mostrar respeto independiente del tamaño o la gravedad de los problemas. Debo admitir que es difícil lidiar con personas sospechosas, egocéntricas, necias, arrogantes o infantiles. Aun en esos casos, un consejero mantiene el debido nivel de respeto y debe reconocer en cada persona la imagen divina (Gén. 1:26-28), la cual es también una potencial imagen del Hijo de Dios (Rom. 8:29; 2 Ped. 3:9).

Por lo tanto, es importante recordar constantemente que todas las personas están investidas con la dignidad de poder reflejar poco o mucho la imagen de Dios, sin importar cuán disminuida o deformada se encuentre esa imagen. Mostrar respeto incluye el ser accesibles y humildes. Una manera de considerar los intereses de las personas como más importantes que los nuestros es siendo respetuosos en nuestra sinceridad de desear ayudarlos. Se trata simplemente de seguir el ejemplo de Jesús en nuestra labor como consejeros:

No hagan nada por egoísmo o por vanagloria, sino que con actitud humilde cada uno de ustedes considere al otro como más importante que a sí mismo, no buscando cada uno sus propios intereses, sino más bien los intereses de los demás. Haya, pues, en ustedes esta actitud que hubo también en Cristo Jesús. (Fil. 2:3-5)

c. Debe haber equilibrio entre escuchar al aconsejado y mantener el hilo de su historia. Como hablamos anteriormente, debemos tener cuidado de no ser oidores pasivos y nunca hacer una pregunta prejuiciada que dirija la historia en una dirección equivocada. Es indispensable completar todas las preguntas que sean necesarias para poder llegar al fondo de la información que necesitamos para poder tener la mejor evaluación del aconsejado. Todo eso con relación a nuestra necesidad de saber escuchar.

Sé sabio no solamente al escuchar, sino al hablar. Debemos escoger nuestras palabras con mucho cuidado (Prov. 16:23-24; 25:20). La misericordia es importante para desarmar la actitud de defensa con que algunos vienen a la consejería. Dios desea, antes que nada, restaurar personas rebeldes en necesidad de arrepentimiento, cambio y redención. Dios mismo enfatiza que es lento para la ira y grande en misericordia (Sal. 86:15). Debemos hablar con gracia y verdad. El Señor nos dice: «Hay quien habla sin tino como golpes de espada, pero la lengua de los sabios sana» (Prov. 12:18).

Sé Paciente. El consejero se enfrenta de forma directa con las debilidades de la naturaleza caída que guardan relación con la inmadurez o insensatez del aconsejado. También el consejero descubrirá en sí mismo luchas con el orgullo, celos y con una comunicación deficiente. No seamos como el fariseo que dijo: «Dios te doy gracias, porque no soy como los demás hombres...» (Luc. 18:11), sino que tratemos de ser pacientes, no seamos superficiales y tratemos de ir más profundo a las causas reales de los problemas. Nuestro llamado es ministrar y sanar, no simplemente buscar la solución de un problema.

Otra observación importante es que no debemos tratar de forzar el cambio. Por el contrario, debemos dar lugar a que el aconsejado pueda apropiarse de sus convicciones y decisiones. Debemos investigar cómo el corazón del aconsejado está respondiendo a Dios, cómo va avanzando en el proceso de la santificación progresiva y cómo está relacionándose con las otras personas o situaciones en su vida. No olvidemos que el Señor está trabajando en la vida de esa persona.

Los buenos consejeros se esfuerzan por tener la paciencia suficiente que les permita escuchar con diligencia a las personas que acuden a ellos por ayuda. Debemos evitar la tentación de convertir cada sesión de consejería en un monólogo o un sermón de parte del consejero. Es muy sabio el proverbio que dice:

Con la mucha paciencia se persuade al príncipe,
y la lengua suave quebranta los huesos.
(Prov. 25:15)

Debemos escoger el mejor momento para confrontar o abordar experiencias difíciles. Proverbios nos exhorta una vez más a tener cuidado con nuestras palabras:

El hombre se alegra con la respuesta adecuada,
y una palabra a tiempo, ¡cuán agradable es!
(Prov. 15:23; ver 29:20)

Mantén la confidencialidad a menos que alguien esté en peligro. Ya hemos dicho que debemos asegurarnos de obtener la confianza del aconsejado producto de que ha comprobado que somos dignos de confianza, prudentes y reservados con las historias de los demás. Algunas de las virtudes que acompañan a la sabiduría son la prudencia y la discreción (Prov. 8:12). La Palabra de Dios es el mejor consejero en esta área: «El que anda murmurando revela secretos, por tanto, no te asocies con el chismoso» (Prov. 20:19). Por otro lado, Proverbios también nos exhorta: «El que guarda su boca y su lengua, guarda su alma de angustias» (Prov. 21:23). También nos dice: «El que anda en chismes revela secretos, pero el de espíritu leal oculta las cosas» (Prov. 11:13).

Una excepción a esta regla es cuando se trata de situaciones en que la integridad de la persona está en juego o cuando existen implicaciones legales. En esos casos debemos advertirle al aconsejado que no es posible mantener confidencialidad. Estamos hablando de casos como abusos, crímenes en contra de la ley o cuando la vida del aconsejado está en peligro, como cuando tiene pensamientos suicidas.

En este último caso, es muy importante que cuando estemos hablando con alguien que menciona la palabra suicidio no debemos reaccionar de forma emocional. Debemos buscar empatizar con la persona, preguntar por qué está pensando de esa manera, cuando fue la última vez que pensó hacerlo y con qué frecuencia tiene esa idea. Además, es vital indagar si ha pensado en la forma de hacerlo, porque eso implicaría que la idea ha avanzado más en la mente del aconsejado que en los casos cuando la persona simplemente dice haber pensado fugazmente alguna vez. Esos casos requieren ser referidos a un profesional y el consejero bíblico lo acompaña en el proceso de manera pastoral.

Observación importante: Cada iglesia local debe asesorarse de los aspectos legales a los cuales están sujetos en su país. También debe contar con un listado de profesionales que ayuden con estos casos que surgen de la consejería y que requerirían de su intervención oportuna.

Sé veraz, pero con gracia (Juan 1:14; Rom. 14:19; Gál. 6:1-2). La compasión, la misericordia y la verdad son indispensables al tratar con un alma y de manera práctica eso se observa en las palabras, el tono y aún los gestos que usamos al relacionarnos con el aconsejado. Recordemos que Cristo vino «lleno de gracia y de verdad» (Juan 1:14). Debo pasar de la exhortación a la acción, fundamentando la esperanza en la gracia de Cristo y así contribuir como un instrumento en las manos de Dios para rescatar un alma de los deseos pecaminosos.

El esfuerzo personal es necesario para preparar el alma de cara al crecimiento. La Palabra misma nos instruye sobre cómo ser veraz y compasivo a la vez: «Mejor es la represión franca que el amor encubierto» (Prov. 27:5); «Por tanto, confórtense los unos a los otros, y edifíquense el uno al otro, tal como lo estáis haciendo» (1 Tes. 5:11).

Confronta sin enjuiciar. Parte del plan de Dios para manifestar su amor a un mundo que decae es personificar ese amor a través del cuidado cristiano. Eso se refleja al expresar nuestra preocupación y dolor al advertir a los aconsejados de los peligros en que pudieran incurrir si continúan por el camino en que se encuentran. Cuando el apóstol Pablo enfrentó esta realidad en la iglesia en Tesalónica, se dirigió a ellos con estas palabras: «Les exhortamos, hermanos, a que amonesten a los indisciplinados, animen a los desalentados, sostengan a los débiles y **sean pacientes con todos**» (1 Tes. 5:14, énfasis añadido).

Sé un consolador y alentador. Amar a alguien significa preocuparse por su bienestar, aun cuando no puedas solucionar sus problemas. Esa expresión de amor es más importante que la propia solución. Debemos consolar de la misma manera que Dios nos consuela a nosotros (2 Cor. 1:4). Lucas nos presenta esta actitud cuando Bernabé intercede por Saulo frente a los apóstoles debido a la incertidumbre que había en torno a su real conversión:

Cuando Saulo llegó a Jerusalén, trataba de juntarse con los discípulos; pero todos le temían, no creyendo que era discípulo. Pero Bernabé lo tomó y lo presentó a los apóstoles, y les contó cómo Saulo había visto al Señor en el camino, y que Él le había hablado, y cómo en Damasco había hablado con valor en el nombre de Jesús. (Hech. 9:26-27)

Bernabé le mostró un sincero aprecio a Saulo al acompañarlo en su momento de incertidumbre. Lo alentó y animó en medio de una situación muy difícil para él y también para el resto de la iglesia.

Sé abierto. Usa tus experiencias del pasado con sabiduría a través de ejemplos, ilustraciones e historias según sea necesario. Debemos reflejar la suficiente autenticidad para que el aconsejado pueda percibir que somos pecadores redimidos que están tratando de enseñarle a otro pecador con la intención de ir juntos a los pies del mismo Salvador.

Sé sensible. Todos tenemos problemas, somos ovejas y nos asaltan las dudas cuando nos sentimos vulnerables. Hay expresiones que pueden revelar muchas de esas incertidumbres en el corazón del aconsejado. Por ejemplo:

- «Dios solo me tolera»
- «Dios me esta disciplinando»
- «No creo que Dios perdone este pecado... mi pecado es muy grande»

Estas frases solo revelan los temores internos de las personas que acuden a la consejería. La gente con frecuencia anda en búsqueda de una razón por la que Dios pudiera amarlo, pero con frecuencia sus pensamientos son fatalistas.

Presta atención al lenguaje corporal. Nosotros comunicamos un mensaje no solamente con nuestras palabras, sino también con todo nuestro lenguaje corporal. Por eso es importante tener presente no solo nuestras palabras, sino también nuestra postura física. Diferentes autores han sugerido tener presente lo siguiente:

- Un cuerpo inclinado hacia delante podría comunicar interés.
- En contraste, una mirada distraída puede comunicar desinterés.
- Se recomienda permanecer enfocado.
- Los brazos cruzados comunican resistencia, distancia... una barrera.
- Otros recomiendan no sentarse detrás de un escritorio.

EL PROCESO DE LA ENTREVISTA II

Después de la entrevista. A esta fase la llamamos fase de conclusión. Es muy sabio tomar un tiempo para reflexionar en todo lo que se ha dicho y hecho durante la reunión. Debemos revisar las notas tomadas y completar las observaciones que podrán ayudarnos con el proceso de seguimiento. Revisar las notas también nos ayuda a ordenar la información que el aconsejado suele exteriorizar de forma desorganizada. Las notas ayudan a la mente sobrecargada a recordar las cosas con exactitud.

Por el otro lado, siempre será bueno revisar la reunión en retrospectiva y tratar de evaluar nuestro rol. Esa evaluación podría incluir la revisión de los pasajes bíblicos que usamos y considerar si otros pasajes pudieron ser más adecuados, redefinir temas que pudieron quedar pendientes por causa del tiempo, las inquietudes sobre algunas reacciones del aconsejado o simplemente el chequeo de las tareas asignadas. El objetivo es que la revisión de la sesión se convierta en una buena práctica regular para mejorar y crecer. Una pregunta que puede desafiarnos en ese proceso de mejoría es, ¿Qué pude haber hecho diferente? La respuesta será más fácil si podemos hacernos la pregunta inmediatamente después de terminar la sesión.

Algunas consideraciones finales:

1. Un consejero efectivo hace preguntas abiertas:
    a. ¿Cómo fue esa experiencia para ti?
    b. ¿Puedes describir eso que acabas de decir?
    c. ¿Qué pensaste cuando eso ocurrió?

2. Evita preguntas «cerradas» cuyas respuestas tienden a ser monosilábicas y predisponen el ánimo del aconsejado.
    a. ¿Te enojaste cuando eso ocurrió?
    b. ¿A ti te gustó eso realmente?
    c. Eso fue horrible, ¿no?

3. Escucha y confirma lo escuchado repitiendo la aseveración que se te ha dado en forma de pregunta:
    a. ¿Me estás diciendo que...?
    b. Tengo la impresión de que... ¿Estoy en lo correcto?
    c. No te molestes si el aconsejado te corrige, eso es un signo de confianza y disposición al proceso.

4. Pon atención a las palabras cargadas de emociones: cansado, preocupado, abrumado, triste y desesperado. Eso revela mucho de la condición interna del corazón.

5. Preguntas para evaluar la salud espiritual del aconsejado y aun del consejero:[68]
   a. ¿Tienes sed de Dios?
   b. ¿Está tu vida gobernada cada vez más por la Palabra de Dios?
   c. ¿Es una persona capaz de amar?
   d. ¿Cómo está tu sensibilidad a la presencia de Dios?
   e. ¿Te preocupas por las necesidades temporales y espirituales de otras personas?
   f. ¿Te deleitas en la novia de Cristo, la Iglesia?
   g. ¿Estás haciendo uso de las disciplinas espirituales?
   h. ¿Te entristece el pecado?
   i. ¿Perdonas con facilidad?
   j. ¿Deseas ansiosamente el cielo y el retorno de Cristo?

Somos más propensos a reunir datos concretos sobre la vida de una persona que dedicarnos a hacer preguntas que den mayor profundidad. Las preguntas verdaderamente profundas son aquellas relacionadas con el corazón y son más difíciles de hacer porque podrían sonar indiscretas y exponen claramente la realidad de una persona (Prov. 4:23; 20:5; Mat. 12:34; Luc. 6:43-45). Escudriñar el corazón de alguien te ayuda a entender los pensamientos, los deseos, los anhelos y las motivaciones que están detrás de la conducta.

6. Observaciones al momento de corregir:[69]
   a. Presenta tus observaciones como enunciados falibles: «Tengo la impresión», o «Me parece esto o aquello». En otras palabras, debemos evitar ser dogmáticos en nuestras

---

[68] Donald Whitney, *Ten Questions to Diagnose Your Spiritual Health* (Carol Stream, IL: NavPress, 2001), 6.

[69] Algunas de estas observaciones fueron hechas por C. J. Mahaney, mientras entrenaba pastores en el colegio de pastores de Gracia Soberana en Louisville, Kentucky, en el año 2010-11, y recopiladas por el pastor Miguel Núñez, quien estuvo presente en dichas enseñanzas.

observaciones y permitir así un espacio para aclaraciones cuando sea necesario. Al mismo tiempo, al hacer debemos ser cuidadosos de que el aconsejado no interprete que el consejero no tenía seguridad al entregar el consejo porque, en ese caso, el aconsejado podría volverse más inseguro y no tendrá la disposición para seguir los consejos.

b. La corrección debe estar fundamentada en las Escrituras. Nuestro objetivo es acercar la vida del aconsejado a los principios de la Palabra de Dios y no a nuestras preferencias u opiniones. Entonces, cuando hagamos una corrección debemos señalar cuál principio de la Palabra se está violando y la razón para tal observación. Nuestra habilidad deberá ser conectar cada situación de la vida del aconsejado a la palabra de Dios. Es una disciplina en la que debemos crecer y por lo cual debemos orar continuamente para alcanzar la sabiduría de Dios (Sant. 1:5-6).

c. Es importante dar seguimiento al aconsejado. La idea es asegurar que la persona no se sienta supervisada, pero tampoco abandonada a su suerte.

7. El consejero no conoce su propio corazón ni el de su aconsejado de manera infalible.

a. Si el aconsejado acepta el consejo no concluyas que es una persona humilde y si lo rechaza que es una persona orgullosa y arrogante. Continúa observando su patrón de vida antes de sacar conclusiones apresuradas.

b. Afirma tu amistad. El aconsejado no debe concluir que tu amistad depende de que esté de acuerdo contigo. Dios trae el convencimiento, no nosotros.

c. Cuando un aconsejado reacciona pecaminosamente, la forma en la cual el consejero pueda responder podría hablar del orgullo en su corazón. Cuidemos la forma en que respondemos cuando haya situaciones tensas.

d. El proceso de consejería y cualquier otro proceso será imperfecto. Vivimos en un mundo caído.

e. El exponer el pecado y decir la verdad es mucho más fácil que aplicar la gracia.

8. La meta del consejero cristiano es que el aconsejado viva la vida abundante prometida por nuestro Dios. El Señor Jesucristo definió el propósito de Su misión en este mundo con estas palabras: «El ladrón solo viene para robar, matar y destruir. Yo he venido para que tengan vida, y para que la tengan en abundancia» (Juan 10:10). Esa vida abundante que señala el texto es la aspiración de todo discípulo de Cristo y es también parte de la meta en un proceso de consejería.

a. Vida abundante implica una sana e íntima comunión con Dios y con los demás.

b. Jesús interactúo con alguien de la multitud en la que resaltó este gran propósito de nuestras vidas:

«Maestro, ¿cuál es el gran mandamiento de la ley?» Y Él le contestó: «AMARÁS AL SEÑOR TU DIOS CON TODO TU CORAZÓN Y CON TODA TU ALMA, Y CON TODA TU MENTE. Este es el gran y el primer mandamiento. Y el segundo es semejante a éste: Amarás a tu prójimo como a ti mismo. De estos dos mandamientos dependen toda la ley y los profetas». (Mat. 22:36-40)

La vida abundante está directamente relacionada con una íntima comunión con Dios.

c. La vida abundante implica una vida cristocéntrica.

d. La vida abundante implica una vida dedicada a glorificar a nuestro Dios.

e. La vida abundante implica un creciente aumento del señorío de Cristo en nuestras vidas y, por lo tanto, una vida gobernada por Su Palabra.

f. La vida abundante implica el máximo desarrollo de los dones y talentos dados por Dios para la realización de Sus propósitos para los cuales nos creó.

g. La vida abundante implica gozo que es el resultado de nuestra sumisión voluntaria a los propósitos de Dios.

En conclusión, uno de tus principales objetivos durante esta primera sesión es ofrecer esperanza a alguien que probablemente se encuentra muy desesperanzado. Es brindar la oportunidad de que la persona pueda ver a Dios y Sus promesas en medio de su situación. En medio de una dificultad, lo que nos sostendrá es ver a Dios obrando en nuestras vidas. Más allá de las circunstancias que esté atravesando, el diagnóstico no será correcto si no somos capaces de ver a Dios en todo el proceso.

En medio de un mundo caído y afectado por el pecado, todo creyente verdadero experimentará la necesidad de dar y recibir ayuda, de tal manera que podamos ser animados en el deseo de esa vida abundante que Jesús prometió. La consejería bíblica es una poderosa herramienta para cumplir ese importante propósito.

14

El rol del Espíritu Santo
en la consejería bíblica

*Aún tengo muchas cosas que decirles, pero ahora no
las pueden soportar. Pero cuando Él, el Espíritu de verdad
venga, los guiará a toda la verdad, porque no hablará
por Su propia cuenta, sino que hablará todo lo que oiga,
y les hará saber lo que habrá de venir. Él me glorificará,
porque tomará de lo Mío y se lo hará saber a ustedes.*
(Juan 16:12-14)

Uno de los fundamentos que identifica la consejería bíblica es el entendimiento de que hay dos conceptos únicos que se combinan maravillosamente para producir el cambio o la transformación que solo Dios puede hacer en nosotros. Ambos conceptos aparecen revelados en la exhortación del apóstol Pablo en la epístola a los Romanos, cuando anima a todo creyente a un estilo de vida que sea de influencia, poder y bendición para otros.

El primer concepto importante es el poder de la Palabra de Dios. El apóstol señala:

Porque todo lo que fue escrito en tiempos pasados, para nuestra enseñanza se escribió, a fin de que por medio de la paciencia y del consuelo de las Escrituras tengamos esperanza. (Rom. 15:4)

Necesitamos esperanza para cada uno de los aspectos de nuestro diario vivir. Es de gran consuelo saber que Cristo ya compró para nosotros una vida abundante llena de esperanza y libertad que es completamente opuesta a nuestras circunstancias y hábitos que nos esclavizan. Esa esperanza que necesitamos debe estar arraigada en el consejo de Dios, la Biblia, la única fuente permanente: «... la palabra de Dios, la cual también hace su obra en ustedes los que creen» (1 Tes. 2:13).

El segundo concepto vital es la obra del Espíritu Santo en nuestras vidas. Cuando el apóstol Pablo enfatiza la necesidad de que esa esperanza de la Palabra sea aplicada al corazón cuando dice: «Y el Dios de la esperanza los llene de todo gozo y paz en el creer, para que abunden en esperanza por el poder del Espíritu Santo» (Rom. 15:13). En este sentido, la obra del Espíritu Santo en el proceso de consejería consiste en aplicar ese poder único en el corazón del que cree, de tal manera que la esperanza bíblica sea creída de forma efectiva y abundante. Mientras Dios nos llena con las bendiciones de Su «gozo y paz en el creer», somos asistidos por el poder del Espíritu Santo para vivir de acuerdo con esas verdades.

Ambos conceptos operan en armonía para producir la transformación deseada y que todos necesitamos. El conocimiento de la Palabra de Dios nos puede ayudar a discernir si nuestros deseos provienen o no del Espíritu Santo (Heb. 4:12). Debemos poner a prueba nuestras inclinaciones, deseos, hábitos y aspiraciones frente a las Escrituras y debemos confiar que el Espíritu Santo nunca nos impulsará a hacer algo contrario a la Palabra de Dios. Si ese anhelo o aspiración o hábito entra en conflicto con la Biblia, entonces no proviene del Espíritu Santo y debe ser ignorado.

El Espíritu Santo es la tercera persona de la Trinidad. En cierto sentido, podríamos decir que se trata de la tercera persona que participa en el proceso de la consejería bíblica. Jay Adams ha dicho con frecuencia que podemos estar seguros de que hay al menos tres personas presentes en el proceso de una consejería bíblica: el consejero, el aconsejado, y el Espíritu Santo.[70]

---

[70]Jay Adams, *Manual del consejero cristiano*, (Barcelona, España: Editorial CLIE, 2008), 4.

El Espíritu Santo es el consejero por excelencia, quien es llamado por Juan «*paracleto*» (consejero) y por el profeta Isaías, «Espíritu de consejo» (11:2). Él es el autor de la Palabra y, por lo tanto, opera por medio de ella (Juan 3:5; 15:3; Ef. 5:26). No habrá herramienta para que el Espíritu Santo aplique consuelo y exhortación al corazón si no hay Palabra de Dios. Los creyentes y consejeros debemos conocer y entender en profundidad la doctrina bíblica del Espíritu Santo.

Jesús les dijo a Sus discípulos antes de ascender al cielo que enviaría a uno que enseñaría y guiaría a todos aquellos que creen en Él. Les dijo con absoluta claridad:

Pero el Consolador, el Espíritu Santo, a quien el Padre enviará en Mi nombre, Él les enseñará todas las cosas, y les recordará todo lo que les he dicho. (Juan 14:26)

Más adelante refuerza la idea de la necesidad del Espíritu Santo en los creyentes: «Pero Yo les digo la verdad: les conviene que Yo me vaya; porque si no me voy, el Consolador no vendrá a ustedes; pero si me voy, se lo enviaré» (Juan 16:7). La misma verdad aparece reiterada más adelante (Juan 16:13-14). El desarrollo de la narrativa bíblica nos permite comprobar que esa promesa de Jesús se cumplió después de Su ascensión, cuando el Espíritu Santo vino con poder sobre los creyentes en Pentecostés (Hech. 2). Se trata de una de las más grandes promesas cumplidas dadas por Jesús.

Cuando una persona cree en Cristo en la actualidad, de inmediato el Espíritu Santo viene a ser una parte permanente de su vida. Dios mismo viene a morar dentro del creyente a través del Espíritu Santo, quien no es simplemente una fuerza, sino una persona divina con entendimiento (1 Cor. 2:10-11), se entristece (Ef. 4:30), nos guía (Rom. 8:14), nos recuerda las verdades enseñadas por Jesús (Juan 14:26) y nos empodera para la vida cristiana (Hech. 1:8).

Jesús dijo cuando anunció la venida del Espíritu Santo a Sus discípulos que fue cumplida en Pentecostés, «porque Juan bautizó con agua, pero ustedes serán bautizados con el Espíritu Santo dentro de pocos días» (Hech. 1:5). Se estaba refiriendo a la morada del Espíritu

Santo en nosotros que nos capacitaría para vivir conforme a los propósitos de Dios. El apóstol Pablo lo explica con estas palabras: «Pues por un mismo Espíritu todos fuimos bautizados en un solo cuerpo, ya judíos o griegos, ya esclavos o libres. A todos se nos dio a beber del mismo Espíritu» (1 Cor. 12:13).

Jay E. Adams explica el rol del Espíritu Santo en la consejería bíblica de la siguiente manera: «Para que la consejería sea realmente cristiana, tiene que ser llevada en armonía con la obra regeneradora y santificadora del Espíritu de Dios».[71] La Biblia no nos habla de forma específica sobre el rol del Espíritu Santo en la consejería bíblica, pero es algo que podemos inferir de todo lo que enseña sobre el rol general del Espíritu Santo en las vidas de las personas y, a la vez, de todo lo que se requiere para aconsejar bíblicamente.

Primero enfocaremos esa obra en la persona del consejero y luego nos enfocaremos en la obra del Espíritu Santo en la persona del aconsejado.

El rol del Espíritu Santo en el consejero

Toda la obra del ministerio necesita ser hecha en el poder del Espíritu. La tercera persona de la Trinidad nos fue dada para hacer lo que nosotros no podemos. Formar la imagen de Cristo en personas caídas requiere de poder sobrenatural y cualquier otro esfuerzo meramente humano será infructuoso. El consejero debe tener amor, mansedumbre, paciencia, gozo, sensibilidad, sabiduría, entre otras virtudes (Gál. 5:22-23; Sant. 1:5). Todas y cada una de esas virtudes son formadas o dadas por medio del Espíritu Santo que mora en nosotros. Uno de los errores de los ministros es depender solo de lo aprendido, de la metodología o de meras estrategias humanas para sanar algo que tiene origen espiritual. Todas aquellas cosas aprendidas pueden ser útiles, pero solo cuando no se divorcian del trabajo del Espíritu de Dios. Nosotros ministramos en el nombre de Cristo, en el poder del Espíritu, para que la gracia de Dios llegue

---

[71] Jay Adams, *Capacitados para orientar* (Grand Rapids, MI: Editorial Portavoz), 16.

a los demás a través de instrumentos que Dios ha preparado para toda buena obra. **El Espíritu Santo capacita al consejero bíblico.** En sentido general, el rol del Espíritu Santo en el consejero es capacitarlo para la obra del ministerio. Nosotros aprendemos a través de todo el Nuevo Testamento que, como un sello de garantía del nacimiento espiritual, el Espíritu Santo da dones a los creyentes, ya sea al momento de su conversión o posteriormente. De esa manera, ellos pueden ser usados por Dios como instrumentos de salvación para los incrédulos y de crecimiento espiritual para los creyentes.

Los creyentes somos asistidos por el Espíritu Santo para que podamos reconocer, desarrollar, y usar esos dones para servir al Señor y a otras personas. El apóstol Pablo describe esta realidad cuando escribe:

Ahora bien, hay diversidad de dones, pero el Espíritu es el mismo. Hay diversidad de ministerios, pero el Señor es el mismo. Y hay diversidad de operaciones, pero es el mismo Dios el que hace todas las cosas en todos. Pero a cada uno se le da la manifestación del Espíritu para el bien común. (1 Cor. 12:4-7)

Uno de los ministerios para los cuales el Espíritu Santo capacita a algunos creyentes es el ministerio de consejería bíblica. No se podrá ministrar efectivamente a las necesidades del corazón en las diferentes circunstancias de este mundo caído sin esa capacitación provista por el Espíritu. El Señor quiere utilizarnos en Su obra y por eso Él equipa a quien llama. Ya ha sido dicho antes por otros: Dios no llama al equipado, Dios equipa a los llamados.

El Espíritu Santo enseña al consejero bíblico. El consejero cristiano necesita primero aprender para poder ayudar a otros. Más allá de sus lecturas, estudios personales, equipamientos y entrenamientos de consejería bíblica, en último caso, el maestro por excelencia es el Espíritu Santo, quien brinda entendimiento de la Biblia y le enseña cómo aplicar su enseñanza a las personas que se propone ayudar. El Señor Jesucristo enfatiza este rol del Espíritu Santo: «El me glorificará, porque tomará de lo Mío y se lo hará saber a ustedes» (Juan 16:14). El apóstol Pablo proclamó la misma verdad al decir:

«Y nosotros hemos recibido, no el espíritu del mundo, sino el Espíritu que viene de Dios, para que conozcamos lo que Dios nos ha dado gratuitamente». (1 Cor. 2:12)

El Espíritu de Dios nos enseña a aplicar un mismo pasaje a diferentes circunstancias de la vida. Esa ministración particular que el Espíritu Santo confiere tanto al consejero como al aconsejado es esencial para poder ser instrumento de bendición a otros. El Espíritu Santo ministrará al consejero y al aconsejado por medio del estudio de la Palabra. Esta es una de las áreas que todo cristiano, en especial el consejero, necesita cultivar continuamente. Necesitamos tener siempre una convicción fresca de la Palabra de Dios en nuestras vidas para poder ministrar a otros. No podemos dar si no hemos recibido. Nuestra ministración será monótona, mecánica, vacía e infructuosa sin esa sensibilidad espiritual fresca a la verdad de la Palabra. Solo esas verdades que nos han sido ministradas por el Espíritu de Dios en lo privado serán relevantes a la hora de intentar ministrar a otros.

De lo anterior se desprende que los consejeros debemos estar continuamente enfocados en la tarea de alimentar primero nuestras propias almas. Solamente si esas verdades tan gloriosas han cobrado vida primero en nosotros, entonces podremos comunicarlas con poder a otros. Debemos exhibir una verdadera pasión por las verdades aprendidas y vividas.

El Espíritu Santo guía al consejero bíblico. El consejero cristiano se encuentra ante todo tipo de personas con una multiplicidad de problemas y necesidades, por lo que no siempre es fácil saber qué decir o cómo ayudar. Mientras que la enseñanza y la iluminación del Espíritu Santo tienen que ver con la comprensión de la Palabra de Dios por parte del consejero, la guía del Espíritu Santo tiene que ver con la sabiduría, el discernimiento y la prudencia necesaria para poder aplicar la Palabra de Dios al caso específico del aconsejado.

Es el Espíritu quien da la sabiduría necesaria para aplicar el conocimiento bíblico a cada persona, sea cual sea su situación. Esta es la etapa del proceso donde necesitamos ejercer mayor humildad. No somos tan sabios como pensamos ni tenemos todas las respuestas para las situaciones por las que somos consultados. Necesitamos más dependencia del Espíritu Santo para poder entender mejor las situaciones complejas que enfrentan los aconsejados. Necesitamos orar continuamente con espíritu de urgencia por más sabiduría de Dios. Como ya lo hemos mencionado en varias oportunidades, la gran promesa que nos anima en esta tarea es la siguiente:

Y si alguno de ustedes le falta sabiduría, que se la pida a Dios, quien da a todos abundantemente y sin reproche, y le será dada. (Sant. 1:5)

Quisiéramos enfatizar una vez más la necesidad de nuestra completa dependencia de Dios para esta obra. Es evidente que solos y dejados a nuestras propias habilidades no somos suficientes para esta labor. Eso debe llevarnos a ser hombres y mujeres humildes y más dependiente de Su gracia. Aquí es donde se hace tan necesario recordar las palabras del salmista:

Porque el SEÑOR es excelso,
Y atiende al humilde,
Pero al altivo conoce de lejos.
(Sal. 138:6)

Debemos asumir que habrá situaciones donde lo mejor que podemos hacer es orar y esperar la ayuda de Dios para un consejo más claro y sabio. Debemos actuar intencionalmente al combatir la tendencia natural de basar únicamente nuestro consejo en psicología secular y experiencias personales. Lo que el aconsejado necesita más que cualquier otra cosa es escuchar el consejo de Dios.

El Espíritu Santo fortalece al consejero bíblico. ¿Cuál es la necesidad de que el consejero cristiano sea fortalecido? Yo (Luis) pienso que esta fortaleza nos ayudará a ejercer nuestro ministerio con mayor fidelidad y confianza.

Habrá situaciones donde necesitaremos fortaleza para decir y hacer lo correcto, aun cuando sepamos que nuestro consejo no va a ser bien recibido o no es necesariamente lo que al aconsejado quisiera oír. Cuando estemos presionados con el temor al hombre o el deseo de aprobación del aconsejado, el Espíritu vendrá con poder para fortalecernos y así hablar de tal manera que seamos fieles a Él. Por otro lado, habrá algunas situaciones de aflicción donde nos veremos profundamente conmovidos al ver los estragos que produce el pecado. Ante esas situaciones necesitaremos la ayuda del Espíritu Santo para ser fortalecidos y seguir confiando en las promesas de Dios y en la confianza de que hay un propósito en cada situación que el Señor permite en Su soberanía. Si creemos que Cristo murió por ese aconsejado, que Dios lo ama más que yo como consejero y que Dios tiene el poder para sacarlo y levantarlo del poder del pecado, entonces debiéramos estar confiados.

En cada caso, el Espíritu Santo vendrá como Consolador y mostrará Su poder para defender, ayudar, y fortalecer tanto al consejero como al aconsejado.

El Espíritu Santo santifica al consejero bíblico. Como ya hemos visto, la consejería bíblica tiene mucho que ver con la santificación. Un creyente que está siendo aconsejado va a necesitar entender y procesar cada situación desde una perspectiva bíblica de la vida cristiana. Pero no debemos perder de vista que el consejero cristiano también es una persona que está en ese mismo proceso de santificación. Esto hace que entendamos este proceso como el de un discípulo ayudando a otro discípulo. El consejero también sigue siendo pecador y sigue afectado por el pecado, por sus propias fallas, por sus luchas y sus puntos débiles. Por lo tanto, el consejero también va a necesitar de la ayuda del Espíritu Santo para combatir su incredulidad y someter sus pensamientos y hábitos pecaminosos a la voluntad de Cristo (2 Cor. 10:5).

No podemos perder nunca de vista que para ser buenos consejeros tenemos que ser buenos aconsejados. Nuestra lucha por la santidad tendrá que ser evidente para poder ministrar con poder. Estamos hablando de que la experiencia de agonizar por nuestros propios pecados nos ayudará a ser más sensibles en la lucha de otros. Pero, por otro lado, si no tenemos una limpia conciencia en nuestra vida privada delante de Dios, entonces seremos incapaces de exhortar con poder ante la desobediencia evidente de otros. Esa fortaleza interna de estar bien con Dios es necesaria para una ministración efectiva.

Esa fortaleza interna a la que nos estamos refiriendo fue la que Pablo experimentó para defender su causa cuando fue llevado ante el gobernador Félix: «Por esto, yo también me esfuerzo por conservar siempre una conciencia irreprensible delante de Dios y delante de los hombres» (Hech. 24:16). Necesitamos esa comunión fresca con Dios para poder ministrar sin culpa. Eso no significa que no haya pecados en nuestras vidas, sino que estamos viviendo una vida de integridad en donde nuestros pecados están siendo confesados, perdonados y abandonados continuamente.

El Espíritu Santo va a impulsarnos como consejeros a buscar rendir cuentas, a ser pastoreados y supervisados como mecanismo de ayuda para nuestra santificación. El apóstol Pablo lo puso en estas palabras:

> Pero nosotros siempre tenemos que dar gracias a Dios por ustedes, hermanos amados por el Señor, porque Dios los ha escogido desde el principio para salvación mediante la santificación por el Espíritu y la fe en la verdad. (2 Tes. 2:13)

El mismo apóstol le explica a la iglesia ese proceso de transformación espiritual:

> Pero todos nosotros, con el rostro descubierto, contemplando como en un espejo la gloria del Señor, estamos siendo transformados en la misma imagen de gloria en gloria, como por el Señor, el Espíritu. (2 Cor. 3:18)

Abundamos más sobre este tema en el capítulo relacionado a la santificación y la consejería bíblica. En general, el Espíritu Santo ejerce su rol único de capacitar, enseñar, guiar, fortalecer y santificar al consejero bíblico y ayudarle así a ejercer su llamado de ministrar a las almas en su necesidad fundamental de ser acercadas a Dios.

EL ROL DEL ESPÍRITU SANTO EN EL ACONSEJADO

El Espíritu Santo obra en la vida del creyente y revela la voluntad de Cristo de una manera poderosa y transformadora. Ya hemos dicho que a esto se lo conoce como santificación progresiva, el proceso mediante el cual el creyente es capacitado para crecer en gracia por toda su vida desde el momento de la conversión hasta el día de la glorificación. El proceso de consejería bíblica es entonces desarrollar un discipulado intensivo con alguien que necesita ser ayudado a vivir esa obra de santificación. Mencionamos a continuación algunas de las áreas que pueden ser consideradas como el rol del Espíritu Santo en el aconsejado:

El Espíritu Santo enseña al aconsejado. Como hemos señalado en capítulos anteriores, nuestra mayor necesidad es conocer y experimentar la verdad de la Palabra de Dios en medio de nuestras dificultades y aflicciones con el fin de restaurar la paz del alma. Solamente Dios como nuestro creador, formador y hacedor tiene el poder de restaurarnos a través de Su Palabra. Ninguna palabra humana tiene ese poder.

Al igual que con el consejero, la presencia del Espíritu en el aconsejado le permite comprender e interpretar la Palabra de Dios. Jesús les dijo a Sus discípulos: «Pero cuando Él, el Espíritu de verdad, venga los guiará a toda la verdad» (Juan 16:13a). Él ilumina el entendimiento para que el creyente pueda comprender todo el consejo de Dios revelado en Su Palabra. Usualmente, las dificultades vienen a nuestras vidas por una desviación voluntaria o involuntaria de la voluntad revelada de Dios. Esto es provocado por nuestra naturaleza caída por el pecado. El consejero solamente puede exponernos a la Palabra explicando, ampliando, ilustrando lo que ya Dios ha dicho durante el proceso de consejería. Pero es el Espíritu Santo quien tiene el poder de iluminar nuestras mentes para que podamos entender adecuadamente esa Palabra y, más aún, podamos aplicar la verdad a nuestra mente y corazón. Por lo tanto, el Espíritu Santo puede abrir los ojos y hacernos entender la voluntad del Padre revelada en la Palabra.

Muchas veces hemos sido testigos de esta realidad en el salón de consejería. Cuando el texto es explicado, parece como si a la persona aconsejada le removieran una venda de sus ojos. Ahora ve y entiende claramente lo que antes parecía confuso y sin sentido. No necesariamente ha recibido una nueva verdad, sino una conocida pero no entendida hasta entonces. Sus ojos son abiertos a una nueva dimensión espiritual nunca antes comprendida. ¡Eso solamente puede hacerlo el Espíritu de Dios!

El Espíritu Santo convence al aconsejado. Una de las funciones del Espíritu Santo en el creyente es dar convicción de pecado. El Señor Jesucristo lo explicó con estas palabras, «Y cuando Él venga, convencerá al mundo de pecado, de justicia y de juicio» (Juan 16:8). Solamente el Espíritu Santo puede obrar tan profundamente en el corazón humano como para que esa verdad creída pueda ser ahora aceptada y abrazada de tal manera que produzca dolor, confesión y arrepentimiento en la desobediencia o consuelo y esperanza en la aflicción. El cambio y la liberación no vendrá solamente por conocer la verdad, sino por creerla de una manera tal que produzca obediencia y luego fruto para la gloria de Dios. Jesús exhortó a sus discípulos con estas palabras:

Entonces Jesús decía a los judíos que habían creído en Él: «Si ustedes permanecen en Mi palabra, verdaderamente son Mis discípulos; y conocerán la verdad, y la verdad los hará libres». (Juan 8:31-32)

Al igual que en la salvación, en la consejería bíblica también debe haber una verdad de la Palabra que al inicio confronta, exhorta y despierta como una preparación necesaria para la verdad bíblica que va a liberar y restaurar o va a consolar y animar. La esperanza de una solución nace del reconocimiento humilde por parte del aconsejado del verdadero problema y esto solo ocurre bajo la influencia del Espíritu Santo.

Solo el Espíritu Santo puede traer la convicción de pecado necesaria que, aunque crea un dolor inevitable en el presente, nos lleva a la sanidad y liberación deseada en un futuro cercano. Esa convicción y reconocimiento de mi condición real frente a la verdad señalada es la clave para la transformación que Dios quiere llevar a cabo en nuestros corazones. Eso es una obra exclusiva del Espíritu Santo.

El Espíritu Santo anima al aconsejado. Al igual que en la obra de convicción de pecado, cuando aceptamos nuestra condición frente a una exhortación particular de Dios por Su Palabra, también el Espíritu Santo nos ayuda a creer en las promesas de Jesús y, por lo tanto, ser animados a continuar nuestro caminar de fe. Esto es lo que exclamó el pueblo de Dios en tiempos del profeta Oseas: «… Él nos ha desgarrado, pero nos sanará; Nos ha herido, pero nos vendará» (Os. 6:1).

Cuando el caso envuelve la convicción de algún pecado y ha habido una actitud humilde y receptiva, el Consolador pasa de la mala a la buena noticia y trae gozo al corazón del creyente. De igual manera, cuando el caso es de alguna aflicción temporal, el Espíritu Santo aplica las promesas de Dios para traer consuelo al corazón turbado. El salmista lo expresa con estas palabras: «Cuando mis inquietudes se multiplican dentro de mí, Tus consuelos deleitan mi alma» (Sal 94:19). El Señor Jesucristo nos extiende la más maravillosa invitación para el alma agotada en medio del cansancio espiritual que experimentan nuestras almas: «Vengan a Mí, todos los que están cansados y cargados, y Yo los haré descansar» (Mat. 11:28). El Espíritu Santo tiene un poder exclusivo para ayudarnos a experimentar ese descanso prometido.

El Espíritu Santo guía al aconsejado. Nosotros debemos procurar conocer de forma activa la voluntad de Dios en cada situación de nuestras vidas. Dios quiere revelarnos Su voluntad y la Biblia nos anima y nos motiva a buscarla. Esta es una de las promesas más consoladoras en cuanto a la guía del Señor:

> Yo te haré saber y te enseñaré
> el camino en que debes andar;
> Te aconsejaré con Mis ojos puestos en ti.
> (Sal. 32:8)

El Espíritu Santo asume el rol de guía y consejero para guiarnos por el camino en que debemos andar y revelarnos la verdad de Dios. Como hemos señalado antes, esto le dijo el Señor Jesús a Sus discípulos cuando quería animarlos frente a los temores naturales de un futuro desconocido: «porque el Espíritu Santo en esa misma hora les enseñará lo que deben decir» (Luc. 12:12). El apóstol Pablo exhortó a buscar esa guía e iluminación de la revelación de Dios que solamente el Espíritu de Dios puede dar. Exhortó a los corintios con estas palabras,

> Sin embargo, hablamos sabiduría entre los que han alcanzado madurez; pero una sabiduría no de este siglo, ni de los gobernantes de este siglo, que van desapareciendo, sino que hablamos sabiduría de Dios en misterio, la sabiduría oculta que, desde antes de los siglos, Dios predestinó para nuestra gloria. Esta sabiduría que ninguno de los gobernantes de este siglo ha entendido, porque si la hubieran entendido no habrían crucificado al Señor de gloria; sino como está escrito:
>
> > «COSAS QUE OJO NO VIO,
> > NI OÍDO OYÓ,
> > NI HAN ENTRADO AL CORAZÓN DEL HOMBRE,
> > SON LAS COSAS QUE DIOS HA PREPARADO
> > PARA LOS QUE LE AMAN».
>
> Pero Dios nos las reveló por medio del Espíritu, porque el Espíritu todo lo escudriña, aun las profundidades de Dios. (1 Cor. 2:6-10)

El Espíritu guía al consejero en los consejos que imparte y el mismo Espíritu Santo guía a la persona aconsejada a reconocer la verdad y la sabiduría de esos consejos, a discernir la verdad del error, a aceptarla y a empezar a dar pasos para ponerla por obra en su vida. Es importante advertir que tenemos la opción de aceptar o resistir la guía del Espíritu Santo. Cuando conocemos la voluntad de Dios, pero no la seguimos, estamos resistiendo a la obra del Espíritu en nuestras vidas (Hech. 7:51; 1 Tes. 5:19). El Espíritu Santo se entristece cuando deseamos seguir nuestro propio camino (Ef. 4:30).

El Espíritu nunca va a conducirnos al pecado. El pecado habitual nos hará pasar por alto lo que el Espíritu Santo quiere decirnos a través de la Palabra de Dios. Reconoceremos y seguiremos la guía del Espíritu Santo cuando permanecemos en sintonía con la voluntad de Dios, nos apartamos y confesamos el pecado, permanecemos en oración y estudio de la Palabra de Dios.

El Espíritu Santo intercede por el aconsejado. Ya hemos enfatizado que la clave en la lucha por la santidad es aprender a depender más de Cristo. El Señor mismo resaltó esa verdad cuando dijo a Sus discípulos:

Yo soy la vid, ustedes los sarmientos; el que permanece en Mí y Yo en él, ese da mucho fruto, porque separados de Mí nada pueden hacer. (Juan 15:5)

La oración es una de las maneras de experimentar esa necesaria dependencia de Jesús. Sin embargo, muchas veces nuestras oraciones son vagas e ineficaces, totalmente desenfocadas y distanciadas de la necesidad real. La ayuda del Espíritu Santo se hace tan especial en medio de nuestras debilidades. El Espíritu nos ayuda a orar más adecuadamente. El apóstol Pablo lo expresa con estas palabras:

De la misma manera, también el Espíritu nos ayuda en nuestra debilidad. No sabemos orar como debiéramos, pero el Espíritu mismo intercede por nosotros con gemidos indecibles. Y Aquel que escudriña los corazones sabe cuál es el sentir del Espíritu, porque Él intercede por los santos conforme a la voluntad de Dios. (Rom. 8:26-27)

Cuando somos débiles y no sabemos exactamente qué orar, Dios mismo (por medio del Espíritu Santo) nos ayuda intercediendo por nosotros. La ayuda del Espíritu Santo en la intercesión es perfecta porque Él escudriña los corazones de aquellos que Él ayuda. Él es capaz de guiar nuestras oraciones conforme a la voluntad de Dios.

El Espíritu Santo cambia al aconsejado. Ya hemos considerado el proceso del cambio bíblico de manera más particular en otra sesión del libro. Sin embargo, queremos señalar el concepto general del rol del Espíritu en el cambio del aconsejado.

En cierto sentido, la meta de la consejería es lograr que el aconsejado pueda superar cualquier situación presente de una manera que glorifique a Dios. Ya hemos dicho que el consejero por sí solo no puede producir ese cambio. Solamente el Espíritu Santo puede tomar una verdad creída por fe, transformarla en una verdad obedecida y que luego se va a evidenciar en un cambio de actitud. El proceso va desde la comprensión de la verdad a la obediencia de esa verdad. Es un cambio de mente que requiere un poder sobrenatural y divino.

El único tratamiento para el pecado es la justificación por la fe y la santificación progresiva por medio del Espíritu Santo. La persona debe confesar su pecado, arrepentirse y aceptar el perdón de Dios. En el mejor sentido, la consejería bíblica es una aplicación de los medios de santificación. En palabras de Jay Adams:

Si el aconsejar es en esencia un aspecto de la obra de santificación, entonces el Espíritu Santo, cuya obra principal en el hombre regenerado es santificarlo, tiene que ser considerado como la persona más importante en el contexto del aconsejar.[72]

---

[72] Jay Adams, *Manual del consejero cristiano* (Barcelona, España: Editorial CLIE, 2008), 20.

El Espíritu también funciona como el que produce el fruto en nuestras vidas. Cuando Él habita en nosotros, comienza a obrar para cosechar Su fruto en nuestras vidas: «amor, gozo, paz, paciencia, benignidad, bondad, fe, mansedumbre y dominio propio» (Gál. 5:22-23). Estas no son obras de nuestra carne, la cual es incapaz de producir tal fruto, sino que es producto de la presencia del Espíritu en nuestras vidas.

Finalmente, alguien decía que, si el Espíritu Santo es la persona más importante en la consejería, entonces significa que la función del consejero es simplemente declarar lo que Dios dice y los cambios le corresponden solamente al Espíritu de Dios.

En conclusión, la consejería bíblica efectiva descansa sobre la base de que es el Espíritu de Dios el único agente con el suficiente poder para producir el cambio en el corazón de los seres humanos. No podemos ser transformados a la imagen de Cristo sin la obra exclusiva del Espíritu Santo. El Espíritu Santo nos ayuda en nuestras debilidades, nos ilumina para tener mejor entendimiento de la realidad, nos enseña la verdad que puede traernos libertad, nos convence de nuestros pecados nos santifica a la imagen de Cristo, nos anima y conforta aplicando las promesas de Dios en tiempos de aflicción y es el Espíritu Santo quien primeramente nos hace parte de la familia de Dios para disfrutar una comunión más amplia con los santos. El Espíritu Santo intercede por nosotros conforme a la voluntad de Dios para que al final pueda cumplirse la gloriosa promesa de que para los que aman a Dios…

…todas las cosas cooperan para bien…

(Rom. 8:28)

15

El rol de la iglesia local en la consejería bíblica

Y Él dio a algunos el ser apóstoles, a otros profetas,
a otros evangelistas, a otros pastores y maestros, a fin
de capacitar a los santos para la obra del ministerio,
para la edificación del cuerpo de Cristo; hasta que todos
lleguemos a la unidad de la fe y del pleno conocimiento
del Hijo de Dios, a la condición de un hombre maduro,
a la medida de la estatura de la plenitud de Cristo.
(Ef. 4:11-13)

Dios nunca tuvo la intención de que los cristianos vivamos aislados. Esta es una razón primaria por la que Dios creó la iglesia. Esa realidad permite que los cristianos podamos reunirnos con el propósito de adorar juntos a nuestro Creador y Salvador, ser instruidos en la Palabra de Dios, rendir cuentas mutuamente, tener compañerismo y exhortarnos al amor y a las buenas obras. Alguien decía que la expresión más completa de nuestra fe no puede ocurrir sin la comunión amorosa con otros creyentes en una iglesia local.

La consejería bíblica debe ser parte del ministerio de discipulado básico de la iglesia local. La meta de la consejería bíblica es la misma que la del discipulado: que el creyente tenga una relación madura con Jesucristo (Col. 1:28-29; 2 Tim. 2:1-2). El medio usado por la consejería bíblica es el mismo usado para el discipulado: La Palabra de Dios (Sal. 1:1-3; 1 Ped. 2:13).

Nosotros creemos que hay buenas razones por las que debemos considerar desarrollar la consejería en el contexto de la iglesia local. Dios nos ha hecho para vivir y crecer en comunidad en una iglesia local. Por lo tanto, no olvidemos que es bueno para nosotros recibir la fortaleza y el ánimo de esa comunidad y que es saludable que busquemos consejo piadoso de miembros sabios de esa comunidad. Dios estableció la iglesia local con el propósito de ministrar para la obtención de salvación y santificación. Por lo tanto, debemos esperar que el ministerio personal de la Palabra de Dios sea mejor realizado en el contexto de la iglesia instituida por Dios.

Exhortando a integrar el ministerio de consejería bíblica al ministerio global de discipulado de la iglesia, el pastor Deppak Reju dice:

Los miembros que busquen consejo deberían entender desde el principio que, al igual que un ministerio de discipulado, la consejería forma parte de una más amplia rendición de cuentas en la iglesia. La consejería es, por lo tanto, un espacio seguro para aquellos que luchan contra el pecado; incluso si caen a menudo en medio de esa lucha. Por el contrario, la consejería no es un espacio seguro para aquellos que voluntariamente continúan en patrones de pecado sin que exista arrepentimiento.[73]

Es necesario enfatizar que la consejería bíblica debe ocurrir, principalmente, en la iglesia local. Dios ha creado Su iglesia para ser un lugar donde los líderes enseñan las escrituras a las ovejas, incluso a través de la consejería (Tito 1:9; Ef. 4:12; 1 Tim. 3:2). Vemos que a los miembros de las iglesias locales se les ordena exhortar y hablar la verdad unos a otros y esto provoca el crecimiento espiritual (Ef. 4:25). La Biblia también ordena que los que son fuertes espiritualmente lleven las cargas de los espiritualmente débiles (Gál. 6:1-2). El pastor Reju exhorta una vez más con respecto a la consejería bajo el alero de la iglesia local:

---

[73] Deepak Reju, y Jeremy Pierre, *El pastor y la consejería: Los fundamentos de pastorear a los miembros en necesidad*; (9Marks, versión en español, 2016), 128.

Los pastores deben enseñar el discipulado como el hermoso diseño de Cristo para el beneficio de la Iglesia. Solo a medida que los miembros vean esta belleza por sí mismos en las páginas de las Escrituras, encontrarán una motivación piadosa para obedecer. Los pastores podrían motivar a la iglesia a hacer algo de discipulado haciéndolos sentir culpables o apelando a su orgullo. Tales motivaciones no son dignas de la novia de Cristo. Para conseguir que las personas reaccionen a la instrucción bíblica, deben creer en ella. Y para creerla, deben ser instruidas en ella una y otra vez.[74]

Al resumir el rol de la iglesia local en la consejería, David Powlison ha dicho: «El pueblo de Dios, funcionando como pueblo de Dios, proporciona la institución ideal y deseable para reparar lo que nos aflige».[75] La consejería no es un trabajo solo para expertos, sino para toda la iglesia.

UNA VISIÓN DE DISCIPULADO INTEGRAL

Considerando la importancia de la consejería bíblica como parte del discipulado de la iglesia local, el pastor William Goode señala:

La consejería bíblica no es una opción. Nuestro Señor mandó a los creyentes a amarse unos a otros; y considerar la consejería como un ministerio opcional es ocultar el amor bíblico en el momento que el creyente más lo necesita, cuando está en problemas. La mayor amenaza al proceso de discipulado es el creyente a quien alcanzó el pecado. El hombre o la mujer con un patrón permanente de pecado necesita ayuda para cambiar y restablecer un modelo de crecimiento. Pablo se dirige a todos los miembros de la iglesia, no solo a pastores y ancianos,

---

[74] *Ibid.*, 129.
[75] Citado por John Babler, *Counseling by the Book* (Maitland, FL: Xulon Press, 2007), 119.

cuando dice: «Les exhortamos, hermanos, a que amonesten a los indisciplinados, animen a los de desalentados, sostengan a los débiles y sean pacientes para con todos» (1 Tes. 5:14). En otra ocasión, el apóstol les recuerda a los creyentes en Roma su responsabilidad de aconsejar y alentarse mutuamente, asegurándoles: «capaces también de amonestarse los unos a los otros» (Rom. 15:14).[76]

Si la vida cristiana es visualizada como una obra de transformación del carácter del creyente para ser conformado cada vez más a la imagen de Cristo, entonces toda iniciativa en la iglesia debe estar alineada e integrada con ese propósito. Ningún ministerio de la iglesia debe funcionar de forma independiente. La Gran Comisión es un llamado al discipulado y la visión de todo ministerio en la iglesia deber estar fundamentado en ese gran propósito.

Es necesario entonces que veamos la consejería bíblica en el contexto de la Gran Comisión declarada por nuestro Señor Jesucristo:

Acercándose Jesús, les dijo: «Toda autoridad me ha sido dada en el cielo y en la tierra. Vayan, pues, y hagan discípulos de todas las naciones, bautizándolos en el nombre del Padre y del Hijo y del Espíritu Santo, enseñándoles a guardar todo lo que les he mandado; y ¡recuerden! Yo estoy con ustedes todos los días, hasta el fin del mundo». (Mat. 28:18-20)

Si desglosamos el mandato podremos observar que esta gran comisión es primordialmente un llamado a hacer discípulos que descansa en dos grandes columnas expresadas por los gerundios del texto: «bautizándolos» y «ensenándoles».

La primera columna «bautizar» se realiza a través de un discipulado de *devoción* mediante la adoración a Jesús y un discipulado de *comunión* mediante la participación junto al cuerpo de Cristo que

---

[76] Citado en John MacArthur, *La consejería: cómo aconsejar bíblicamente* (Nashville, TN: Grupo Nelson, 2009), 245.

es la iglesia. Por el otro lado, la segunda columna de «enseñar» se realiza cuando el discipulado se lleva a cabo mediante la *predicación*, basado en la exposición general de la Palabra de Dios, y mediante la *consejería*, basado en la aplicación de esa misma Palabra de manera particular a la vida de creyentes individuales.

Por lo tanto, la consejería es el aspecto de la gran comisión donde hacemos discípulos mediante el llamado a la enseñanza y, de manera particular, mediante la aplicación personal de la Palabra. Algunos han tratado de hacer una distinción señalando que la predicación es el ministerio público de la Palabra, mientras que la consejería es el ministerio privado de la Palabra.

Más allá de nuestra postura en cuanto a la terminología, el punto más importante que quisiéramos recalcar es la necesidad de visualizar el ministerio de consejería como parte integral del discipulado, porque colabora con la obra de transformación que Dios está llevando a cabo en sus hijos redimidos. El creyente necesitará más ayuda en el proceso de santificación por parte de la comunidad de fe. Los creyentes nunca llegarán a parecerse a Cristo si no están ganando la batalla contra el pecado en sus vidas y dándose a sí mismos por las vidas de otros. Además, no habrá discipulado si no hay un plan de ayuda a los discípulos inmersos en problemas. Por lo tanto, el ministerio de restaurar y sostener es parte de nuestro deber de amarnos los unos a los otros.

En este sentido, consideramos que la consejería bíblica nunca debe ser considerada como un ministerio independiente aparte de la iglesia. La predicación, la enseñanza, la evangelización, el discipulado y la consejería son partes integrales que se conjugan para realizar un ministerio bíblico efectivo. La iglesia local es el instrumento que Cristo ha designado para ayudar a los creyentes a crecer a Su imagen y semejanza. Es el único organismo que Él ha prometido edificar, sostener y utilizar.

Por consiguiente, la consejería es una parte esencial del ministerio de la iglesia local, pues es la que instruye y ayuda a perfeccionar la imagen de Cristo en los creyentes. Pablo pensaba en esta meta cuando escribió:

A Él nosotros proclamamos, amonestando a todos los hombres, y enseñando a todos los hombres con toda sabiduría, a fin de poder presentar a todo hombre perfecto en Cristo. (Col. 1:28)

BASE BÍBLICA PARA EQUIPO DE CONSEJEROS EN LA IGLESIA

La consejería realizada en el contexto de la iglesia es responsabilidad de todo creyente, aunque no negamos que la participación del pastor y del liderazgo de la congregación es crucial. El apóstol Pablo señala que los pastores, los maestros y la iglesia fueron constituidos por el Señor, «a fin de capacitar a los santos para la obra del ministerio, para la edificación del cuerpo de Cristo; hasta que todos lleguemos [...] a la medida de la estatura de la plenitud de Cristo» (Ef. 4:11-13). Como hemos visto en los capítulos anteriores, muchos de los problemas que hallamos en consejería son de carácter doctrinal, originados en un concepto equivocado de Dios, del pecado o del yo. El Señor desea que tales problemas sean resueltos y para eso levantó pastores y maestros a fin de equipar a los santos para realizar esa tarea.

Los pastores Rob Green y Steve Varis hablan del ministerio de consejería bíblica y la iglesia local y describen la importancia de que el liderazgo de la iglesia entienda la necesidad de tener una visión participativa en el ministerio:

Tenga en cuenta que Dios ha dado dones, en forma de personas (profetas, evangelistas, pastores y maestros), a la iglesia con el propósito expreso de equipar. Si bien el liderazgo ciertamente está involucrado en hacer el ministerio, el liderazgo nunca fue diseñado para hacerlo solo. Dios espera que los líderes equipen y Él espera que la gente quiera ser equipada. Así es como funciona el ministerio efectivo que honra a Dios. Inspeccione a su congregación.[77]

---

[77]Bob Kellemen y Steve Viars, *Christ-Centered Biblical Counseling*, (Eugene, OR: Harvest House Publishers, 2021), edición Kindle, pos. 3882.

En ese mismo contexto, el apóstol deja claramente indicado que esta no es una tarea de una sola persona, sino que deberá ser una labor compartida de toda la iglesia como respuesta a una visión más completa. Pablo ahora describe la maravilla de los dones espirituales que Dios ha provisto y afirma:

> de quien todo el cuerpo, estando bien ajustado y unido por la cohesión que las coyunturas proveen, conforme al funcionamiento adecuado de cada miembro, produce el crecimiento del cuerpo para su propia edificación en amor. (Ef. 4:16)

En otras palabras, todo creyente debería utilizar sus dones, talentos y habilidades para ayudar a otros en sus necesidades. Pablo reitera en otra epístola que los santos están equipados para utilizar sus dones a través de la predicación, la consejería y la enseñanza (Col. 1:28). Afirmando la realidad de que la consejería sea un trabajo en equipo el Dr. Townsend señala:

> El crecimiento bíblico está diseñado para incluir a otras personas como instrumentos de Dios. Para ser verdaderamente bíblicos y efectivos, el proceso de crecimiento tiene que incluir el cuerpo de Cristo. Sin el cuerpo, el proceso no es fielmente bíblico ni ortodoxo.[78]

El apóstol Pablo insiste en exhortar a toda la iglesia para que cumpla su responsabilidad de amarse mutuamente: «Lleven los unos las cargas de los otros, y cumplan así la ley de Cristo» (Gál. 6:2). Uno de los grandes desafíos que los pastores y los líderes deberán enfrentar es la inclinación natural por centralizar y restringir en unos pocos algunos ministerios de la iglesia. Aunque es importante que los líderes entiendan que la responsabilidad final descansa sobre ellos,

---

[78] Dr. Henry Cloud, Dr. John Townsend, *How People Grow*, (Grand Rapids, MI: Zondervan 2001), 122.

eso no elimina que muchas veces la sabiduría y la revelación bíblica llame a desarrollar un proceso de equipamiento y delegación como parte del crecimiento orgánico de la iglesia.

Ese es el principio que encontramos ilustrado en el caso de Moisés cuando su suegro identificó la necesidad de reestructurar su servicio al pueblo (Ex. 18). La manera en que Moisés estaba realizando sus labores no era sostenible. La demanda superaba la capacidad de respuesta. El riesgo de que Moisés se drenara física y espiritualmente era inminente. El problema no era la incapacidad de Moisés para escuchar los asuntos del pueblo, que no le importaran los problemas del pueblo y tampoco que el pueblo no quisiera que Moisés escuchara sus asuntos. El problema era simple: era mucho trabajo para que lo pudiera llevar a cabo por sí solo. Sus energías se consumirían de una manera imprudente y la justicia se retrasaría para muchos en Israel. Él necesitaba reajustar su manera de trabajar y su suegro lo animó con un consejo de sabiduría:

Moisés escuchó a su suegro, e hizo todo lo que él había dicho. Y escogió Moisés hombres capaces de entre todo Israel, y los puso por cabezas del pueblo, como jefes de mil, de cien, de cincuenta y de diez. Ellos juzgaban al pueblo en todo tiempo. El pleito difícil lo traían a Moisés, pero todo pleito sencillo lo juzgaban ellos. (Ex. 18:24-26)

Moisés cumplió su labor como líder y reconoció la necesidad de desarrollar e implementar liderazgos nuevos. Alguien dijo que no hay mejor arte en el mundo que el de desarrollar la capacidad latente de aquellos que nos rodean al unirlos a un servicio útil. Pablo le dio el mismo consejo al joven pastor Timoteo: «Y lo que has oído de mí en la presencia de muchos testigos, eso encarga a hombres fieles que sean capaces de enseñar también a otros» (2 Tim. 2:2). Es importante observar que para que Moisés pudiera delegar con efectividad, él también debía supervisar y liderar a aquellos que estaban debajo de él. Delegar es el ejercicio del liderazgo, no el abandonarlo.

El pastor Reju que citamos anteriormente comenta sobre el impacto de la consejería bíblica participativa en una iglesia y afirma:

Una iglesia sana es aquella en la que cada miembro se somete amorosamente al bien de todos. Bajo el ministerio de la Palabra de Dios, luchan por la unidad. Con la fuerza del Espíritu, buscan juntos el crecimiento espiritual. Con una conciencia creciente de sus pecados, están dispuestos a confrontarse con delicadeza y vivir con transparencia unos con otros. Aprenden y crecen, perdonan rápidamente, caminan con paciencia unos con otros, oran pidiendo humildad y esperan con expectación el regreso del Salvador.[79]

La consejería bíblica también puede beneficiar a la iglesia local en el desarrollo de su tarea evangelizadora. Aunque muchos instrumentos para la evangelización son efectivos y dignos de atención, es importante notar que el modelo bíblico siempre comienza por considerar los desafíos, los pecados o las pruebas que una persona está enfrentado. De manera que el consejero bíblico sujeto a las Escrituras no simplemente ministrará la Palabra, sino que procurará escuchar y hacer preguntas, para luego presentar el evangelio de Jesucristo.

REQUERIMIENTOS PARA UN MINISTERIO DE CONSEJERÍA BÍBLICA EFECTIVO

Suponiendo que el principio de integración de la consejería bíblica y la iglesia ha quedado establecido, compartiremos algunas observaciones prácticas relacionadas al proceso de desarrollo de esta visión.

La necesidad de unidad de visión en el liderazgo. Es bueno enfatizar la necesidad de que exista mucha intencionalidad en que todos entendamos la visión de la consejería y que abracemos el plan con todas sus implicaciones. A manera de testimonio e ilustración,

---

[79] Citado en Bob Kellemen y Steve Viars, *Christ-Centered Biblical Counseling*, (Eugene, OR: Harvest House Publishers, 2021), edición Kindle: pos. 5150.

quiero compartir mi experiencia trabajando junto al pastor Miguel Núñez cuando implementamos parte de este proceso en la Iglesia Bautista Internacional (IBI).

Mi primera meta fue asegurar que él y yo, como pastor titular y pastor de consejería, estuviéramos en la misma página con relación a la visión. Eso se extendió igualmente al grupo de ancianos de la iglesia en casi todos los aspectos. Yo (Luis) dediqué muchas horas a discutir con ellos nuestra posición teológica, no solamente sobre temas generales, sino también sobre temas particulares que pudieran generar controversia. Busqué intencionalmente confirmar que teníamos la misma mente a la hora de aplicar la Palabra. Mi propósito era asegurar que lo que se enseñara en privado en los salones de consejería fuera consistente con lo que se enseña desde el púlpito en la ministración pública. Discutimos también aspectos de la filosofía ministerial como las metas, convicciones, ideas de proceso y sus implicaciones. Esta unidad de visión con el liderazgo proveyó la base para la implementación efectiva de la visión que el Señor nos dio como iglesia.

La necesidad de unidad de proceso. A la hora de implementar la visión hay muchos elementos que deben ser considerados:

a. **Discutir y compartir la visión con el grupo de líderes y hermanos que estarán directamente involucrados en la obra de consejería.** Aunque el proceso es abierto y todo hermano o hermana puede legítimamente solicitar involucrarse en algún momento en esta labor, es importante comenzar con un grupo en los que podamos identificar los dones y la madurez que esta obra demanda. Dependiendo de cada caso, los ancianos deben discutir, deliberar y orar un buen tiempo para hacer esta selección inicial. Aunque los requerimientos no son iguales a los de un oficial de la iglesia, sí necesitan ser hermanos maduros en la fe, de buen testimonio y que ya tengan cierto tiempo sirviendo en la congregación. Se establece la visión y se inicia el proceso de implementación con la participación de ese grupo.

b. **Necesidad de entrenamiento.** De la misma manera, como la visión general es analizada y aprobada por los ancianos, también tenemos que asegurar que este primer grupo esté equipado para la labor. Las buenas intenciones no son suficientes para una labor tan delicada. Aunque los dones difieren en cada caso, debemos asegurar una capacitación mínima para garantizar fidelidad y eficacia en el desarrollo de la obra. Este programa de entrenamiento puede ser ajustado dependiendo del tamaño de la congregación y la cantidad de participantes. Se debe orar y trabajar para que el Señor provea de suficientes recursos que pueden ser usados para facilitar esta tarea. En la medida que las necesidades aumentan y las labores demandan mayor estructura, se pueden crear diferentes niveles de entrenamiento y capacitación. Lo más importante es asegurar que el grupo de consejeros reciba la supervisión adecuada y que la responsabilidad final siga estando en manos de los ancianos.

Esos programas de entrenamiento incluyen, entre otras cosas, dos aspectos esenciales: teórico y práctico. El aspecto teórico requiere ser intencionales en equipar a los consejeros con la teología necesaria para saturar la consejería de la Palabra. Si hablamos de consejería bíblica, entonces, el uso de la Biblia es esencial. Necesitamos entender los textos bíblicos apropiados para cada caso y hacer una correcta aplicación. No basta con decir que lo más importante es un cambio de corazón y no de conducta si es que no sabemos dirigir apropiadamente al aconsejado a ese cambio. Por lo tanto, los programas de entrenamiento deben estar enfocados principalmente al estudio de teología aplicada. La idea es poder considerar los casos más comunes en la etapa de santificación progresiva y cuáles serían los textos más apropiados para tratar con esas dificultades. Por otro lado, esos programas incluyen también un aspecto más práctico de observación, donde los hermanos en entrenamiento participan como oyentes de diferentes consejerías y son entrenados en el «terreno de juego». El enfoque de esta etapa es principalmente de mentoría para los consejeros novatos. La dinámica es discípulos haciendo discípulos. Es muy bueno para un consejero novato observar a otro consejero experimentado que realiza la sesión de consejería. La forma en que se prepara en oración, las respuestas al aconsejado, el tono de voz, la postura y aún la sabiduría exhibida a través de sus palabras y su lenguaje corporal durante las interacciones. Ninguno de estos elementos podría ser aprendido fuera del salón de consejería. En ese mismo sentido, es parte del proceso conceder un tiempo al mentor para que interactúe con el alumno con relación a las preguntas e inquietudes relacionadas con el caso. Después de que el consejero novato ha pasado un tiempo prudente de observación, entonces podemos intercambiar los roles y ahora el mentor realiza una labor de observación para retroalimentar al nuevo consejero luego de realizar la tarea.

Hemos encontrado muy valioso tener un programa de educación continua de consejería, donde los hermanos pueden integrarse para ser entrenados en el ritmo normal de crecimiento de la iglesia. Como se trata de una visión de discipulado integral, lo ideal es que eso se convierta en parte de la vida de la iglesia y los hermanos puedan encontrar la oportunidad para poner en operación sus dones según el caso. Eso promueve maravillosamente la obra de servicio y genera oportunidad para practicar el amor y las buenas obras. Esto cubre hasta este momento un nivel básico que capacita para aconsejar una gran parte de los problemas comunes. Luego se desarrolla un nivel intermedio y avanzado para un grupo de consejeros que trabajan problemas más selectivos y también ayudan con la supervisión. Al igual que en el caso de Moisés, la idea es tener un grupo de hermanos que son brazos de ayuda a los ancianos para la labor de supervisión y administración del ministerio de consejería.

Otro aspecto importante del entrenamiento es la discusión de casos. Esto consiste en una reunión periódica, generalmente cada mes, donde el pastor de consejería u otro de los consejeros mejor entrenado, discute con el grupo de consejeros casos reales y explica el tratamiento llevado a cabo para fines de ilustración y edificación. Esa reunión también sirve para motivar sobre la visión del ministerio. Lo ideal es que la congregación pudiera disponer de un espacio asignado para esta labor, donde haya oficinas y los consejeros puedan realizar la tarea en los horarios asignados. Muchos llaman a ese lugar designado como Centro de Consejería.

c. **Necesidad de logística del proceso.** Otro aspecto importante es la logística administrativa para implementar el plan de consejería: generación de citas, asignación de citas a los consejeros, coordinación del uso de salones y otros detalles administrativos. Idealmente debe haber un administrador/asistente para realizar esta labor. Esa persona debe disponer de toda la información necesaria para realizar la coordinación: los horarios disponibles de los consejeros, disponibilidad de salones, información de los aconsejados y cualquier otra información que eficientice el proceso.

El proceso que debe seguir una persona para obtener una cita de consejería debe ser fácilmente entendible. Dependiendo del tamaño de la congregación, esa cita puede surgir de una interacción directa del pastor/líder y el miembro en necesidad. En un diseño ideal y dependiendo del tamaño de la congregación, las citas de consejería deberían generarse primariamente desde los líderes de grupos pequeños. Es un mecanismo de apoyo a la labor que esos líderes realizan. Ellos son el punto de contacto inicial del miembro y su problema, y posiblemente tengan un mejor contexto de la situación.

Para tratar de explicar mejor este punto, compartiré un principio organizativo del ministerio. Si estamos en un proceso de crecimiento como congregación, la organización y la delegación serán esenciales. Una vez más, ese fue el caso de Moisés que consideramos hace un momento. Una solución que mejore la labor de cuidado y seguimiento de los miembros es el establecimiento de grupos pequeños. Esos grupos son dirigidos por hermanos de confianza nombrados por los ancianos y quienes probablemente están en proceso de entrenamiento y equipamiento para ser futuros líderes de la iglesia. Son las personas en quienes los ancianos invierten la mayor parte de tiempo en un proceso de discipulado/mentoría. Esta estructura de delegación limitada brinda las bases para una estructura dinámica que puede hacer sostenible el crecimiento orgánico de la congregación.

Por lo tanto, si la congregación está estructurada en grupos pequeños, es importante sincronizar la labor de consejería como apoyo a esa estructura. De hecho, esos líderes de grupos pequeños son el primer blanco de entrenamiento para el desarrollo de la visión del ministerio de consejería. Ellos deberían ser capaces de manejar las situaciones en un nivel básico y para eso deben ser entrenados. Si es posible, ellos podrían acompañar al aconsejado a la sesión de consejería para aprovechar esa oportunidad como entrenamiento y también como seguimiento.

Retomando el proceso, la persona encargada debe realizar la coordinación de asignar un consejero a un aconsejado y una sala para la reunión dependiendo del caso. Para facilitar esta labor se puede considerar la posibilidad de llevar un sistema donde podamos disponer de un mejor manejo de la información para los casos. Muchos de los detalles sobre la cita ya fueron considerados.

En conclusión, hay muchas ventajas significativas que la consejería bíblica provee como un ministerio integrado dentro de la iglesia local. Entre ellas:

La iglesia local es responsable de la supervisión del consejero. Es una responsabilidad verdaderamente bíblica porque Dios ha establecido a la iglesia local como responsable del cuidado de las almas (1 Tim. 3:1; Heb. 13:17). La ayuda que cualquier consejero pueda proveer es mucho más completa y efectiva bajo la supervisión de la iglesia local.

La iglesia local provee un amplio campo de práctica para la persona que está siendo aconsejada. Se trata de una atención integrada dentro de un cuerpo. En otras palabras, el consejero puede relacionarse con la persona aconsejada en varios escenarios dentro de la iglesia local y, por lo tanto, la información y la relación que obtiene es mucho más integral para una labor más efectiva.

La iglesia local incorpora el ministerio del cuerpo de Cristo. Dios ha establecido la iglesia para que podamos ser ayudados por más personas. Es mucho mejor que una persona tenga varias relaciones por medio de las cuales la verdad de la Palabra de Dios pueda ser comunicada y se imparta más sabiduría sobre los asuntos de la vida. Es una verdadera obra de comunión y discipulado.

La iglesia local está orientada a la persona, no solamente al problema. Dios desea que crezcamos en todas las áreas de nuestras vidas y lo que consideramos como nuestros problemas siempre son parte de las áreas de nuestras vidas que necesitan cambiar. La meta de la vida cristiana no es solamente detener algún comportamiento pecaminoso, sino vivir una vida piadosa más plena, es decir, una vida agradable a Dios (Tito 2:12). En ese sentido, el contexto de la iglesia local nos brinda la oportunidad de hacer una labor más integral.

CONCLUSIÓN

Ahora, pero no todavía

La frase que encabeza esta conclusión es la traducción de una frase muy conocida en inglés: «*Now, but not* yet». Esta frase fue acuñada por el teólogo Gerhardus Vos de Princeton durante los primeros años del siglo pasado. La idea es llevarnos a entender que, aunque el cristiano ya es parte del reino de Dios, aún necesita esperar para ver la consumación de dicho reino. Por lo tanto, el cristiano necesita vivir con la perspectiva correcta durante este período de espera, recordando que este mundo no es su lugar de destino y a la vez correr hacia la meta comparando los sufrimientos temporales de este mundo presente con la gloria eterna que ha de venir.

Es sorprendente cómo las personas que se van a lugares retirados lejos de la civilización y las comodidades modernas por varios días y hasta más tiempo para vivir en casas de campaña sin tener lugares adecuados para poder realizar sus necesidades biológicas, regresan a sus hogares muy contentos y animados con la aventura a pesar de las múltiples dificultades encontradas. ¿Cuál es la razón para esa actitud? Su punto de referencia. Ellos sabían que ese paraje inhóspito no era su lugar permanente de residencia y que en la ciudad les espera un mejor lugar con mejores condiciones.

La ilustración anterior es muy imperfecta porque lo que nos espera ni siquiera es digno de ser comparado con los sufrimientos presentes (Rom. 8:17-18). De hecho, Pablo califica como «leve y pasajera» a la aflicción de este mundo. La profundidad de los sufrimientos que soportamos en la actualidad no se compara con la inmensidad de las bendiciones que recibiremos en la presencia de Dios. Debemos tener presente que lo fugaz de esta vida no tiene comparación con la eternidad de la vida venidera.

Si a todo lo anterior agregamos que Dios usa las condiciones actuales para ir formando en nosotros el carácter de Cristo, entonces podemos ver que no tenemos que esperar el futuro para recibir los beneficios de las experiencias de este mundo. La realidad es que ninguno de nosotros dejaríamos atrás aquellas cosas que no corresponden a la imagen de nuestro Señor sin dichas dificultades y tampoco adquiriríamos las virtudes propias de su persona.

Como habrás podido notar, este libro fue escrito con la intención expresa de ayudar al creyente a entender la necesidad del cambio o de nuestro crecimiento y presentar las diferentes formas que Dios utiliza en ese proceso para que seamos transformados a su imagen. Por un lado, el libro podría ser considerado como una herramienta de consejería bíblica. Por otro lado, pudiera ser visto simplemente como un instrumento para ayudar al lector en su proceso de santificación. En la parte final del libro quisimos agregar un par de capítulos que puedan ayudar a aquellos que hacen consejería de manera formal o ayudar a algún miembro maduro de la iglesia que desee ir en ayuda de otro en dificultad.

El nombre consejería bíblica fue adoptado en las últimas décadas para hablar de la ayuda ofrecida a alguien en su proceso de crecimiento espiritual entregado de manera intencional. En el pasado, este mismo proceso pudo haber sido llamado «discipulado» para referirse a la asistencia ofrecida a alguien para pasar de su etapa de adolescencia espiritual a la de una espiritualidad adulta. Finalmente, no importa cómo llamemos al proceso, lo cierto es que desde la eternidad pasada Dios se propuso formarnos a la imagen de Su Hijo (Rom. 8:28-29). Lo que los autores de este libro deseamos es ofrecer la sabiduría de Dios de manera práctica para aquellos que están en crecimiento o ayudando a otros a crecer.

Al finalizar este libro queremos volver a afirmar la importancia de crecer espiritualmente a través de la lectura y la aplicación de la Palabra de Dios (Juan 17:17), el desarrollo de una vida de oración (Ef. 6:18) y la integración en la vida de una iglesia local (Heb. 10:25). Es importante recordar que esta tarea no ha sido dejada a nuestras fuerzas humanas, sino que Dios diseñó nuestro crecimiento para que ocurra en dependencia del Espíritu (Rom. 8:14; Gál. 5:16) y en comunidad (Ef. 4:11-16). Todos podemos y debemos aprender de otros.

Es posible que el desarrollo de un hermano recién convertido no le permita enseñar principios de teología a otros más avanzados en el conocimiento teológico. Pero el Espíritu de Dios, el Maestro por excelencia, puede usar la vida de otro como una «lección» para mostrarte algo que no habías podido ver antes. La mujer samaritana fue usada por Dios para traer a muchas personas al conocimiento de Cristo como Salvador del mundo:

> Y de aquella ciudad, muchos de los samaritanos creyeron en Él por la palabra de la mujer que daba testimonio […] y decían a la mujer: «Ya no creemos por lo que tú has dicho, porque nosotros mismos le hemos oído, y sabemos que Este es en verdad el Salvador del mundo». (Juan 4:39, 42)

Esta mujer no tenía ningún conocimiento bíblico y ya estaba siendo usada por Dios para ministrar a otros en la comunidad.

Damos gracias a Dios por la oportunidad de agregar un recurso más a la literatura cristiana producida en lenguaje español por personas que pastorean ovejas en el mundo hispanoparlante, que tienen su propia cosmovisión y cultura contra la cual necesitan luchar y en medio de la cual necesitan ser santificados. Sin lugar a duda, hay mucho más que necesita ser enseñado y aplicado. Por consiguiente, estamos conscientes de que solamente estamos agregando un grano de arena a todo lo que se ha escrito y necesita ser escrito en el futuro.

Una observación más antes de terminar. Lo expuesto en los capítulos anteriores no solamente representa nuestro entendimiento de la verdad bíblica, sino que también es una representación de aquellos principios que aprendimos a través de nuestro propio crecimiento y que nos han servido para ir dejando atrás el «viejo hombre» para vestirnos del «nuevo hombre». Nadie nace santificado al momento de salir del vientre de su madre e incluso nadie ha sido santificado al momento de entrar al reino de los cielos a través del nuevo nacimiento del que le habló Jesús a Nicodemo (Juan 3). Al nacer de nuevo, solo hemos recibido «santificación posicional», tal como explicamos anteriormente, lo cual significa que fuimos apartados por y para Dios. A partir de este momento iniciamos nuestra santificación progresiva por el resto de nuestras vidas. Por lo tanto, afirmamos junto con Pablo:

No es que ya lo haya alcanzado o que ya haya llegado a ser perfecto, sino que sigo adelante, a fin de poder alcanzar aquello para lo cual también fui alcanzado por Cristo Jesús. Hermanos, yo mismo no considero haberlo ya alcanzado. Pero una cosa hago: olvidando lo que queda atrás y extendiéndome a lo que está delante, prosigo hacia la meta para obtener el premio del supremo llamamiento de Dios en Cristo Jesús. (Fil. 3:12-14)

Soli Deo Gloria